中华译学馆立馆宗旨

以中华为根 译与学并重

弘扬优秀文化 促进中外交流

拓展精神疆域 驱动思想创新

丁酉年冬月许钧撰 罗卫东书

中华译学馆·中华翻译研究文库

许　钧◎总主编

# 译道无疆

金圣华◎著

ZHEJIANG UNIVERSITY PRESS
浙江大学出版社

# 总　序

改革开放前后的一个时期，中国译界学人对翻译的思考大多基于对中国历史上出现的数次翻译高潮的考量与探讨。简言之，主要是对佛学译介、西学东渐与文学译介的主体、活动及结果的探索。

20世纪80年代兴起的文化转向，让我们不断拓展视野，对影响译介活动的诸要素及翻译之为有了更加深入的认识。考察一国以往翻译之活动，必与该国的文化语境、民族兴亡和社会发展等诸维度相联系。三十多年来，国内译学界对清末民初的西学东渐与"五四"前后的文学译介的研究已取得相当丰硕的成果。但进入21世纪以来，随着中国国力的增强，中国的影响力不断扩大，中西古今关系发生了变化，其态势从总体上看，可以说与"五四"前后的情形完全相反，中西古今关系之变化在一定意义上，可以说是根本性的变化。在民族复兴的语境中，新世纪的中西关系，出现了以"中国文化走向世界"诉求中的文化自觉与文化输出为特征的新态势；而古今之变，则在民族复兴的语境中对中华民族的五千年文化传统与精华有了新的认识，完全不同于"五四"前后与"旧世界"和文化传统的彻底决裂与革命。于是,就我们译学界而言,对翻译的思考语境发生了根本性的变化,我们对翻译思考的路径和维度也不可能不发生变化。

变化之一,涉及中西,便是由西学东渐转向中国文化"走出去",呈东学西传之趋势。变化之二,涉及古今,便是从与"旧世界"的根本决裂转向对中国传统文化、中华民族价值观的重新认识与发扬。这两个根本性的转变给译学界提出了新的大问题:翻译在此转变中应承担怎样的责任?翻译在此转变中如何定位?翻译研究者应持有怎样的翻译观念?以研究"外译中"翻译历史与活动为基础的中国译学研究是否要与时俱进,把目光投向"中译外"的活动?中国文化"走出去",中国要向世界展示的是什么样的"中国文化"?当中国一改"五四"前后的"革命"与"决裂"态势,将中国传统文化推向世界,在世界各地创建孔子学院、推广中国文化之时,"翻译什么"与"如何翻译"这双重之问也是我们译学界必须思考与回答的。

综观中华文化发展史,翻译发挥了不可忽视的作用,一如季羡林先生所言,"中华文化之所以能永葆青春","翻译之为用大矣哉"。翻译的社会价值、文化价值、语言价值、创造价值和历史价值在中国文化的形成与发展中表现尤为突出。从文化角度来考察翻译,我们可以看到,翻译活动在人类历史上一直存在,其形式与内涵在不断丰富,且与社会、经济、文化发展相联系,这种联系不是被动的联系,而是一种互动的关系、一种建构性的力量。因此,从这个意义上来说,翻译是推动世界文化发展的一种重大力量,我们应站在跨文化交流的高度对翻译活动进行思考,以维护文化多样性为目标来考察翻译活动的丰富性、复杂性与创造性。

基于这样的认识,也基于对翻译的重新定位和思考,浙江大学于 2018 年正式设立了"浙江大学中华译学馆",旨在"传承文化之脉,发挥翻译之用,促进中外交流,拓展思想疆域,驱动思想创新"。中华译学馆的任务主要体现在三个层面:在译的层面,推出包括文学、历史、哲学、社会科学的系列译丛,"译入"与"译出"互动,积极参与国家战略性的出版工程;在学的层面,就翻译活动所涉及的重大问题展开思考与探索,出版系列翻译研究丛书,举办翻译学术会议;在中外文化交流层面,举办具有社会影响力的翻译家论坛,思想家、作家与翻译家对话等,以翻译与文学为核心开展系列活动。正是在这样的发展思路下,我们与浙江大学出版社合作,集合全国译学界的力量,推出具有学术性与开拓性的"中华翻译研究文库"。

积累与创新是学问之道,也将是本文库坚持的发展路径。本文库为开放性文库,不拘形式,以思想性与学术性为其衡量标准。我们对专著和论文(集)的遴选原则主要有四:一是研究的独创性,要有新意和价值,对整体翻译研究或翻译研究的某个领域有深入的思考,有自己的学术洞见;二是研究的系统性,围绕某一研究话题或领域,有强烈的问题意识、合理的研究方法、有说服力的研究结论以及较人的后续研究空间;三是研究的社会性,鼓励密切关注社会现实的选题与研究,如中国文学与文化"走出去"研究、语言服务行业与译者的职业发展研究、中国典籍对外译介与影响研究、翻译教育改革研究等;四是研究的(跨)学科性,鼓励深入系统地探索翻译学领域的任一分支领域,如元翻译理论研究、翻译史研究、翻译批评研究、翻译教学研究、翻译技术研究等,同时鼓励从跨学科视角探索翻译的规律与奥秘。

青年学者是学科发展的希望,我们特别欢迎青年翻译学者向本文库积极投稿,我们将及时遴选有价值的著作予以出版,集中展现青年学者的学术面貌。在青年学者和资深学者的共同支持下,我们有信心把"中华翻译研究文库"打造成翻译研究领域的精品丛书。

许 钧

2018 年春

# 天高地远探幽行

## ——《译道无疆》序言

年前参加浙江大学中华译学馆的成立大典,承蒙馆长许钧教授邀约,嘱我把历年所撰有关翻译的一些文章,收编成书,结集出版。能够参与"中华翻译研究文库"计划,固然深感荣幸,但是要把这许多不同年代撰写而又内容各异的篇章收集在一起,再冠以一个恰当的书名,却煞费踌躇了。

以前,曾经出版过好几本谈论翻译的作品,例如《译道行》《齐向译道行》等,心目中一直深感这译道之行,与蜀道行之难于上青天,实在不遑多让。尽管翻译学已经从当初行人稀少的羊肠小径,发展到今天车水马龙的通衢大道,但是真正的译道,仍然是长途迢迢,难见尽头的。这次曾经想过各式各类的书名,却始终不合心意。正在彷徨无计时,许钧教授提议《译道无疆》的书名,这可妥帖恰当了:一来,跟历来书名中的"译道"之说一脉相承;二来,这"无疆"二字,也恰好道出了多年来在研究译学、涉足译道的过程中,那高山仰止的敬畏之心,兢兢业业的求索之情。在此,谨向许教授致以由衷的谢忱。

"翻译乃大道",国学泰斗季羡林和文坛巨擘余光中都曾经如是说。因此,"译道无疆"并非才疏学浅的后学者自谦之言,而是译道中人彼此认同的共识。在个人从事翻译逾半个世纪的漫长岁月中,曾经因缘际会,拜会结识了许许多多译界前辈,这些名宿先贤,如今有的已经飘然而去,在年轻一代的学子心目中,恐怕已然成为翻译殿堂中的历史人物了。当年能够亲炙他们的风采,亲聆他们的教诲,并跟他们交换心得,互诉投身译事的艰辛与喜乐,实在是一种不可多得的机遇。回溯往昔,早在 1985 年,就以香港翻译学会执行委员的身份,随同其他执委一起访问北京和上海翻译界先进,结识了翻译大家杨宪益、戴乃迭夫妇,中国翻译工作者协会叶君健、戈宝权、沈苏儒、李芒等主要成员;拜会了中国社会科学院外国文学研究所如钱锺书、杨绛、叶水夫、卞之琳、罗新璋等学者专家;并探访了上海翻译家草婴、姚以恩、李良佑等人。1986 年更参加了在北京人民大会堂召开的中国翻译工作者协会第一届全国代表会议,并于同年 12 月,应台湾"文建会"之邀赴台访问,与各大学、"新闻局"、台湾编译馆、台湾笔会及各大出版社举行座谈会和交流,因此结识了林文月、王晓寒、姚朋、黄骧等翻译名家。这一段早期的经验,促成了与两岸译界名宿的结识和交往,亦因此使我有机会深深体悟到先贤呕心沥血的付出,跋涉译途的艰辛,以及勇往直前无怨无悔的精神! 正因为如此,方才了解译道无疆,如巍巍崇岭,如浩浩汪洋,天高地远万里行,要在此中寻幽探胜,的确是寻之不尽,探之无穷!

本书共分四辑:"翻译与语文""论名家翻译""翻译家访谈录"和"附录"。

第一辑"翻译与语文"收编了六篇文章,《认识翻译真面目》是在香港中文大学升任翻译学讲座教授时的就职演讲,曾经收编在许多学报期刊中。《"活水"还是"泥淖"——译文体对现代中文的影响》于 2000 年 3 月发表在香港《明报月刊》,这篇当时自以为毫不起眼的文章,发表后竟然获得《参考消息》的青睐,一共连载六天,反应热烈,读者信件自四面八方而来,可见文章里提出有关译文体污染现代中文的问题,已经泛滥成灾,而对此现象之深恶痛绝,人同此心。《"翻译工作坊"教学法剖析》一文,是历来教授"翻译工作坊"的心得。"翻译工作坊"是香港中文大学翻译系由我创设并行之已久的必修科目,也是最受研究生欢迎的科目。《香港法例中译的几个问题》则涉及香港回归前十年中,港英政府将全港五百多条法例译成中文时所面对的种种问题,由于笔者身历其境,参与其中,因此,内容颇有参考价值。

第二辑"论名家翻译"共收文章六篇,主要论及两位翻译家傅雷和余光中的翻译成就。傅雷为众所周知的法国文学翻译名家,也是我博士论文的研究对象。当年,在巴黎索邦大学攻读博士学位时,以傅雷翻译巴尔扎克作品为重点,记得无数炎炎夏日的午后,都在巴黎十六区的巴尔扎克馆中度过。当时法国学界并不认识傅雷其人,而馆中收集巴尔扎克小说的各种译本,也独缺中文,有见及此,遂将傅雷翻译的《高老头》送赠馆藏。如今,中法交流频仍,年前参加以"傅雷与巴尔扎克"为主题的"傅雷诞辰110周年纪念大会"时,邂逅法国专家 Véronique Bui 教授,得知她当年就是看了我在索邦的论文,才受到启发从事巴尔扎克在中国流传情况的研究的。如今有不少学者参与傅雷研究,但是能够有幸翻译傅雷文字的,并不多见。《从"傅译"到"译傅"——兼谈文学翻译中的"探骊"与"得珠"》一文,叙述了前后三次翻译傅雷各类书信的策略经历与个中甘苦。跟余光中先生相交数十年,最初是其作品的忠实读者,继而变成中文大学翻译组的同事,其后又成为对现代中文恶性西化口诛笔伐的战友。选集中三篇讨论余光中译论译品的文章,指出了一般人只知其为诗人学者,不知其为翻译大家的谬误,让读者进一步了解先生在诗、散文、评论、翻译四维空间皆成就辉煌的文学事业。

第三辑"翻译家访谈录"编收有关高克毅(笔名乔志高)、罗新璋、林文月、杨宪益四位翻译家的访谈录。四位名家,各有所长:高克毅乃美国文学翻译家,最脍炙人口的翻译作品就是《大亨小传》;罗新璋是法国文学翻译家,享有"傅译传人"的美誉,翻译的《红与黑》《特利斯当与伊瑟》等作品,为人称道;林文月为日本文学翻译名家,翻译出版经典名著《源氏物语》《枕草子》《和泉式部日记》等,驰誉国际;杨宪益则是我国经典名著中译外的第一人,生平与爱妻戴乃迭译出文字逾千万,包括《诗经选》《史记选》《儒林外史》《红楼梦》等。能够跟这几位杰出的翻译大家相知相交,成为好友,进行专访并录之在案,实在是难能可贵的经历,愿与读者共享之。

第四辑"附录"记载了翻译学者单德兴教授对我本人的专访——《三文、五语、六地、七书——金圣华教授的翻译因缘》,这是有史以来,对我诸多采访中最为齐全中肯的一篇访谈录,承蒙单教授花费了无数宝贵时间和心血完成此文,特向其致以深切的谢意。

《译道无疆》,探索不尽,愿与同道中人共勉之!

金圣华

2019 年 4 月 28 日

# 目　录

## 第一辑　翻译与语文

## 第二辑　论名家翻译

## 第三辑　翻译家访谈录

## 附　录

第一辑

# 翻译与语文

# 认识翻译真面目

## 前　言

　　香港中文大学翻译系成立于一九七二年，是海内外率先以"翻译"命名的学系。由成立迄今，已有二十八载历史。中大翻译系，比起香港大专院校文学院中其他由来已久的学系，如中文系、英文系等，自然不算历史悠久，但是，以其由当初的不受重视，演变至今日成为全港大专院校新生入学成绩最优的学系之一，又不可不说是长途漫漫、历经风霜了。

　　身为当初草创时期的成员之一，我陪伴着中大翻译系一起成长，一起闯过无数关卡与险阻。如今，乐见其枝繁叶茂、迎风招展，蓦然回首，发觉翻译这门学问，多年来令我虽苦犹甘，使我对之不离不弃，必然有其内在的价值与意义，而近年来，香港的大专院校当中，已有七八所设有翻译课程。① 每年修读的学生，人数倍增；每校授课的教师，人才辈出。这一番崭新的局面，不由得不使当年的拓荒者既喜且忧：喜的是翻译队伍日益壮大，译道虽艰，行行复行行，竟已不乏络绎上路的同道中人；忧的是这莘莘学子，在芸芸科目中选择了翻译作为主修，而学系所提供的课程，是否内

① 香港主要的大学，除香港科技大学之外，其他如香港中文大学、香港大学、香港城市大学、香港理工大学、香港浸会大学、岭南大学、香港公开大学等，都设有颇具规模的翻译课程。

容充实？是否设计完备？能不能真正满足学生的殷切期望？

二〇〇〇年初,执教一年级的"翻译基本技巧"时,学期终要求每位学生列出心目中与翻译最有关联的问题十个。这一年所教的是全港大专院校入学考试中成绩最为瞩目的优异生,经归纳统计,他们最为关心的问题,大致可分为翻译理论、翻译方法、专门翻译、翻译评论、语言文字、翻译训练与译者地位等方面。在这些范畴中,最多人提出的问题包括:翻译理论的价值与作用到底何在？如何解决及处理翻译中的文化差异现象？如何处理特别文体的翻译,如诗歌、古文、法律文件等？评定译文的标准是什么？出色的翻译家是否需要具备文学根底？随着电脑的普及与翻译软件的应用,译者应如何定位等。这些问题,虽然由学习翻译只有一年的大学生提出,其实多年来也困扰了富有经验的翻译老手,以及致力翻译理论研究的翻译学者。回想过去,三十年前,无人谈翻译;三十年后,却人人谈翻译。翻译的看法,林林总总,众说纷纭,因而翻译的真面目,反而蒙上了一层神秘的面纱。以下试从多年来教翻译、做翻译、改翻译、谈翻译及推动翻译的实际经验与角度来谈谈这些问题。

## 一、"对岸相望"与"中流相遇"——翻译理论与翻译实践的关系

迄今为止,翻译系设置的课程,除了着重实际技巧的训练之外,必然也开设翻译理论这一科目,但是,目前执教于翻译系的教授,除了某些新生代的教师之外,大部分并没有接受过正规的翻译训练。这些教授,大致可分为两种。一种是"文而优则译",通常是学文学出身的,或为中文系,或为外文系(英语系),因为精通两国文字,对中外文化发生兴趣而涉足译林;因在译林中徜徉日久,采撷愈丰,而总结出经验,这一类教师一般对翻译实践较有心得。另一类教师则并非学文学出身,他们可能是语言学系的,也可能是其他学系如历史、哲学、教育、社会学等相关科目的。他们因缘际会,加入了翻译系,但其主要的兴趣在于探索翻译在人类文化中的地位与作用,例如翻译现象、翻译活动的影响等等,一般较偏向于理念的追

求、理论的建立,对实际的翻译工作,往往避而不谈或弃而不顾。翻译学术界中普遍存有这种两岸对阵、中隔鸿沟,而互不交往的现象。这现象过去如此,现在也经常如此。教师阵营中既已隐含这种心态,所调教出来的学生,怎能不问一句"翻译理论的价值和作用到底何在? 是不是没学过翻译理论就不能成为出色的翻译家?"

且让我们环顾一下当今译坛响当当的知名人物,他们的译著等身,他们的影响深远,而他们对于翻译理论与翻译训练的看法,究竟如何? 就以我曾经专访过的译家为例吧! 林文月是中文系出身的,余光中是外文系毕业的,这两位学者,各以日译中及英译中的佳绩而称著一时,他们早在年轻时代就开始翻译,而事前并未受过专业训练;两者对翻译皆有译论,并不以理论家自居。杨宪益及高克毅两位译坛前辈,都精通双语,前者以中译外誉满国际,后者以外译中名闻遐迩,但是,这两位译家都虚怀若谷。前者自谦:"我这一生的大部分时间都是在从事翻译工作中度过的,因而似乎也不能说没有一点体会;但是我的思想从来逻辑性不强,自己也很怕谈理论,所以也说不出什么大道理。"① 后者则自比为原始派译者,正如摩西婆婆绘画一般,一切源于爱好,抒自胸臆,换言之,也是自然发展,未经琢磨的。② 以翻译西班牙经典名著《小癞子》及《堂吉诃德》而获得西班牙"智慧国王阿方索十世勋章"的名家杨绛,曾发表一篇讨论翻译的力作,却采用了一个最谦虚的题目:失败的经验——试谈翻译。她深信理论是从经验中归纳出来的。③ 其实,由于实践,由于摸索,由于不断的试误与改正,译家自然而然会发展出一套自己服膺的理论,只是有的隐含心中,有的彰显在外罢了。前者在翻译过程中加以运用,后者则在著书立说时加以发挥。在理论与实践两方面并驾齐驱的有罗新璋,他对理论与译作兼

① 杨宪益. 略谈我从事翻译工作的经历与体会//金圣华,黄国彬. 因难见巧:名家翻译经验谈. 香港:三联书店,1996:109.
② 金圣华. 冬园里的五月花——高克毅先生访谈录. 明报月刊,2000,35(5):53.
③ 杨绛. 失败的经验——试谈翻译//金圣华,黄国彬. 因难见巧:名家翻译经验谈. 香港:三联书店,1996:93.

容并蓄,既寓理论于实践,也从实践中衍生理论。

　　明确的译论是否能提高译文的素质? 这一点涉及译评的标准问题,暂且不论,但一位译者心目中对翻译的认知与看法,无论如何都会影响成品的取向,则是无可置疑的,例如鲁迅的硬译理论对其译作的影响,人所皆知,此处不赘。现以徐志摩为例。徐志摩的诗作与散文何其优美,且看写出名篇佳作的大诗人,精通中、英语文的大学者,是如何翻译十八世纪法国名作家伏尔泰名著 *Candide* 的。以下且以 Candide 跟主人家小姐恋爱的片段为例。

　　　　法文原文:

　　Cunégonde laissa tomber son mouchoir, Candide le ramassa, elle lui prit innocemment la main, le jeune homme baisa innocemment la main de la jeune demoiselle avec une vivacité, une sensibilité, une grâce particulière; leurs bouches se rencontrèrent, leurs yeux s'enflammèrent, leurs genoux toute tremblèrent, leurs mains s'égarèrent①.

　　　　英译文:

　　Cunegonde dropped her handkerchief, and Candide picked it up; she, not thinking any harm, took hold of his hand; and the young man, not thinking any harm either, kissed the hand of the young lady, with an eagerness, a sensibility, and grace, very particular; their lips met, their eyes sparkled, their knees trembled, their hands strayed②.

---

① Voltaire. *Romans et Contes*. Bibliothèque de la Pléiade. Paris: Éditions Gallimard, 1979: 147.

② 伏尔泰. 赣第德. 徐志摩,译. 台北:正文书店,1972:3.

徐志摩中译本：

> 句妮宫德的手帕子掉了地下去，赣第德捡了它起来，他不经意的把着了她的手，年轻人也不经意的亲了这位年青姑娘的手，他那亲法是特别的殷勤，十二分的活泼，百二十分的漂亮；他们的口合在一起了，他们的眼睛发亮了，他们的腿摇动了，他们的手迷路了。①

请注意译文前半段译得极其自由，译者加添了许多自己的意思；译文后半段却译得十分拘谨，连"所有格代名词"都不敢省略。这种忽松忽紧的译法，自然跟译者拿捏的尺度有关。同样的一段话，傅雷的译文则为：

> 居内贡把手帕掉在地下，老实人捡了起来；她无心的拿着他的手，年轻人无心的吻着少女的手，那种热情，那种温柔，那种风度，都有点异乎寻常。两人嘴巴碰上了，眼睛射出火焰，膝盖直打哆嗦，手往四下里乱动。②

其实，不论承认与否，译家之所以成为译家，同一原著的不同译品之所以千姿百态，必然是因为译者在翻译过程之中，对翻译的本质有一种先验的理念，因而形成一种主导的思想。例如《红与黑》（*Le rouge et le noir*）在中国有将近二十个译本，除了少数剽窃抄袭、不负责任的版本之外，多数译作都由认真严肃的译者执笔，但由于各人对翻译本质的认知有别，其译作亦必然会风格殊异。因此，理论的作用，一般称之为"指导"作用，是必然存在的——存在于译者的有意无意之间。真正有翻译经验的人，必然会经历一个如下的过程——翻译时，先是了解原文，剖析内容，研究背景，翻阅字典、参考书等等，一待吃透原文，就得落墨下笔了。此时，不管自己服膺的理论为何，必然会浑忘一切，挥笔前进。笔顺时势如破竹，长驱直入；不顺时却踟蹰不前，沉吟良久——某一词某一句，到底该怎么译？某一个意象是该硬翻照搬，将异种直接移植至中土？还是该改头

---

① 伏尔泰. 赣第德. 徐志摩，译. 台北：正文书店，1972：3.
② 服尔德. 老实人：附天真汉. 傅雷，译. 北京：人民文学出版社，1955：6.

换面,为其换上适合中土的新装? 某一个隐喻,该维持其隐晦朦胧的面纱,而甘冒读者误解之大不韪? 还是该改隐为显,揭露其隐藏背后的真面目? 这时的取舍进退,煞费周章,于是译者必然会思前想后,顾左盼右,上下求索,内外煎熬,因而体会到"左右做人难"的滋味。① 为了排难解惑,译者必须在困境中突围,在迷宫中寻找出路,此时,隐藏心底的信念乃缓缓升起,前人的经验,自己的体会,形成了照路的明灯,此情此境,该如何解决? 如何突破? 翻译过程之中,绝不可能给某一派某一家的理论牵着鼻子走,基本的信念乃兵法之所依,临场的实况则是阵前之变化,翻译时先要学习理论,后要浑忘理论,就是这个道理。

曾经有人问艺术大师林风眠如何成为"真正的艺术家",他常以下面的故事启发学生:

> 真正的艺术家犹如美丽的蝴蝶,初期只是一条蠕动的小毛虫,要飞,它必须先为自己编织一只茧,把自己束缚在里面,又必须在蛹体内来一次大变革,以重新组合体内的结构,完成蜕变。最后也是很重要的,它必须有能力破壳而出,这才能成为空中自由飞翔、多姿多彩的花蝴蝶。这只茧,便是艺术家早年艰辛学得的技法和所受的影响。②

其实翻译理论与实践的关系,又何尝不是如此。学习理论或技法,从书本中汲取知识的阶段,就是织茧的阶段。这时,应尽量多听、多看,尽量学习。蠕动的毛虫,将自己重重围困,几乎达到动弹不得、难以喘息的地步,然后,经过一段时期的酝酿重组、融会贯通,终于豁然开朗,蜕变成功。这破茧而出的刹那,才是毛虫变蝴蝶,不受拘束、振翅冲天的辉煌时刻。要在翻译实践中得心应手,自由飞翔,必须对翻译理论先学后通,先入后

---

① 余光中曾把译者比喻为巫师,介乎神人之间,"既要通天意,又得说人话",因而有"左右为巫难"之说。详见:金圣华. 桥畔闲眺. 台北:月房子出版社,1995:31.
② 林风眠百岁诞辰纪念画册文集编辑委员会. 林风眠之路. 杭州:中国美术学院出版社,1999:45.

出。一个成功的译家，不论自谦为"译匠"也罢，译员也罢，他手下的成品，必不止于拙劣粗糙、匠气十足的工艺品。

目前翻译界有两派偏颇的说法：一派认为翻译无理论，因此不必学，更不必设有专业课程；一派认为成名的译家，若不能高谈理论，则只能称为"译匠"，其成品亦必然是主观的、零碎的、片面的、不科学的，因而是无足轻重的。这两种说法各执一词，互不相让，因而形成了做翻译的讨厌理论、谈理论的不懂翻译的局面，互相排斥，彼此敌视，甚至到了水火不容的地步。高谈理论派有两种常见谬误。一是做研究时喜欢套用公式，将所谓的外国先进理论引介进来，作为一种模式，再根据模式，来分析目前所见的翻译实况，凡有相异者，皆称之为反常，研究者往往罔顾现实因素，因外国译论所涉的内容，有时不能与中国现状互相配合，硬套公式的结果，往往会指鹿为马，似是而非，得出伪科学的结论。另一是强烈的排外性，认为凡是传统旧有的方式都是退化落伍的，因此已经成名的译家，倘若只有译果，没有译论，就难以成为研究对象。殊不知译学的内涵，十分宽广，译家的成品，正可以作为译论研究的素材，是不可多得的宝贵资料。曾经有位研究生提出研究方案，要从名家杨宪益的译品中寻找译者的翻译方法及理念，某些教师却认为杨氏自己没有译论，因此不适合成为研究对象。这种倒因为果的看法，不免有失狭隘。其实，译家的译作浩瀚，正因为如此，该有人从中挖掘、整理、分析、爬梳，从而归纳出一套套译论来。①

学翻译、做翻译或研究翻译好比泛舟河上，不论从理论出发，或由实践入手，即不论从左岸登船，或由右岸乘槎，都不重要，重要的是必须从对岸相望的敌对立场，经浑然相忘的融会阶段，而进入中流相遇的和谐境界。唯其如此，方能携手同游，共享放舟译河的乐趣。而翻译系的设置，就是要提供一个开放包容的良好学习场所。故步自封，将实际经验排斥于学院派巍巍高墙之外、自闭于象牙塔中的做法，并无出路，实在不足为训。

---

① 南京大学的许钧教授在这方面做了不少研究，详见：许钧. 文学翻译的理论与实践——翻译对话录. 南京：译林出版社，2001.

## 二、"雪泥"与"雪种"——翻译中异国情调的保留
## 与原著风格的再现

翻译中历来争论不休的问题之一,就是译者在译本中该如何保留异国的情调、再现原著的风格。以外译中为例,译本读起来该像中文的创作,还是像翻译的文字? 前者可以傅雷为典范。他的译文纯净优美,抑扬有致,读者打开《高老头》或《约翰·克利斯朵夫》,一口气读下去,但觉畅顺无阻,如行云流水,比起一般以中文发表的原创作品,其流利程度,实在有过之而无不及。傅雷的译品,一向受到论者重视、读者欢迎,可是近年来忽然有不少译界人士提出不同的观点,认为过分流畅的译文,失之于"滑溜",翻译不妨带点"翻译腔",唯有如此,方能保持原著中的"原汁原味",方能将源语中的特有文化带入目的语的土壤中,使之植根萌芽,茁壮生长。而翻译的功能之一,就是要使耕植过多而渐趋贫瘠的土壤,因承受外来文化的冲击灌溉,而变得滋润丰腴,生机勃勃。

但是翻译本身是一种跨文化交流的复杂活动。一国或一地的人民要了解他国他地的文化,除了学习外语、沉浸其中之外,当然唯有依赖翻译一途,翻译是一种通过多元化、多层次、多范畴的途径来沟通的方式,并非仅靠某一独立绝缘的语篇或文本来交流的单轨行为。因此,单一语篇的译者所负的责任,只是文化交流的滚滚洪流之中的一小涓滴,译者翻译时,不可能也不必要把每一字、每一词、每一句都当作传递异国文化的载体而刻意异化,以致堕入"死译""直译"的陷阱而难以自拔。

几年前,有一次众友驱车由中文大学前往沙田市区午膳,途中因天热无风,有人提议关车窗、开冷气,车主说:"雪种不够,要去加了。"此时,同车的洋教授不禁好奇地问:"雪种是什么?"洋教授是一名汉学家,中文造诣相当不错,但没听过港式粤语"雪种"的说法。告之以"雪种"即refrigerant(制冷剂),教授听罢不由得喟然兴叹:"啊! Seed of snow! 真是太美、太有诗意了!"同车之人,闻之皆无动于衷。

另外有一次,利国伟博士来函提到苏东坡《和子由渑池怀旧》一诗的前四句:"人生到处知何似,应似飞鸿踏雪泥。泥上偶然留指爪,鸿飞那复计东西。"他说深喜此诗,但英译本读之"总觉得称心者甚少"①。其实,在这首诗中,"雪泥"的意象颇费踌躇。"雪泥"两字,到底是什么意思?"雪泥"在中国诗词中,是常见的词汇,《现代汉语词典》却解释为"融化着雪水的泥土"。《辞源》中只有"雪泥鸿爪"词条:"喻行踪无定,偶然相值也。""雪泥"两字,按字面直译,当然就是 snow-mud,而 snow-mud 是否诗意盎然? 我就此请教过一位加拿大名诗人,他曾经从意大利文转译过王维《辋川集》的四十首诗,其后再加上其他中国诗人作品的英译,结集成书,出版了《寂寥集》。② 这位诗人本身的诗作,也以吟诵自然景观为主题,深受东方文化的影响。这样的一位诗人,我问他 snow-mud 令他引起的联想是什么? 他的答案是"Terrible thing!"诗人长年居住于温哥华,该处冬日寒寂、阴雨连绵,这"融化着雪水的泥土",无论如何,都唤不起美感的经验,也是理所当然的。

因此,翻译之中,直译与意译之纷争,异国情调与本土色彩之较量,意义并不很大。意象可以保留,可以不假思索,直接移植,美其名为保留"原汁原味"及丰富目的语的文化,但译者一厢情愿的意图,万一付诸实行,是否可以达到预期的效果? 以"雪泥"与"雪种"为例,恐怕就未必如此。

在中文里,"雪泥"是典雅优美的意象,盛载着千百年文学的遗产,携带着世世代代文化的信息,这样一个充满诗情画意、内涵极深的词汇,一旦直译照搬为 snow-mud,丝毫唤不起外文读者对"人生无常、往事留痕"的丰富联想,反而引起了"泥泞不适、举步维艰"的感觉;"雪种"是只流行于粤语地区,甚或香港一地的俗语,一般香港人一听"雪种"两字,就会想

---

① 利国伟博士为香港知名银行家及香港中文大学前校董会主席。1997 年 1 月 8 日来函曾讨论翻译问题。

② 诗人为 Michael Bullock(布迈恪),加拿大英属哥伦比亚大学创作系荣休教授,曾多次应邀访问中大。诗人曾与 Jerome Ch'ên 自意大利文转译王维《辋川集》诗四十首,并以 *Poems of Solitude* 为名结集成书,于 1960 年出版。

起汽车、冷气机等实际的事物,而决不会因此而浮想联翩,诗情洋溢。

文化背景相异的人,对同一事物的看法,其价值判断与审美经验都是截然不同的,此所以外国选美会上选出的国色天香,跟东方人心目中的美女形象,往往颇有出入。不同种族的审美观固然有别,不同性别之间亦如此,男士眼中的绝色,跟女士眼中的佳人亦大不相同。依此类推,年龄不同、背景相异、文化水准参差的观众读者对同一作品、诗篇、音乐、电影、戏剧的看法,必然大异其趣。明乎此,以为翻译中把源语的比喻意象及表达方式直接照搬,就可达到保留异国风味的想法,未免过分乐观。我们且举例以进一步说明。

中文里常有一些与身体部位有关的习惯用语,如"心惊肉跳、毛骨悚然、提心吊胆、荡气回肠"等,翻译时如果把这些用语照搬直译,必然会产生出乎意料的后果。现在试以"牵肠挂肚"一词为例,假如原文用以描绘慈母对游子的思念,经逐字直译,其功过得失可分析如下:

> 功:传达中国人特殊的表达方式
>
> 过:制造野蛮粗率的印象,与慈母对子女思念关怀的温婉形象格格不入
>
> 得:保持异国情调
>
> 失:怪异乖悖,令人不忍卒读

因此,任何有理智的译者,只会把"牵肠挂肚"译成 feel deep anxiety about；be very worried about 之类的说法,而不会直译。"提心吊胆""牵肠挂肚"等字眼直译的结果,对英语读者来说,就好像外科医生动手术时所采取的种种步骤。

赵景深早期翻译时,曾经把 Milk Way 直译为"牛奶路",而不是译为"银河",因而成为翻译界流传不息的笑话,最近有论者为其翻案,认为译成"牛奶路",并无错误,翻译必须视乎语境而定,"银河"令人联想起牛郎

织女与鹊桥相会的故事,与源语氛围格格不入,因此还不如直译为"牛奶路"。① 两派说法,孰是孰非,此处不论,但是词汇的"直译"与"意译",意象的"保留"或"转换",则肯定不是保持异国情调的关键所在,因为异国情调的产生,不靠外在字词的点缀,而靠内在气韵的形成。

要保持原汁原味,自然必须再现原著风格,而风格本身,却颇难界定。何谓风格? 风格是指作家创作时的艺术特色,是某一作家的作品之所不同于其他作家的表征。根据《新版写作大辞典》的说法,风格是"文学创作中从整体上表现出来的一种独特而鲜明的审美特征。它受作家主观因素及作品的题材、体裁、艺术手段、语言表达方式及创作的时代、民族、地域、阶级条件等客观因素的影响而产生,并在一系列作品中作为一个基本特征得以体现"②。

余光中及蔡思果都曾寄居香江,作客中大,两人同为散文名家,且看他们对沙田的描绘:

余光中文:

一九七四年八月,我去中文大学中文系担任教授,归属联合书院。其时书院才从高街迁沙田两年,新校舍楼新树少,但因高踞山头,游目无碍,可以东仰马鞍之双雄,北眺八仙之连袂,西窥大埔道一线蜿蜒,分青割翠,像一条腰带绕鹿山而行,而吐露港一泓水光,千顷湛碧,渺漫其间,令高肃的山貌都为之动容。③

思果文:

香港,九龙的山水,我已经熟悉,有两三年参加爬山的团体,几乎踏遍了各处名胜。八仙岭就上过两次,一次由正面,一次由背面攀登。朋友,几乎全在香港,四年后,有机会回港,又和朋友重聚,十分

① 谢天振. 译介学. 上海:上海外语教育出版社,1999:174-180.
② 庄涛,胡敦骅,梁冠群. 新版写作大辞典. 上海:汉语大词典出版社,1997:535.
③ 余光中. 日不落家. 台北:九歌出版社,1998:179.

欢喜,而且又结识了新的相知。因为住在新界,出去游览比较少,可是沙田的景色堪称奇绝,山光水色,也足以供我自娱了。①

两人的文风一富丽华赡,焯烁异采;一清淡平实,舒缓朴素。要翻译这两位作家的作品,自然需要采用不同的笔触,这就是余光中所谓译家手中要有多把不同刷子的道理。② 一位有造诣、有水准的译者,除了本身独特的风格之外,翻译时,还需有炼字炼句的毅力,悉心揣摩的用心,对原著风格细细体味,然后在翻译不同的原著时,尽量作出相应的调整,以求得到不同的效果。正如林文月翻译紫式部的《源氏物语》及清少纳言的《枕草子》两本日本经典名著时,由于"紫式部的文笔较为华丽流畅"而"清少纳言则比较简劲刚阳",因此感到心情沉重,生怕翻译时自己的写作习惯难以摆脱,"很自然地使两种不同原著呈现近似的风貌了",③因此在表现方式及词汇运用方面,都作出刻意的安排。译家的这种努力,固然难能可贵,但是万一翻译时,自己的风格难以压抑,时时蠢蠢欲动,一不留神,就会蛟龙出海,脱兔越野,这又如何是好? 有效的防患之道自然是选择风格相若的原著,就如选择性情相近的朋友一般,这样,翻译起来就可收到事半功倍之效。④

目前译坛有学者谈论风格时提出一些理论,认为"一个没有形成自己的文字风格的人,反倒比文字水平高并有了自己独特风格的人更能体现原著的风格"⑤。论者大概是眼见目前译坛滥译成风,有些译者完全不依原著,自由发挥,因此有此感言,以针砭时弊吧! 但是一个人经长年摸索,累月经营,下笔成文时,居然还培养不出个人风格,足见语文造诣甚浅,表

---

① 思果. 橡溪杂拾. 台北:三民书局,1992:134-135.
② 金圣华. 余光中的"别业":翻译——余光中教授访问录. 明报月刊,1998,33(10):39.
③ 林文月. 一人多译与一书多译. 翻译季刊,1995(创刊号):10.
④ 傅雷在《翻译经验点滴》一文中,曾提到"择书如择友"一说,此说看似平常,但的确是至理名言. 本人根据多年教学经验,常见学生从事"长篇翻译"习作时,因所选原文与本身文风不合而半途放弃,重选其他原著.
⑤ 王殿忠. 风格三议//张柏然,许钧. 译学论集. 南京:译林出版社,1997:541-542.

达能力不足,由这样的人下笔翻译,倒不如不译!

译者在早期虽有"舌人"之称,却不能毫无主见、缺乏判断;译者虽担当中介的任务,却不是卑微低下、依附主人的次等角色。翻译如做人,不能放弃立场,随波逐流;也不能毫无原则,迎风飘荡。因此,翻译的过程就是得与失的量度,过与不足的平衡。译者必须凭借自己的学养、经验,在取舍中作出选择。

真正优良的翻译作品,往往是原著风格经译者风格掺糅而成。以乐谱为例,写在纸上的音符是死的,必须依赖演奏家的演绎,方能存活。同理,原著在不识原文的读者眼中,也并不存在,唯有通过翻译,方能在第二种语言中再生。既然同一乐谱可以展现千姿百态的演绎,同一作品为何不能产生千变万化的翻译?而不同译者个性有异,禀赋相殊,经他们的手笔,自然产生不同的译品,但基本上,伟大的演奏家不会将贝多芬弹成莫扎特,肖邦弹成德彪西,成功的翻译家,亦当如是。

## 三、"千层糕"与"千叶饼"——文化的差异与层次的语感

时人常说,环顾世界各地,要比美中式烹饪艺术的,唯有法国,换言之,中、法两国在饮食文化方面的成就,各有千秋,不相伯仲。法式甜食中,有一种点心叫作 Mille-feuille,直译即"千叶饼"之意;中式糕点中,也有种人人皆知的"千层糕"。这两种点心都广受欢迎,那么,我们翻译时能否将 Mille-feuille 径译为"千层糕"?

两种点心表面上看来都是多层次的甜品,但是实际上却是一脆一软,一松一凝,一入口即化,一入口黏稠。这两种食物,食客品尝起来的口感,是截然不同的。

这两种食品,异中有同,同中有异,正好象征不同文化之间的接轨与偏差,而翻译之妙与翻译之难,也就在乎如何在两种文化的异同之间回旋周转,权衡轻重。

有论者以为:"翻译工作在某种意义上像外交工作,要善于'存异求

同',既尊重别人,又尊重自己。"①此话诚然不错,但是既尊重别人又尊重自己的做法,一应用到个别情况,要真正实行起来,又谈何容易!

很多学者讨论翻译理论时,往往忽略了一个关键问题,即"语言对"(language pair)的问题。同一语系的两种文字,对译起来,自然较不同语系的文字方便省事得多。杨绛提出"翻译度"的说法,认为,"同一语系之间'翻译度'不大,移过点儿就到家了,恰是名副其实的'移译'。中西语言之间的'翻译度'很大。如果'翻译度'不足,文句就仿佛翻跟斗没有翻成而栽倒在地,或是两脚朝天,或是蹩了脚、拐了腿,站不平稳"②。黄国彬认为,"翻译时应该用树译树还是以林译林,要视乎实际情况……在大多数的情况下,以印欧语(如英语、法语、德语、意大利语、西班牙语、希腊语、拉丁语)翻译印欧语时,以树译树的可能性较高;以汉语译印欧语时,以树译树的可能性较低"③。上述两位译家都是精通多种欧洲语言的学者,本身又是中文造诣极深的作者,他们对翻译的体会与感悟,自然胜人一筹。由此可见,谈翻译不能漠视现实,凡事一刀切。把不谙中文的外国学者讨论翻译的理论,奉为金科玉律,不加辨析,照单全收,再应用到中外翻译的实况中来,往往就会产生隔靴搔痒之弊、隔雾看花之误,因而难免造成搔不着痒处、看不见真相的后果。举例来说,法文里"bien aimé(e)"一说,译为英语,不论语境如何,大可自然"过渡",从源语"从容地以树的形态进入"译语④,即变成"well-beloved"或"beloved"。一旦从法语译成中文,情况又如何? 这"bien aimé(e)"的对象若换成老师、弟子、朋友、情人、父母、子女、对象或祖国,译法就会随之不同:

---

① 许崇信. 文化交流与翻译//杜承南,文军. 中国当代翻译百论. 重庆:重庆大学出版社,1994:98.
② 杨绛. 失败的经验//金圣华,黄国彬. 因难见巧:名家翻译经验谈. 北京:外语教学与研究出版社,2015:94.
③ 黄国彬. 只见树,不见林——翻译中一个常见的偏差. 翻译季刊,1998(9/10):126.
④ 黄国彬. 只见树,不见林——翻译中一个常见的偏差. 翻译季刊,1998(9/10):126.

| 法 | 英 | 中 |
|---|---|---|
| bien aimé(e) | well-beloved | 敬爱的老师 |
| | beloved | 爱护的弟子 |
| | | 挚爱的友人 |
| | | 热恋的情人 |
| | | 亲爱的孩子 |
| | | 心爱的玩具 |
| | | 热爱的祖国 |

中国人讲情、讲爱的表达方式，含蓄而多姿，有时不必一定用上"爱"字，例如：

父母对子女之爱——舐犊情深，骨肉之亲，父慈子孝

祖孙之爱—— 含饴弄孙，公悦媪欢

兄弟之爱—— 兄友弟恭，手足之情

夫妇之爱—— 画眉之乐，鱼水之欢，凤凰于飞，和鸣锵锵，

如鼓瑟琴，鹣鲽情深

因此，我受托把傅雷法文信件及家书译成中文时，①凡遇到这种情况，又怎能不随着致函的对方、描绘的对象、信中的内容、词汇的语境，好好分析一番，并经再三推敲，仔细斟酌，才定下适当的译法。

翻译如做人，必须慎言慎行，掌握分寸，方能立于不败之地。然而翻译中分寸的掌握，与译者有否敏锐的语感息息相关。每一种语言，在词义的运用、语句的铺排、段落的结构方面，都有其独特的方式，而每一词每一字所承载的文化信息亦各不相同，所以译者必须对源语与译语，都有透彻的了解，深切的体会，方可动笔。尽管如此，一般来说，源语多半是外语，译语则是母语，世上真正能精通双语、左右逢源的人，毕竟不多，而一个人对外语及母语的认知，始终有所不同，否则，母语也就不成为母语了。在

①　见《傅雪致杰维茨基函》及《傅雷致梅纽因函》中译，《傅雷家书》英法文书信中译。

这种情况之下,在两种语言中双向互译,其要求与取向是并不相同的。以中、英翻译为例,一般人动辄要求译者双语兼通,中英俱佳,出入自如,对"译"如流。这种要求,其实是不明翻译的本质所致。翻译只是一个总称,其中按方法、按文本、按体裁,可以有许许多多不同的细流分支。假如说,翻译的内容是天气报告、商业合同、货品说明书、报刊文章、各类广告以至科技论文等较为实际的文体,自然可以要求译者具备中、英对译的能力,但是涉及文学作品、哲学论著或法律文件等内容抽象、思想复杂的文类时,就必须实事求是,正视译者翻译的取向了。其实,世界上一般翻译的主流,尤以文学翻译为然,都是以外语译成母语的。翻译《尤利西斯》的名家萧乾曾经说过:"就文学翻译而言,我认为理解占四成,表达占六成。"①理解的是源语,表达的是译语,翻译文学作品多数为外译中,其道理不言而喻。除非译者精通外语如母语,或甚至外语能力高于母语,则又当别论,这种情况,在香港一地,由于特殊历史条件及地理环境使然,间或存在。

　　明乎一个人的母语能力与外语能力始终不能铢两悉称,翻译时就会格外留神,加倍用心。译者一方面知道自己有所局限,另一方面也必须了解两种语文之间对应互译时的困难所在。中国是个有五千年历史的文明古国,美国立国只有两百多年,而其文化所依的英国,固然也历史悠久,但毕竟不同于中国。假如说文化是泛指"人类社会历史发展过程中所创造的全部物质财富和精神财富,特指社会意识形态"②,那么,一国一地的文化,由于民族性有异,国情有别,与他国他地的文化相较,也必然如自然界的多种岩石般呈现出层次不同、纹路有别的面貌。语言是文化的载体与媒介,在我们把外语译成中文的时候,面对这千百年历史淘炼积淀的产物,是否该细心体会一下,这层次是否等于那层次?换言之,"千叶饼"中的第三层,是否即是"千层糕"中的第三层?其实,不少翻译上的失误,都

---

① 金圣华. 桥畔闲眺. 台北:月房子出版社,1995:37.

② 见:辞源. 香港:商务印书馆,1981.

是由不能掌握分寸及不谙层次上的语感所引起。

自从一九九六年起，我就跟英文系的姜安道教授（Prof. Andrew Parkin）共同担任中文大学荣誉博士学位颁授典礼的赞辞撰写人。中大的做法，乃按实际需要，由两位教授分别用英文或中文直接撰写赞辞，然后交由专业译者翻译，其中的中译本再由我修改润色。在审阅的过程中，往往发现改稿比翻译更难，原因就在于中、英文化传统中对赞辞的撰写，不论思路逻辑与写作方式，都颇有出入。英文原稿中的幽默谐趣、逸事穿插、个人观点、率直论断等，一经翻译，倘若译者不顾中文层次的语感，不谙中国的人情世故，不做调整，遽尔译出，就会变得不伦不类，似褒实贬，不但有失大会美意，而且有损大学尊严。由于原译既无法全部重译，只有在译稿的基础上，按前言后语的风格，作出酌量适度的调整。现举例说明。

## （一）有关分寸的掌握

1. Citation of Nils Göran David Malmqvist，Fil. Lic.，Dlitt（马悦然教授赞辞）①

英文原文：

Such is the winding path of human fate that after two years he abandoned Law for Anthropology and Chinese. Paradoxically，he found his true way by entering the thickets，with much bewilderment，of Daoist philosophy in translation.

译员中译稿：

但命运的安排往往出人意料，两年之后，马教授弃修法律，改习人类学及汉学。他从阅读译文着手闯进了道家哲学的迷宫，却是歪

---

① 香港中文大学第五十四届颁授学位典礼马悦然教授赞辞。

打正着,因此踏上康庄大道。

修改稿:

但命运的安排往往出人意表,两年之后,马教授弃修法律,改习人类学及汉学。他从阅读译文着手,闯进了道家哲学的迷宫,却反而因此找到生命的途径。

2. Citation of the Honourable Donald Yam-kuen Tsang,JP(曾荫权先生赞辞)①

英文原文:

Now that he is buried almost up to the bow tie in government documents, he still finds time to read, for pleasure, fascinating, well-written non-fiction.

译员中译稿:

现在,虽然无数政府文件堆到了蝴蝶领结之下,他依然忙里偷闲,阅读写得引人入胜的文章。

修改稿:

现在,虽然政府文件堆积如山,他依然忙里偷闲,阅读文采斐然、引人入胜的文章。

从以上两例看来,第一例"歪打正着"具有贬义,极不足取,倘若不加修改,直接印出,必定贻笑大方;第二例在英文原文中似乎形象鲜明,语带幽默,在中文赞辞中出现,始终有欠分寸,与颁奖典礼的庄重场面,显得格格不入,因此需要以合乎中文规范的习惯用语"堆积如山",来加以调整。

--------

① 香港中文大学第五十五届颁授学位典礼曾荫权先生赞辞。

（二）有关层次的调节

层次的语感,在中、英两语里不尽相同。再以赞辞及演讲辞为例。英文往往可以简单、直接的表达方式运用在正式的场合,而不失之呆板平凡。相反,译成中文时,不得不作出适度的调节。这样,译文方能合乎中文的行文惯例,以及读者或听众的审美期待。

现举例说明:

1. Citation of Denna Lee Rudgard,BA,MA,BM,BCh(利德蓉医生赞辞)①

英文原文:

These observations link with her lifelong interests and her strong belief,held also by her father before her,that the best investment's in people,especially in young people... in the quiet but effective work that helps us build a decent society...

译员中译稿:

她与她父亲的心志相同,相信最好的投资是对人,特别是年青人……那使世界变得更完美的工作,虽低调却有效……

修改稿:

利医生与父亲心志相同,深信最好的投资是育才,尤以培育年青人为然……此类使世界变得更加美好的工作,虽默默耕耘,却成效超卓。

2. Citation of Fong Yun-wah,DBA,LLD,MBE,JP(方润华博

———————————

① 香港中文大学第五十三届颁授学位典礼利德蓉医生赞辞。

士赞辞）①

英文原文：

How does he keep fit amidst all the demand of business，family，and philanthropy？He swims，he exercises，and plays a bit of golf.

译员中译稿：

方博士既须处理公司业务，又要照顾家庭和慈善工作，费力劳心，有什么办法保持健康？他的办法是游泳，做体操，偶然还打打高尔夫球。

修改稿：

方博士既须处理公司业务，又要照顾家庭和慈善工作，劳心劳力之余，如何保持健康？游泳，体操，偶然打高尔夫球，即为强身健魄之道。

3. Citation of Nils Göran David Malmqvist，Fil，lic，Dlitt（马悦然教授赞辞）②

英文原文：

He also taught English to a very original young woman，the individualistic Ningtsu，later to become his warm and courageous wife.

译员中译稿：

他又认识了一位很有个性的年轻女郎宁祖，并教她英语，这位热

---

① 香港中文大学第五十四届颁授学位典礼方润华博士赞辞。
② 香港中文大学第五十四届颁授学位典礼马悦然教授赞辞。

情、勇敢的女郎后来做了他太太。

修改稿：

当时，他又结识一位极有个性的年轻女郎宁祖，并教她英语。嗣后，终与这位热情勇敢的女郎盟订终身。

从以上三例看出，翻译是一个非常复杂的过程，在外译中时，在某些场合，未必"simple is beautiful"，以简译简的结果，往往会把正式的文体降低至口语的层次，因而使原义走样，原味流失。中译外时，则正好相反，过多修饰词类及成语套语的应用，使行文常有矫饰之嫌，造作之弊。

语言是文化的积淀，中西文化既然有别，语言的运用，层次的语感，自然大不相同。有学者认为，"中文上下的幅度，比西文要宽。这本身提供了从平淡到精彩的多种可能"①。不论孰宽孰窄，翻译时要在中西文化中找出对等的语感，就如在千叶饼与千层糕中发掘对应的层次一般，的确是最考译者功夫的一门高深学问。

## 四、钟摆的两极——文学翻译与法律翻译

翻译界最盛行不衰的老生常谈，就是说翻译好比女性，美者不忠，忠者不美。姑不论此话是否会有性别歧视，我国古老的传统中，谈到语言的确也有类似的说法，即老子所谓的"信言不美，美言不信"。换言之，信与美，是吾人对语言表达方式的两大要求，再演变而为翻译实践中的两大原则，但惜乎两者经常互相对立，难以兼全。

其实，在翻译的过程中，由于所涉文类的不同，对象的分歧，目标的差异，往往所得的成果，在信与美的程度上，大相径庭。以个人的经验来说，我曾经译过小说、诗歌、论文、家书、新闻、财经、科技、法律等多种文学及

① 罗新璋语，详见：许钧，罗新璋，施康强，袁筱一. 谈文学翻译中的再创造. 译林，1998(1)：204.

非文学类作品,而假如翻译活动是一个钟摆,那么,这钟摆的两极,就是文学翻译与法律翻译了。

文学翻译要求译者"再创造"的能力与用心,文学作品中表达出来的是辽阔的视野、无尽的空间。一部成功的小说,一首上乘的诗作,一出完美的戏剧,一篇优雅的散文,其魅力在于原作者能提供源源不绝的创意,启发读者产生丰富奔放的想象力。因此,文学作品有无止无尽的解读方式,让译者去作层出不穷的演绎与发挥。

历来有关文学翻译的研究与探讨,形形色色,难以尽述,此处不赘。以下,我只举出实例,以反映文学翻译之复杂困难及可喜可乐之处。

一九九九年下半年,曾应香港法定语文事务署之邀,为该署主持为期八周的"高级英汉翻译审稿班"课程。参加训练的共十四位学员,全是该署的总中文主任及高级中文主任。法定语文署负责制定及落实香港政府的语文政策,而这些学员全是翻译非文学类文件的老手。在课程即将结束前两周,我请各位学员把一首英诗译为中文,以测验其对语言掌握的能力。这首英诗是加拿大诗人布迈恪(Michael Bullock)所写,原为卧病在床,望见友人所送鲜花的即兴之作。原文浅显易明,不用僻字,兹录如下:

*Chrysanthemums*

*-Michael Bullock-*


When I wake in the morning

The Chrysanthemums greet me

A galaxy of purple stars

Floating on green clouds


They smile at me

I smile back

Remembering the giver

The day has begun

我们暂且不理那句意象较丰富的"a galaxy of purple stars floating on green clouds"的句子,而以最后两行"Remembering the giver""The day has begun"为例,现把各人的译法分列如下:

新的一天又开始　　　　　　蓦然忆记起送花人

　　　　　　　　　　　　　阳光普照大地,新的一天又开始

念想送花人　　　　　　　　更念送花人意厚

这天来到了跟前　　　　　　新天伊始乐意悠

心里想念送花人　　　　　　勾起我对送花人的思念

一天就这样开始了　　　　　让我们一起迎接新的一天

同时想起了送花者　　　　　我想起送花人的关爱

这确是一天的开始　　　　　这一天,在晨曦中披上新衣

脑海里想起那送花人　　　　犹忆赠花人

新的一天开始了　　　　　　初愈展新生

念起那送花人　　　　　　　赠花君意余心知

一天又开始了　　　　　　　夜尽又是朝晖时

念赠花人

一日开始

想起送花人

又是新一天

假如要仔细分析起来,就会发现不同学员翻译时运用了各种不同的

技巧:有的用五言诗或七言诗体,有的用自由诗体;有人措辞精简,有人意象繁复。但是大致来说,可分为两派:左边列出的一派照字面直译,不加调整,可惜译文失之平淡,略欠诗意;右边的另一派,则运用了"增添法"去阐释最后一句,原因是最后一句原文虽然颇有气势,但实在太简单,正如国画之中,留白极多,因此有无限空间,让译者去尽情演绎。除此之外,原文"remembering the giver"及"the day has begun"两句之间,究竟有没有因果关系?"the giver"到底是男是女?是诗人的朋友、知己、亲人,还是爱人?"the day has begun"有没有象征意义?是表示"大病初愈",还是表示"新的考验"?是表示"欢乐",还是表示"勇气"?这连串的考虑,以及内容的剖析,影响了译者的取向、措辞的选择,至于译者的主观意愿,一旦形诸文字,是否能诗意盎然,贴切传神,则自然须视乎个别译者对语言文字的驾驭能力而异了。

由此可见,文学讲求的是弦外之音,不落言筌,唯其如此,方始耐人寻味,正如"犹抱琵琶半遮面"的美人,往往令人泛起无限遐思。因此翻译文学时对原文的意境神韵,必须细加体味;至于法律翻译,却要求有碗话碗,有碟话碟,译者必须实事求是,切勿望文生义,随意增删,更不必措辞华丽,唯"美"是图。文学翻译中所要求的既美又信的女子形象,到了法律翻译,就变得不苟言笑,一本正经,绝无美感韵味可言了。

香港政府于一九八八年成立双语法例咨询委员(The Bilingual Laws Advisory Committee,简称 BLAC),为切实落实中英双语立法而展开工作。委员会的主要任务为:

1.审阅法律草拟科所翻译现行条例的翻译本;

2.经审慎考虑后,对翻译本的真确性予以认同;及

3.就现行以英文制订的法例的中文本颁布一事,向总督会同行政局提出意见。①

---

① 双语法例咨询委员会的职责由 1987 年法定语文(修订)条例第 4C(1)条加以规定。

　　为了达到这个目的,委员会采用了法律草拟科翻译法例所采用的准则:

　　1. 一个语文本须正确反映另一语文本的意义;

　　2. 每个语文本须以同一形式出现;及

　　3. 中文本须以良好,不流于俚俗的现代中文编写。①

　　委员会的成员包括当时的中文专员,律政司法律草拟专员,资深法律界、翻译界及语言学界人士。由 BLAC 成立开始,我已应邀出任委员,直至一九九七年五月完成任务为止,前后历时八年半。委员会曾经审阅的公共条例共五百二十三条,约二万页。

　　在这段漫长的日子当中,因身历其境,我对法律翻译开始有切身的体会。假如说,文学翻译允许译者在翻译过程中进行"再创造"以"拓展无限空间",那么,法律翻译所着重的就是要"阻塞一切空间"了。艺术作品讲求的虽是神形兼备,但丹青难写是精神,最重要的是神似而非形似。齐白石说自己的作品在"似与不似之间",歌德说美在"真与不真之间",②这两者的说法,也许是艺术作品及艺术创造的最佳诠释,但绝对不适宜用以描绘法律条文,因为双语立法时,"每个语文本须以同一形式出现",这一个基本原则已定,求神似不求形似的说法便无法达成。

　　控辩双方对簿公堂时,最主要的是拿出真凭实据,而两造的代表律师,各就呈堂证供来滔滔雄辩,他们所做的,也无非是在法律条文之中寻找依据,希望在字里行间发现空隙来回旋周转。因此法律条文订立得越刻板、越周全,就越有成效,历来法律文件不论以何种文字写成,都冗长累赘,不堪卒读,令一般老百姓望之生畏,就是这个原因。

　　翻译法律条文、规约章程,因其具有法律上的约束力,故必须以具体明确、少生歧义为主。文中所涉的词汇必须含义确切,前后一贯,除少数例外情况,切忌如文学翻译般讲求一词多译,以收"行文流畅、用字丰富、

------

① 　参阅 1988 年 12 月 8 日,双语法例咨询委员会记者招待会所发布之新闻稿。

② 　庄涛,胡敦骅,梁冠群. 新版写作大辞典. 上海:汉语大词典出版社,1997:153.

色彩变化"之效。① 其次,法律翻译就像堆砌积木:原文为名词,常还以一个名词;为形容词,还以一个形容词。这种"对号入座"的刻板译法,正好是文学翻译中的大忌。

一九九三年年底,律政司草拟科将 The Chinese University of Hong Kong Ordinance(Cap.1109)译成中文,即《香港中文大学条例》(第 1109 章),并邀中大对中译本提出意见,以便于一九九四年三月交由 BLAC 审阅,经审阅定稿后再交立法局审批,正式颁布为香港法例。中大既以"中文"大学为名,对有关自身法例中译本的措辞是否适当,行文是否流畅,译义是否精确,自然十分在意,绝不掉以轻心。当时大学当局为此特地成立了工作小组,由秘书长、代理教务长、中文系系主任及翻译系系主任等出任组员。这个小组为中译文本中的一字一词,仔细推敲、再三斟酌,曾经召开过无数次会议,几乎到了殚精竭虑、废寝忘食的地步。结果,中大的意见与 BLAC 的意见并不一致,双方展开了长达三年的拉锯战。我当时既是中大审议小组成员之一,又是双语法例咨询委员会委员,带着这双重身份,在两个委员会的多次会议中进进出出,经不断协调折中,终于确确切切明白法律翻译与一般翻译的相异之处,也真正了解"翻译"一词的本质究竟为何。其实,"翻译"只是一个总称,翻译活动林林总总,而翻译的过程,须视乎文本的种类、文件的性质、成品的目的、读者的取向等多种因素,而采取截然不同的手法,否则必然会枉费心思,徒劳无功。兹举《香港中文大学条例》之中的弁言为例,以说明以上论点。

香港中大原于一九六三年设立,当时为一所联邦制大学,新法例旨在取代旧例,废除崇基、联合、新亚等书院之旧条例,订定有关新条文,并为逸夫书院订定条文。新条文弁言(e)之英文原文为:

> It is declared[a] that The Chinese University of Hong Kong, in which the principal language of instruction shall be Chinese,shall continue to —

---

① 傅雷对自己的翻译,曾以此为指标,论者亦多以此称扬傅雷的译品。

(i) assist[b] in the preservation, dissemination[c], communication[d] and increase[e] in knowledge;

(ii) provide[f] regular courses of instruction in the humanities, the sciences and other branches of learning of a standard required and expected[g] of a University of the highest standing;

(iii) stimulate the intellectual and cultural development of Hong Kong[h] and thereby to assist[i] in promoting its economic and social welfare[j]:

这段话律政司的原译版本为：

弁言(原)(e)现公布[a1]以中文为主要授课语言的香港中文大学细则——

(i)协助[b1]保存，传布[c1]，传达[d1]及增加知识[e1]；

(ii)提供[f1]人文学科、理科及其他学科的正规课程，其水准为地位最高大学所应有及预期应有的水准；[g1]

(iii)刺激香港的学术及文化发展[h1]，从而协助[i1]促进香港的经济及社会福利[j1]：

中文大学经多番推敲商讨，建议将这段话修改如下：

弁言(修)(e)兹声明[a2]香港中文大学乃以中文为主要授课语言之大学，并当继续——

(i)致力[b2]于知识之保存、宏扬[c2]、交流[d2]与增长[e2]；

(ii)设立[f2]人文学科、科学及其他学科之正规课程，其水准当与最高水准之大学相若[g2]；

(iii)促进香港之民智与文化[h2]，藉以提高[i2]区内之经济效益与社会福祉[j2]：

上述两段文字，以中文的行文畅流、语意清通而言，中文大学的修订本当然远远胜于律政司原译本。原译之中，行文重复冗长，如(b1)及(i1)

两处，"协助保存""协助促进"，连用两次"协助"；而中大译本，(b2)及(i2)分别译为"致力"及"提高"，使语意明确不少。原译(h1)"刺激香港的学术及文化发展"，也有措辞不当之弊。"学术文化"只宜"促进"，岂能"刺激"？由此观之，中大(h2)的译法，较为可取。至于原译(g1)"其水准为地位最高大学所应有及预期应有的水准"，更觉累赘，中大(g2)的译法，则简单明了，一语中的。

殊不知中大的修正建议，一送到 BLAC 审阅，就招致极多的反对之声。首先，《香港中文大学条例》是香港众多法例之一，并非单独存在的文件，因此，行文不能悉随己意，尽量发挥。国立北京大学于一九三二年颁布的《组织大纲》中，曾列明"北大以研究高等学术，养成专门人才，陶融健全品格为职志"①。请注意行文之中典雅适当的用语，工整对仗的句法，但中文大学条例是香港政府的法例，而不是大学当局的宣言或校训，故措辞行文就没有北大《组织大纲》那么自由了。基于此，原译(a1)以"现公布"译"it is declared"，中大不能径自改为"兹声明"；原译以中性字眼(c1)"传布"译"dissemination"，因该字出现在其他法例时都是如此译法，中大就不能径自改为(c2)"宏扬"这般带有褒义的字眼，令人联想起"宏扬佛法"等说法。其次，香港所有的法例，都是双语法例，既要形式相似，又要意义相同，捉襟见肘，谈何容易！为了维系整体法律文件的统一协调，翻译时，行文就不能那么畅顺自然了。

历时三载，几经商榷，大学与 BLAC 终于建成协议，现在的版本如下：

(e) 现宣布<sup>(a3)</sup>香港中文大学（其主要授课语言为中文）须继续——

(i) 协力<sup>(b3)</sup>于知识的保存、传播<sup>(c3)</sup>、交流<sup>(d3)</sup>及增长<sup>(e3)</sup>；

(ii) 提供<sup>(f3)</sup>人文学科、科学学科及其他学科的正规课程，其水准当与地位最崇高的大学须有及应有的水准相同<sup>(g3)</sup>；

(iii) 促进香港的民智与文化的发展<sup>(h3)</sup>，藉以协力提高<sup>(i3)</sup>其经济

---

① 温儒敏，赵为民. 北京大学. 北京：北京大学出版社，1998：43.

与社会福利<sup>(j3)</sup>：

从最后的定稿所见，中文的行文较前流畅，然基本上仍保留法律翻译严谨、刻板的风格。原文中 required and expected 词组，不能以意译轻轻带过，而必须译为"须有及应有"；原文中 economic and social welfare 词组，不能因行文流畅之故译为"经济效益及社会福祉"，因"经济效益"即 cost-effectiveness 之意，与原文不符，而 social welfare 在其他法例中已有定译，即"社会福利"，故不能译为"社会福祉"。

其他有关的例子，不胜枚举。此处，仅以弁言一例，已足见法律翻译与其他文类，尤其是文学翻译的相异之处。

在法律翻译及文学翻译的钟摆两极之间，存在着各种文类的翻译，如新闻、科技、公文、商业等。即以文学翻译而言，按体裁有小说、戏剧、诗、散文等多种；以对象而言，也有成人文学及儿童文学之分。翻译儿童文学是另一种功夫，不论选词用语，都另有考究。文学以价值而言，也有一流文学与二、三流作品之分，翻译时的处理方法可能亦会酌情调整。<sup>①</sup> 因此，谈翻译手法，说翻译技巧，的确不可一概而论。

翻译到底是技巧，还是艺术？这是翻译界历来争论不休的话题，其实并无多大实质意义。这话题，就好比问人类到底是"脊椎动物"，还是"万物之灵"一般。人在普遍意义上是"脊椎动物"，在更高层次上是"万物之灵"。在翻译的过程中，在处理基层的功夫上，可以说是一种技巧，既可以学，也可以教。学生通过培训、实习，可以掌握一些语文知识、翻译手法，所谓"工多艺熟"，"工"是指磨炼，"艺"是指技法，假以时日，自然见到功效。但是翻译时如果要得心应手，要有"神来之笔"，则已经提升到艺术的层次了。一般来说，文学翻译所要求的就是这种层次、这种境界。这也就是有些论者以为翻译可以学，但不能教的道理，即所谓可以意会，不可言传。近来有不少学者认为，谈翻译而不用科学的客观原则，必然流于主

---

① 罗新璋语，详见：许钧，罗新璋，施康强，袁筱一. 谈文学翻译中的再创造. 译林，1998(1)：204.

观,失诸琐碎,因而提倡一套可以万应万灵、放诸四海而皆准的方法来验证,来复核翻译作品,以求严密周全之效。其实,即使从事科技翻译或法律翻译,亦有匠心独运的时刻、豁然开朗的境界。不同的译者,自有高下之分;不同的成品,亦有美丑之辨。翻译的本质如此,何必以"技巧"或"艺术"强分为二,争持不下?

# 结　论

从上述的种种实例来看,我对翻译的认知,可以下面几点作一个综述。首先是有关"翻译腔"或"译文体"的看法。译文体,大概就是杨绛所指翻译时好比翻不成跟斗栽倒在地的文体,我认为这就是"一种目前流行于全中国的用语;一种不中不西、非驴非马、似通非通、佶屈聱牙的表达方式"①。一般人误以为翻译时尽情照字直译,就能保持异国情调或再现原文风格,并且藉此丰富译入语的词汇及表达方式,这种说法,就好比生米没煮成熟饭,而偏有人认为如此方有益健康,符合世界潮流。翻译系的大一学生,在讨论"译文体"的祸害时,有人提出疑问:"中文倘若写来恍如英文,又有何不可?这样不是更方便上网吗?"换言之,年轻学生对自己的语言文化,不知珍惜,几乎到了毫不设防,甚至全面投降的地步。今时今日,美国势大力强,随着高科技的发展、互联网的风行,英语在全球独领风骚,我们一方面固然不应漠视实情,抗拒学习,另一方面也不应妄自菲薄,卑视母语。中文是世界上最多人口使用的语言,在中英对译的过程中,我们所要进行的是文化交流,而不是文化靠拢。恶性欧化的中文,绝不能成为登堂入室的正统。因此,翻译系的职责之一,就是要提高学生文化的素养、语言的造诣。假如说,翻译是一座贯通中西文化的桥梁,筑桥人首要的功夫,就是稳固桥墩,打好基础。只有基建扎实的桥梁,才能负起运输

---

① 金圣华."活水"还是"泥淖"——译文体对现代中文的影响. 明报月刊,2000,35
　　(3):57.

传达的功能。因此,翻译系的课程,除了配合世界潮流、适应社会需求、开设多种实际性的学科之外,对培养增进学生语文触觉及悟性的基本课程如文学翻译,绝不可以偏废。而翻译系的教师,更应时时反省,刻刻留意,如果"自己习于烦琐语法、恶性西化而不自知",那就像"刑警贩毒,为害倍增"①。在维护中文生态、承继文化遗产的大任上,翻译系应成为提倡环保的先锋,而不是制造污染的祸首。

其次,经验老到、译著丰富的译界前辈,尽管自谦"无师自通""久缺译论",亦绝不可把他们贬为"译匠",等闲视之。这些译家,不论在翻译界、学术界均贡献良多。其实,只要认识翻译的本质,就会明白翻译活动所涉的不仅是对两种语言的普遍认知,而是个人对两种文化的深厚涵养。高克毅所译《大亨小传》之所以风行一时,是因为作者费滋杰罗在书中描绘的背景、氛围、故事情节等,都是译者曾经亲身体会感受过的,所以译来才挥洒自如。傅雷所译巴尔扎克名著如《高老头》《贝姨》等以及罗曼·罗兰的《约翰·克利斯朵夫》之所以脍炙人口,是因为傅雷对文学、建筑、绘画、音乐等多种艺术都深有研究,所以译来才事半功倍。林文月幼年时的第一语言原是日语,及长,专攻中国文学,因此翻《源氏物语》《伊势物语》等日本经典名著时得心应手。余光中热爱艺术,尤喜梵谷②,因此译《梵谷传》水到渠成。名家之所以成功,必然有其高深的素养与精湛的学问在后支撑,蔡思果引陆游诗所说的"功夫在诗外",就是这个道理。③

翻译可以学,翻译技巧可以通过实际训练来加强,但这只是培养"译员"的过程,而非成为"译家"的必然途径。为了适应社会需要,翻译系必须设置;为了研讨译学,翻译理论必须建立,但是所有理论规条之所以存在,都是为了让初手有所遵循,让高手予以打破的。翻译学之中,并没有

---

① 余光中. 翻译之教育与反教育//刘靖之,林戊荪,金圣华. 翻译教学研讨会论文集. 香港:香港翻译学会,2000:51.

② 文集中提到 Van Gogh 时,依中国大陆译为"凡·高",此处还原为余译之"梵谷",下同。

③ 思果. 功夫在诗外——翻译偶谈. 香港:牛津大学出版社,1996.

万应万灵、放诸四海而皆准的公式。

翻译到了最高层次,正如所有艺术的形式一般,最要紧的是存在译家心中一把衡量的尺。多读理论有助厘清观念,多看经典名著以增进语文修养,才是提高翻译能力的良方。

最后,且以苏东坡《题西林壁》一诗作为总结:

> 横看成岭侧成峰,远近高低各不同。
>
> 不识庐山真面目,只缘身在此山中。

这首诗,大家耳熟能详,正好成为今日翻译界的写照。三十年前,大家也许跟"翻译"这座插天巨岳距离太远,因此视而不见,漠不关心;三十年后,我们却距离太近,身陷其中。译山之中,千崖百仞,重岩叠嶂,因此使我们横看侧望,迷失在羊肠蟠道上。其实,只要我们凝神观察,细心审视,即使峭危峻险,积石峨峨,又何尝见不到千岩竞秀、万壑争流的壮丽景观?且让我们气定神闲,返璞归真,拨开令人目眩神摇的重重迷雾,好好认识翻译的真面目吧!

翻译学讲座教授金圣华

2000 年 12 月 12 日就职演讲辞

2000 年 11 月 11 日初稿

2001 年 5 月 25 日定稿

# "活水"还是"泥淖"

## ——译文体对现代中文的影响

　　一九九九年十月上旬去北京访问费孝通教授；十一月初赴上海参加"99'上海翻译研讨会"。两次公干，搭乘的都是港龙班机，因对这家公司较有信心。果然，一切安全妥当，没有令人失望。飞机抵达目的地时，机上响起了空姐清脆悦耳的声音："*希望各位已经有一个愉快的旅程*。""希望"两字，按字典的说法，是指"对于未来的事在心中所有的理想"，此处既"希望"又"已经"，这算是什么中文？*

　　在北京时，曾经在燕莎一家五星级旅馆的餐厅用餐，晚餐完毕，侍应生送上一张问卷，征询顾客对食物及服务的意见。问卷是中英对照的，其中有一条的中文居然是这么写的："我们如何才能*提高您的就餐期望值*？"这又是什么中文？

　　一九九八年秋，赴高雄参加余光中先生七秩华诞及其作品研讨会时，曾经下榻于当地一家四星级饭店，在客房中"住客须知"的安全守则里，竟然有这么一项："在浓烟中逃生时，为避免吸入有害气体，请尽量采*低姿态*逃离。"逃生为什么要采取"低姿态"？真叫人百思不得其解，后来看了英文，才知道是叫人 keep as low to the floor as possible to avoid smoke inhalation，即"俯身而行，以免吸入浓烟"之意。

　　在这世纪之交的重要时刻，在这推崇科技经贸的新纪元，中国传统优美的文学与语言，是否已经落伍退化，需要淘汰了？否则，为什么中文竟然会演变成这种模样？看来恶性欧化译文体对现代中文的污染，已经到了通行无阻,泛滥成灾,一发不可收拾的地步了。

何谓"译文体"?"译文体"是指一种目前流行于中国国内的用语;一种不中不西、非驴非马、似通非通、佶屈聱牙的表达方式;一种大家看来碍眼、听来逆耳、说来拗口,却又乐此不疲,以为非如此不足以表示自己前卫先进的流行文体。一般人在日常生活中,不论看报、看书、听演讲、听新闻或翻阅政府文告等,接触到的全是这类文字,长年累月,耳濡目染,早已是非不分、美丑难辨了。

"译文体"之所以可怕,不是因为现代中文里多了一些新的词汇、新的句法、新的表现方式,这原是无可厚非的事。可怕的是其背后隐藏的一些思想概念,认为中文落伍过时,不够精确,在现代社会科技发展一日千里的情况之下,无法表达衍生出来的新事物、新观念。这种想法,在一般民间甚至学术界都相当普遍。

其实,中国自古至今,千百年来积累的文化遗产,何其丰盛;中国人的思想感情,何其深奥复杂,除了某些科技词汇、法律用语等需要借助外来语,或译制新词之外,日常生活中形形色色有关起居作息的用语,甚至思考推理的抽象概念,又何愁没有精确恰当的表达方式?

译文体往往由硬译、死译造成,因此摆脱不了依循欧式语法,字字照译、对号入座的弊病,久而久之,就对现代中文造成了下列的祸害。

# 一、化简为繁,语多冗词

"译文体"最大的本领,莫过于此。

余光中先生说过,中文是有生命的、有常态的,即"措辞简洁、语法对称、句式灵活、声调铿锵"(余光中,《中文的常态与变态》)。翻译时如果只会对照原文,字字死扣,就会译出累赘不堪的文字。一般人受到译文体的影响,习以为常,竟连日常传情达意时也不知不觉模仿起来,变态的中文,遂登堂入室,成为公共场所耳闻目睹的正统,港龙的例子,足为明证。假如把空姐之言,还原为英文,就是"I hope you have had a pleasant journey."。英文用的既是"现在完成式",中文也就照搬不误。不但如此,"一个愉快的旅程",中文原有的说法是"旅途愉快",不知如何,如今大家偏偏喜欢套用英语的方式,转弯抹角,多走冤枉路!

港龙并非特殊的例子,坊间"化简为繁"的中文,随处可见,比比皆是。十一月间,瑞典知名汉学家马悦然在香港公开大学以"翻译的艺术"为题,举行公开讲座,他在演讲时就提到中文里常用"被"字的可怕,"carved on the stone"一句,中文说成"刻在石上"就已了事,一位中国译者却坚持非译为"*被刻在石上*"不可。这样演变下去,我们大概该说"*被写在纸上的字*""*被放在桌上的书*",甚至"*被生出来的人*"了。

目前到处都见到"*成功申请*""*成功推行*""*成功考试及格*"这样的说法,显然是受到英文副词 successfully 的影响。其实在中文里,"申请""推行""考试"都是行动的过程,"成功"则是行动的结局。我们可以说"申请成功",但不能说"成功申请"。写中文实在不宜本末倒置,因果不分。

如今的中文,常喜用缩略词,以示行文精简,表达灵活。而内地与香港、台湾地区采用的缩略法又往往各有不同,例如这次去上海开会,会议通知书上列出"标房"的价格,乍看之下,令人不明所以,原来"标房"即"标准客房"之意。"世贸"本已是"世界贸易组织"的缩略词,但传媒界似乎仍嫌不够精简,报道中国"加入世贸"的消息时,竟然造出"入世"的说法,真是简之又简。可惜这边厢省了两字,那边厢却又加了两字,变成了中国"*成功入世*"。按理说,此事谈判已久,谈妥了,中国就得以"入世";谈不妥,就不得"入世"。这"成功"两字,岂非多余?

## 二、文字僵化,失去弹性

很多人以为把欧化语法及词汇照搬过来,可以丰富中文的内涵,使之充满活力,增添生机,谁知死译、硬译的结果,往往适得其反,中文不但不见丰富,反而变得生涩硬化,失去弹性。

英文里最多用的是抽象名词,于是,译文体出现了许多"度、化、元、性"的字眼,不但翻译如此,很多作家写作时也如此。

目前很多所谓的学者、作家,往往动辄以似通非通的"译文体"来写作,还沾沾自喜,自以为才华横溢。一般来说,要思想先进,行文流畅,要写出真正有血有肉、有内容、有感情的文章,仅仅靠卖弄几个似是而非、故弄玄虚的专有名词,或一些生吞活剥、格格不入的欧化语法,是毫不济事的,舶来品只能偶然充充场面而已。

当然,我们绝不是说,凡是新名词、新句式都不可取,但也不能不分青红皂白,执意破旧立新,把所有传统的说法,一概弃而不用。

某些旧与新的词汇,的确有些意义上的出入,例如某人涉及"性骚扰"疑案,很难说成"调戏"疑案;而从前时常提到"世界大同,天下一家",现在也往往用"地球村"来取代。

写作翻译时用不用新名词、新句法,完全要视乎文体、风格来决定。执笔者必须认清场合,知所选择,否则文字不但不会丰富,反而会僵化定型,令人不忍卒读,上述高雄旅舍的"住客须知",就是明显的例子。其实,一家银行若向你提供"全方位理财服务"不见得比提供"全*面*服务"更周全;而学生选修了"英国文学*策略*",也不见得比念了"英国文学"更有收获。很多新名词、新句法,只是用来卖弄花巧而已,对实质的内容,毫无增益。

# 三、不知分寸,不分轻重

中国历史悠久,人与人之间的关系,如长幼、尊卑、亲疏等等,分得很清楚,因此语言文字之间的层次,也相当繁复多变。英文当然也有层次感,但层次的高低疏密与中文并不相同,有些中性字眼,一旦译成中文,就必须表示出层次感,才有中文的韵味。

翻译就像做人,必须知道分寸。进退有据,不能不分轻重,不辨褒贬,一概死译。

简单句子如 to give birth to a boy 或 to a girl 除了译为"生男生女"

之外,有"弄璋、弄瓦"的说法。"I have read your work."一句,更需视讲者与听者的身份地位、两人的关系、说话的场合而分别译出不同的内容,可能是"拜读了大作",也可能是"批阅了你的功课"。

现在一般人翻译喜欢按字典第一义对号入座,于是就译出了这样的句子:"日本人的暴行必须*铭记*在心""让我们*分享*痛苦的经验"。既是"暴行",而非"恩情",岂可"铭记"? 既是"痛苦",而非"快乐",怎能"分享"?

由于译文体的泛滥,现代人动不动就采取现成的说法,无暇也无能再去仔细分辨字义的褒贬、说话的轻重。例如在某一政府公文里,有这么一句话:"香港的*卖点*,素来在于一份*东西糅合的奇异感*。"这句话中,"卖点"两字显然是由英文直译过来的。"selling point"在英文中固然常见,但在中文里,我们还有许多现成的说法,如香港的"长处""优点""特色"等,实在不必借助这个带有铜臭、有欠庄重的新词。"东西糅合的奇异感"也不是什么好话,"中西合璧"这样的字眼,难道都销声匿迹了吗?

"狮子星"号邮轮给乘客致送的欢迎函中,邀请大家向朋友介绍该船,信末有一句说:"您的推介是对我们的*最大感谢*。"按理说,邮轮当局与乘客之间只是公司与顾客的关系,岂有顾客花钱消费之后,仍需向公司"感谢"之理? 一看英文,才知这句是"Your endorsement is all the thanks we need."的直译。其实,这一句在中文里有很多说法,例如"倘若满意,请向朋友推介","您的推介是对我们最大的支持"或"承蒙您向友人推介,盛情可感"之类。

译文体肆虐为患之后,中文的语感日渐消失,中文的细腻已不复见。这种现象,岂不可悲!

## 四、貌似精确,实则不然

进入二十一世纪之后,很多人都把"千禧年""新纪元""高科技兴国"等字眼挂在嘴边,仿佛不如此不足以表示赶上潮流,一向都有人认为中文不够精确,不够科学,于是千方百计,要用些字眼加以规范,以便向英语靠拢。

英文常用"one of, to a certain extent, to a high degree"这些表达方式,译成中文,就变为"其中,一定程度,很大程度上",等等。现代中文受了译文体影响,就时常出现这样的句子:"我*其中*一个学生来看我""*在很大程度上*他给予我*一定的*支持"。其实,改为"我的一个学生来看我""他给予我很多支持",岂不更加直截了当?

"其中"两字经常是误用的,"其"是代名词,这里既有"我",又用"其",犯了重复代词的毛病。"其中"在今日的港式中文里,已经到了肆无忌惮的地步,一般人根本忘了还有"之一"的说法,例如"香港其中一所大专院校是公开大学",可改为"公开大学是香港大专院校之一"。

要规范中文,使之科学化的倾向,似乎越来越变本加厉了。中文里不加些"值""度""性""元"等词缀,好像就不合时宜了。上述北京餐馆所见"提高就餐期望值"的妙文,就是一例。在南方航空公司杂志介绍世博的文章里还曾经看到过这样的文字:"有些展区从外观上可能很平常,如以色列,但其展示的现代灌溉装置很先进,*具有很高的科学含量*。"(Gateway,1999年第3期,总第76期)这句话看似精确,实则不知所云。

也许,随着二十世纪的消逝,中国传统优雅的表达方式都已不复见,代之而起的是硬邦邦、冷冰冰的科学用语,否则,为什么我们以前提到疑真疑幻、如诗如画的梦境时,常说"寻梦园",而今天却非说成"梦工场"不可呢?

有一次,余光中教授在闲谈中,提到传统中文干净利落、精简明确的特性,例如"云破月来花弄影"(宋·张先,《天仙子》)一句,节奏分明,层次井然,倘若以译文体来说,大概就变成了"当云破的时候,月亮就出来了,与此同时,花儿也弄起影来了"。

译文体,总括来说,是一种"英文没有学好,中文却学坏了"的文体(余光中,《中文的常态与变态》)。如今,这种文体无所不在、无孔不入,使文坛上、学府中"的的不休""它它不绝""性、化充斥""被动横行"。以下且把一段模拟受译文体污染的文字列出,请大家"共赏"(用译文体来说,就是"分享"):

上星期五晚上，我们四名家庭成员进行了一项为期十年，即自一九九〇年以来，首次举行的家庭团聚，家庭其中一名成员成功取得了硕士学位，其中另一名成员成功找到具有切合性的工作岗位，其他两名成员因应上述事件作出针对性的安排，于是四名成员共同前赴饭店餐聚，以便在相当大的程度上表达对有关事件深化及强化的庆祝。

这段话，其实大可简化如下：

上星期五晚上，我们一家四口大团圆，这是十年来的第一次。大儿子得了硕士学位，小儿子找到了适当的工作。为了庆祝，大伙儿一起去饭店吃了一顿好饭。

我国自千百年来，通过诗词歌赋、戏曲小说的创造，积累了无数的智慧，其璀璨瑰丽，一如耀目生辉的奇珍异宝。这一大笔丰厚的遗产是一个宝藏，而且还搁置在伸手可及、唾手可得的当眼处，不必翻山越岭、冒险犯难去探索、去追寻；也不必披荆斩棘、风餐露宿去开拓、去发掘，可惜时下有不少中国人，不论居住在中国还是海外哪一地区，偏偏就对此置若罔闻，视而不见，还要舍近求远，舍本逐末，把自家的宝贝抛出去当垃圾，把别人的废物抬进来当珍品，久而久之，中文的纯净优美，已消磨殆尽。如今的年轻人，能够写一封干干净净、似模似样的中文信，而行文不受恶性欧化译文体污染的，恐怕少之又少了。

很多人说，语言文字必须随着时代进步而不断变化，才能保持生命力，正如一口湖，必须时时承接清泉，方可甘冽如常，此话当真不假。但是假如注入的是污水，流走的是清水，这口湖，不但不是"活水"，迟早还会变成"泥淖"，令人身陷其中，难以自拔。

（笔者于2001年4月再次搭乘港龙班机，发现机舱服务员广播时的措辞，已有改善。本文根据于崇基学院主办之"一九九八至一九九九年度周年教育研讨会"上发表之演讲改写而成，删节本原载《明报月刊》2000年3月号。）

# 文学翻译的创作空间

　　说起"翻译",尤其是文学"翻译",只要稍稍有些经验的译者,都知道这是一种"吃力不讨好"的工作。费了无穷心血、精力、时间翻译出来的作品,时常没人愿意出版;即使有人出版了,也往往无人问津,长年累月给压积在仓底;就算销路不俗,但知音难觅,很少有论者会把翻译作品当作一回事。坊间看到的译评多数是扬"恶"隐"善"的:译者犯的错误,给一一挑出来严加批评(而多数的译作,实在也不太争气);译者的成就,却反而轻轻带过,不予重视。这种种现象,的确令人气馁。漫漫译途,任重而道远,在无名无利无知音的情况下,这条寂寞的路,为什么还有不少傻气十足的人,前仆后继地在整装待发?

　　我们细究其因,当然是因为很多人对翻译工作,抱有一种"使命感",认为这件工作,意义重大。我们不否认,作为知识分子,并不是个个都"利欲熏心"的,因此,在无名无利的情况下,不少人还是愿意贡献一己的力量,做些有意义的工作。

　　然而,翻译本身是否有其内在的魅力、有其不可抗拒的吸引之处呢?

　　答案应该是肯定的,否则为什么有这么多名家学者,肯将自己学术或创作生命中最宝贵的一年、两年、五年或甚至十年倾注在一部部经典名著的翻译之上?

　　很多过来人都说过,翻译文学作品是一种再创造的过程,因此,不少名家在写作之余,也从事翻译,如余光中译王尔德的《不可儿戏》、林文月译紫式部的《源氏物语》、萧乾译乔伊斯的《尤利西斯》等等。作家创作时,自然能尽兴尽意,任想象力挥洒驰骋,如天马行空,无所局限;但是翻译家翻译时,原文在侧,就像演奏家之于原创者的乐谱,无论自己才情多么高,技法多么好,总不能超越原著的范畴,去随意发挥。因此,文学翻译虽说是一种再创造的过程,其"创作空间"究竟有多大,的确是一个饶有趣味、值得再三省思的问题。

最近,有两件事情,更触发我对这个问题的省思。

第一件事情是今年一月中旬,有"翻译理论之父"之称的尤金·奈达博士,曾经莅临香港中文大学访问①,并在一月十三日于翻译系举办的讲座上,以"The Sociolinguistic Aspect of Translation"为题,主持演讲。

奈达博士曾经表示过,任何作品,一旦翻译成另一种文字,那译本不论是多么成功,多么家喻户晓,其"寿命"也只应有五十年。换言之,超过了五十年,所有的译著,都应该由新的译本来取代了。

因此,我在讨论时问奈达博士,他是否认为在文坛上有经典名著的存在,但在译坛上,译者不论如何殚精竭虑、呕心沥血去翻译一部名著,但一旦译成之后,这译著却无法成为传诸后世的经典作品?

他的答案:不错! 任何翻译名著只有五十年寿命!

果真如此么? 假如真是如此的话,岂不叫译坛上所有认真严肃的译者闻之气馁!

根据奈达博士的理论,文字是不断演变的,今时今日通用的语言,的确跟五十年前大不相同,这一点,我们只要看看内地、香港和台湾,因为政治上的隔阂,经过了几十年的发展,在用语上,已经产生出许多不同的习语、词汇,就可以得到印证。但是,尽管如此,我们毕竟仍然使用同一语言,而现代汉语发展至今,仍然有一套公认的规范,我们在今时今日,不但可以彼此沟通,互相交流,不论使用简体字、繁体字,始终还在一起学习属于大家共有的文化遗产,如唐诗、宋词、元曲、明清小说等。《红楼梦》成书

---

① 尤金·奈达博士(Dr. Eugene A. Nida)曾于1995年1月应香港中文大学逸夫书院"邵逸夫爵士杰出访问学人"计划之邀请,前来香港访问。

于十八世纪中叶,可是时至今日,仍然是脍炙人口的经典名著,只要稍具国学常识的人士,都不会看不懂这部小说。因此,文字尽管在不断演进变化之中,却无损于文学经典名著之所以成为经典传诸千秋万世的价值,否则,莎士比亚、巴尔扎克、托尔斯泰也就不成为文坛巨匠了。

既然文学作品的原著,可以经得起时间的考验,那么,为什么一部经典作品的译著,每五十年就需要受到淘汰? 这么说来,翻译文学作品时,不但创作的空间十分狭窄,连时间上也受到局限,几乎变得毫无旋回的余地了。

到底是否如此? 首先,奈达博士作为"翻译理论之父",绝对不会低贬"翻译"的价值,我相信他这么说,主要是以"翻译作为传达信息的功能"这一点为出发点的。同时,也因为他毕生专注于圣经翻译,而圣经的信息,必须以最有效、最直接的方式传达予会众与读者所致。

余光中教授说过:"如果原作者是神灵,则译者就是巫师,任务是把神谕传给凡人。译者介于神人之间,既要通天意,又得说人话,真是'左右为巫难'。"①

这个左右为难的巫师,说起人话来,自然越通晓畅达越好,也自然越与会众接近越好。但是,哪怕通晓畅达,也有不同的方式。巫师用的语言,是否精简有力,他的传达是否徐疾有致,他对神谕的了解是否透彻入微,等等,绝对会在神谕传给凡人的过程中,产生极大的影响力,从而决定其使命的成功与否。换言之,同样的一篇神谕,由不同的巫师传达,必然会产生不同的效果,而这神谕,一旦传到凡人耳中,已经有其千变万化的不同面貌了。

第二件事情是最近我把编著的《傅雷与他的世界》寄给陈之藩教授。陈教授是国际知名的电子学教授,也是我国文坛上享有盛誉的名散文家,著有《旅美小简》《在春风里》《剑河倒影》等作品,我一向以为他写散文的功夫了得,殊不知他对翻译也颇有研究。我的书寄到后,他不但从头看到

---

① 　金圣华. 桥畔闲眺. 台北:月房子出版社,1995:3.

尾,还写了洋洋四页纸来作为回应。

在他的来信中,提出了一个很有趣的问题。

他说:"至于傅雷的翻译,我真正喜欢。不过,我不信他百分之九十几达到'真'与'信'的地步。克利斯多夫好多段我都喜欢得背诵得过来。可是我对着英文本看过,那印象是颇有距离的。"接着他就提到书中的起首两句,问我"法文的原文是什么? 有这么大的背景吗? 合尺寸吗? 我真想听你的意见"①。

这两句,傅雷的译文是"江声浩荡,自屋后上升",的确是传诵一时的名译,拥傅派的人,把这两句奉为圭臬,认为优美的译文,该当如此;反傅派的人却认为跟原文有出入,而且,傅雷译得太雅太顺了,简直像中文的创作,这样的译作恐怕会失去原文的异国情调或地方色彩。这就产生了译文"信"不"信"的问题,即陈教授来信中提出的疑问。

首先,什么是翻译必须奉行的准则? 一篇好的译作,以外译中为例,应该是念起来像中文的作品,还是念起来充满原著色彩的作品?

这一点,不同的译者或翻译理论者,持有不同的看法。

傅雷以他脍炙人口的三十四部译作现身说法:"不妨假定理想的译文仿佛是原作者的中文写作。"②

因此,傅雷的译文,就形成了一种特有的"傅译体",以"行文流畅,用字丰富,色彩变化"而见称一时。这种"傅译体",是使傅雷当年扬名译坛的原因,也是令他今日遭受不少论者诟病的理由。

研究傅译的专家及法国文学翻译名家罗新璋,曾有"译事二非"之说,所谓的三非,即"外译中,非外译'外';文学翻译,非文字翻译;精确,非精彩之谓"③。罗氏此说,的确师承傅雷的理论,而他自己的译文,也尽量朝着这个方向迈进。罗氏曾经译过欧洲骑士文学中的不朽杰作,*Le Roman*

---

① 陈之藩教授 1995 年 2 月 11 日来函。

② 傅雷. 傅雷译文集:第一卷. 合肥:安徽人民出版社,1982:476.

③ 金圣华. 桥畔闲眺. 台北:月房子出版社,1995:50.

*de Tristan et Iseut*,原著是一个传奇,一个可以追溯到远古的爱情故事,带有浓厚的东方色彩,口头传播在先,笔录在后,故此罗新璋力求在文体上表现出"一种与现代汉语有别的白话,让读者产生一种时间上的距离感"①。他的译文,优美流畅,有不少人会认为太像中文了,因为他刻意用"明清拟话本小说"的体裁来翻译全书。其实,到底翻译该在哪些情况下维持原文的"异国情调"、哪些情况下将原文化为译文所属语中的表达方式呢?

余光中教授在拙著《桥畔闲眺》的序文中,就这问题,有以下一番高见:"鸠摩罗什曾喻翻译为嚼饭喂人。这妙喻大可转化为译文的'生'与'烂'。译文太迁就原文,可谓之'生',俗称直译;太迁就译文所属语言,可谓之'烂',俗称意译。有人说,上乘的译文看不出是翻译。我担心那样未免近于'烂'。反之,如果译文一看就是翻译,恐怕又失之于'生'。理想的译文,够'熟'就好,不必处处宠着读者,否则读者一路'畅读'下去,有如到了外国,却只去唐人街吃中国饭一样。"②

余教授此言甚是,最好的翻译,如最好的米饭,必须煮得软硬适中,不生不烂。问题是何谓"生"? 何谓"烂"? 不同的人,却有不同的体会。以前,我在台北念小学、中学时,台湾最多见的是两种米:一种是"蓬莱米",一种是"再莱米"。两种米煮出来的饭,一软一硬,各有喜好者;而即使是同一种米煮出来的饭,一人尝来软,在另一人口中也可以变成硬。翻译何尝不是如此?

这就带到另一个翻译原则问题了。

同样的一部文学作品,不论是诗歌、戏剧或小说,作为一个读者,因为其学养知识、文化背景、语言能力、年龄性情、社会阶层、思维方式、世界观、人生观的不同,念起来就有截然不同的体会与领悟,此所以一部经典名著,可以引发这许许多多文学评论的原因。

---

① 贝迪耶. 特利斯当与伊瑟. 罗新璋,译. 北京:人民文学出版社,1991:119.
② 金圣华. 桥畔闲眺. 台北:月房子出版社,1995:70.

现在,这部文学作品是由外语写成的,读者(也就是译者)的外语能力再强,在体会、了解、领悟、吸收、欣赏、分析这部外文作品时,因为文化背景的差异,终究与由母语写成的作品有别,①我们怎么确保自己的审美经验,即从原著中感受到的美感经验,可以不多不少、不偏不倚、适如其分地重现在译文中呢?

有种说法,认为翻译活动,包括三个要素:一、原著(翻译客体);二、译者(翻译主体);三、思维(用于主客体的翻译工具)。②

我们且先看看这主体与客体的关系。

在此不妨举一个例子:西湖的淡抹与浓妆,当地的灵山秀水、明媚风光,是一个客体,客观的存在;游客是一个主体,大家共游白堤、苏堤,但是胸中墨水多的游客,自然会对当地的风光泛起不同的美感经验。林文月教授对这种现象,曾经说过一段很有意思的话:"普通农夫看到的山,文人看了,就会想起辛稼轩的两句词:'我见青山多妩媚,料青山见我应如是。'"一个人很难分辨心中的感受来自何处,但美感经验就是一点一滴汇集起来而变得丰富的。③

余光中教授也说过:"一篇杂文有声有色,是因为有作者一生的阅历与才学在背后支持,没有说的比说出来的显然更多。"④其实,岂止杂文如此?译文何尝不如此?

一个真正称得上高手的译者,翻译出一部真正上乘的译作,仅仅谙熟翻译理论,并不足够。我们固然可以把翻译学当作一门科学来分析研究,但实际做起翻译来,尤其是译起文学作品来,到真正吃透原文,字斟句酌,竭力去再现原著风格,悉心去传达自身对原文的美感经验时,科学的指导作用,毕竟有限。凡是科学,都可以验证、可以重复、可以一成不变地再现,但翻译文学作品时,哪怕一群译者都服膺某一家的翻译理论,大家取

① 许钧. 文学翻译批评研究. 南京:译林出版社,1992:14.
② 许钧. 文学翻译批评研究. 南京:译林出版社,1992:2.
③ 金圣华. 明月来相照——文月教授访问录. 明报月刊,1992,29(12):880.
④ 金圣华. 桥畔闲眺. 台北:月房子出版社,1995:40.

得了共识,认为翻译应如此如此,但叫他们分头去译,译出来的作品,也一定是各不相同且互见高下的,为什么?

这就是翻译作为一门艺术的起点! 正因为它是艺术,才会千变万化;正因为它是艺术,才可以提供辽阔的创作空间。我们且举例子来进一步说明。

毕生从事名诗翻译的施颖洲先生,对翻译的标准,发表过如下的见解:"总之,翻译只有一个标准:完全忠实于原作。"①接着,他又提到译诗必须"译字确切""译句忠实",并且要尽量保持原作的"风格情调""境界神韵"等等特点②,但是怎样才算是确切、忠实? 施颖洲以自己译的诗为例,举出《国破时》一诗中,clods 一字原有"土地""泥土""尘土"等义,但他选用了"尘寰",③而 threescore years 的说法,他选用了"花甲"两字来译。④

其实,施老的这一番话,正好证明了译者必须以毕生的修养,在翻译时反复推敲、沉吟体味,方能与原作者心灵契合,从而产生优异的译品。他说:"译者要与诗人品性互换、情感交流、灵魂相照,才能捉住原诗的神韵,译诗才能传神。"⑤其实,岂止译诗,任何文学作品的翻译,都当如此。在这个意义上,翻译与创作并无差异,而译者在全神投入、专注翻译时得到的满足感,也正可以弥补他在付出大量心血、时间后未必得到名利回报而遭受的损失。

翻译在这一层意义上,既然与创作无异,那么,一个文学作品的译者,在进行翻译活动时,他的创作空间究竟有多大? 这就完全视乎他本身的能力、修养、造诣,他对翻译付出的心血、精力以及他的翻译态度了。

大凡,语文能力越高、翻译态度越审慎的译者,在再创造时,所能呈现的艺术张力也就越大。现在我们就以《约翰·克利斯朵夫》起首两句的翻

---

① 施颖洲. 现代名诗选译. 台北:皇冠出版社,1969:5.
② 施颖洲. 现代名诗选译. 台北:皇冠出版社,1969:6-20.
③ 施颖洲. 现代名诗选译. 台北:皇冠出版社,1969:7.
④ 施颖洲. 世界名诗选译. 台北:皇冠出版社,1986:10.
⑤ 施颖洲. 世界名诗选译. 台北:皇冠出版社,1986:11.

译,来检验这个论点,同时回应陈之藩教授的疑问。

《约翰·克利斯朵夫》这部巨作,罗曼·罗兰早于 1889 年就开始构思,但直至 1904 年,该书才以连载方式面世,而到 1912 年,全书才得以完成。最初,这部巨构以静悄悄的姿态出现,并未引起世人注视,直至 1912 年才获得转机,至 1914 年则已经家喻户晓了。①

罗曼·罗兰当初之所以创作这部作品,是希望透过书中主人翁约翰·克利斯朵夫的命运,来探讨一个饱经忧患、遍尝苦难的个人,如何在风雨飘摇的大时代中,跟生命取得协调——"to know life, and yet to love it"②,这种不屈不挠、抗衡到底的精神,热爱自由,而且恢宏包容的气度,在原著的字里行间,自然而然就呈现出一股浩荡之气。法文原著的起首是这样写的:

*L'Aube*

"Le grondement du fleuve monte derriere la maison."

Le grondement 是个名词,而抽象名词通常都会在翻译时造成困难。什么是 grondement? 我们翻开字典有这样的解释:"低沉嗥叫声、隆隆声、轰轰声",例句中,指 grondement 是狗吠声、炮声或雷声,但没有列出是流水声。③

Fleuve 怎么译? 可以是"江、河、川或水"。

换一个初学的译者,碰到这样的原文,必然会在翻译黑暗的迷宫中打转,久久不能重见天日。"河水的隆隆声自屋后升起",恐怕是最好的版本了。

现在看一看英译本的译法。

---

① Reinfeld, F. Preface. In Rolland, R. *Jean-Christophe*. Cannan, G. (trans.). New York: Pocket Books, 1949: xii.

② Reinfeld, F. Preface. In Rolland, R. *Jean-Christophe*. Cannan, G. (trans.). New York: Pocket Books, 1949: xiv。

③ 《法汉词典》编写组. 袖珍法汉词典. 上海:上海译文出版社,1979.

*The Dawn* （Gilbert Cannon 译）

"From behind the house rises the murmuring of the river."

假如不参照原文,直接从英译本译成中文,岂不就变成"河水潺潺"了?

一条大江,怎么会忽然变成了小河?

傅雷在翻译《约翰·克利斯朵夫》时,正值盛年,由于自法留学返国后,眼见当时的世界,满目疮痍,热血沸腾的年轻人,不禁满腔悲愤,恨不得找出一条救国救民的途径来,当他读完《约翰·克利斯朵夫》之后,怎么会不心有所感、如逢知己呢?

译者在 1937 年初版卷首的《译者献辞》中说:"《约翰·克利斯朵夫》不是一部小说。应当说:不止是一部小说,而是人类一部伟大的史诗。……它是千万生灵的一面镜子,是古今中外英雄圣哲的一部历险记,是贝多芬式的一阕大交响乐。"他又说:"当你知道世界上受苦的不止你一个时,你定会减少痛楚,而你的希望也将永远在绝望中再生了罢!"①

1952 年《约翰·克利斯朵夫》重译版中,译者又写了介绍文字,他说:"《约翰·克利斯朵夫》的艺术形式,据作者自称,不是小说,不是诗,而有如一条河。以广博浩瀚的境界,兼收并蓄的内容而论,它的确像长江大河,而且在象征近代的西方文化的意味上,尤其像那条横贯欧洲的莱茵。"②

傅雷就是在这种心情、这种环境下,凭着他对法国文化的认识、中国文字的素养,译出"江声浩荡,自屋后上升"这样的文字的。这段文字忠实吗? 以契合原著的精神、风格来说,绝对忠实;合尺寸吗? 绝对合尺寸! 但没有傅雷的文学根基与能力,一个普通译者绝对无法单凭词典的帮助,就译出这样的句子来!

所以,我们可以说,学术素养越高、语文能力强的译者,在翻译文学

---

① 傅雷. 傅雷译文集:第七卷. 合肥:安徽人民出版社,1982:5.
② 傅雷. 傅雷译文集:第七卷. 合肥:安徽人民出版社,1982:卷首页.

作品时,他的创作空间就越辽阔。原文虽然是一种规范、一种限制,但有才情的译者,必能在有限的空间中,创造出无限的生机与变化。

谁都知道文学翻译是不能对号入座、以一换一的,翻译不是在进行字与字的对换,而是两种文化之间的交流。同样一种东西,在不同文化中,可以唤起完全不同的美感经验。我国著名翻译家杨宪益教授就曾经说过:"隋唐以后,杨柳当作惜别的象征,中国人一听到'杨柳依依'的说法,心中就泛起了惜别之情,译成英文,英国人无论如何都没有这种感觉。反过来说,英诗中的玫瑰,对他们来说,能唤起特别的感情,但李白写'花间一壶酒'时,绝对不是指玫瑰,也许指的是牡丹。"①我自己也有这种经验。在巴黎时跟法国朋友谈中秋节,说"月到中秋分外明",自己觉得这情怀浪漫得不得了,可惜对方一无所感,那么,要翻译贾宝玉的容貌——"面如中秋之月"时,又怎么叫洋人有所领会呢?假如你照字面直译,以保持所谓的"异国情调",则恐怕会令读者摸不着头脑,因而根本达不到预期的效果。假如在翻译中增添解释性的词汇,则就不得不涉及创作的领域了。

但是,作为一个成功的译者,毕竟与原作者有所不同。依其个性,译者可大分为两种类型。第一种,是难以自抑型,由于自己才情颇高,因此翻译时,作为"作家"或"诗人"的自我蠢蠢欲动,随时想突围而出,弄得不好,面对原文,加油加醋,喧宾夺主,简直会忘记自己在翻译。② 第二种是冷静自制型,翻译时,哪怕译者才情再高,也随时随地在字斟句酌、自我检验,处处以原文为依归,尽量以译文来重现原著的风貌。

第一种译者中的佼佼者是林纾,但他因为不通原文,靠口译者转述故事,故大可有所借口,不必对原著亦步亦趋。第二种译者可以傅雷为代表。他翻译法国文学名著而付出的无比心血与精力,是一个极其动人的故事,此处不赘。

傅雷译文之优美动人,几乎似中文的创作,但他并非有意悖离原文,

① 金圣华. 北京翻译名家杨宪益教授访问录. 香港联合报,1994-03-27.
② 施颖洲评诗人朱湘语,见:施颖洲. 古典名诗选译. 台北:皇冠出版社,1986:9.

相反的,他对原文的反复钻研、推究,远远超过一般坊间的译者。傅雷的译文何以这么流畅? 这其实是自然流露的才情,是无法压抑的天分。试问,一个中文根基良好的译者,假如看到简单如 country 这样的字,心中泛起了"江山"这词汇;看到 sky,想起了"穹苍",又怎能算作一种过错? 正因为译者文字素养高,他的译文才能达到"色彩变化"的效果,而生出各种层次分明的姿采。

原文不错因作者有别而呈现迥异的风格,海明威不同康拉德,张爱玲有异张晓风,因此,同一个译者翻译不同的作者,必须悉心去揣摩原著的风貌,这一点,林文月教授在翻译《源氏物语》及《枕草子》这两部由不同的女作家撰写的日本经典名著时,曾经有颇深的体会。① 而余光中教授曾经译过海明威的《老人与大海》,也译过 Irving Stone 的《梵谷传》。如所周知,海明威的作品以用字简洁、节奏明快见称,他的句子平均只有十来个字,他所使用的颜色词,也多为基本颜色词,如 red、yellow、black、white;至于《梵谷传》,则描绘大画家梵谷的生平,其中彩色纷呈。翻译前者,相信余教授要压抑一下诗人的本色;翻译后者,则可以大大展现一下他那"璀璨"的"采笔"了。②

由此可见,一个译者运用语言的能力,即是否能同时擅长各种不同的文体,往往能决定其译书对象的多寡。尽管如此,译者毕竟不是一个千面演员,而翻译更不是一层透明玻璃,能存在于原著与译文读者之间而明净空灵、不着痕迹。因此,翻译时,必须慎加选择,择书如择友,傅雷在《翻译经验点滴》一文中就说过:"选择原作好比交朋友:有的人始终与我格格不入,那就不必勉强;有的与我一见如故,甚至相见恨晚。"此话的确不错,可以作为选择原著的准绳。倘若不是为了糊口,译者翻译时必须选择"性相近"的作品,如此则两者可以情投意合,长相厮守;反之,格格不入,形同怨

---

① 林文月教授于 1994 年 10 月应香港中文大学新亚书院邀请,来校作公开演讲,以"一人多译与一书多译"为题。

② 此处借用黄维樑所编余光中作品评论集《璀璨的五采笔》之名。

偶,硬拉在一起,又怎能产生出良好的译作来?

以我个人经验来说,翻译康拉德,因为他华丽多变的辞藻,对仗工整的语句,觉得译起来最有挑战性;译《傅雷家书》,由于风格上的揣摩用力最深,最得心应手;而译 John Updike 的东西,就没那么称心了。

从这一点,不得不带出一个结论,就是一部理想的译作,其实是原著风格加译者风格,两者交叠糅合,以最自然、最不着痕迹的风貌重现的作品。

译者的风格是绝不可能在译作中隐而不现的,翻译必须借助原著作为范本,以另一种文字作为传达的媒介,正如乐曲需要通过乐器才能演奏一般。同一首曲子,由不同的乐器、不同的音乐家演奏起来,自然会产生截然不同的韵味,翻译亦然。因此,译者毋需为自己的风格致歉,不必因巍然成家而耿耿于怀。这世上有傅译体、施译体、余译体、林译体,何足道哉? 各体并存,多姿多彩,原本无伤大雅,就让读者去作出明智的选择吧!

正因为文学翻译的创作空间极大,而创作不同于堆砌,故上好的翻译,已经是吃透原文,经消化吸收之后的再创造,在这种情况下,越好的翻译越难逐字逐句按序还原,只有生吞活剥的东西,才可以见到未吞未剥之前的形貌。在从事翻译活动时,作为作者的个体与作为译者的个体往往会展开一场"拉锯战或跷板游戏",①时时在译文的"过"与"不及"两端之间荡来荡去,而最后取得了妥协与平衡。因此,一部良好的翻译作品,是译者呕心沥血的结晶,是个"活生生"、有崭新生命的作品,在这个意义上,它必然有独立存在的价值。

假如说,一部译著落伍了,是因为其中的造句遣词不同了,专有名词变化了,所以应该淘汰,那么,为什么"原著"也经历同样的情况,就可以千秋万载一直流传下去? 可见,译本的好坏,不在于"字词"运用上的变迁,而在于翻译素质的问题。

的确,我们不能说任何一部翻译作品是最后的"定本",正如不能说任

① 钱锺书语,见:钱锺书. 林纾的翻译. 北京:商务印书馆,1981:42.

何一次演奏是无出其右的最佳演出一样,但严谨的翻译作品,正如认真的原创作品一般,它对于启迪民智、传播文化所发挥的功能,绝对不会只局限于短短的五十年!

（本文为作者于 1995 年 3 月 22 日应台湾高雄中山大学外文研究所之邀,在该所举行讲座之演讲全文。）

# 从"信达雅"出发

## ——以文学翻译实例看译事三难

  译界前辈严复生于1854，迄今一百六十周年，在此纪念先贤之际，特再次审视几道先生提出的"译事三难"，并试从"信达雅"出发，省思有关文学翻译再创造的种种问题。

  如所周知，严复当年提出"信达雅"时，并非以此为翻译不可逆违的圭臬，原意只是从自身经验谈论译事之难，归结为"信达雅"三字："译事三难：信，达，雅。求其信已大难矣！顾信矣不达，虽译犹不译也，则达尚焉。"（《天演论译例言》，1898年）至于"雅"，主要在于翻译时选用得当的词语以求译文简明易达，严公当时倡导的是使用汉以前的字法句法，以符合自己翻译的风格。

  自从严复提出"译事三难"，翻译界百年来争论不休，信奉者认为"信达雅"三字已概括译论精义，其他理论纯属赘言，无需理会；反对者认为"信达雅"三字涵盖不足，立论疏漏，时至今日，已毫无参考价值。[①] 两者孰是孰非，议论者众，实则各执一词有失偏颇，本文无意参与论战，以下且从众多翻译课业的实例中，分门别类，抽丝剥茧，并以"信达雅"的原意出发，探讨一下文学翻译中再创造的幅度与弹性。

  下文所举的翻译实例，选自香港中文大学翻译系硕士班"英译中翻译

---

①  参阅：沈苏儒. 论信达雅——严复翻译理论研究. 北京：商务印书馆，1998：65-117.

工作坊"自 2011 年起共十班同学的课业,这十班学生,一半来自内地大江南北,一半来自香港本地各行各业。前者大学时多半修习语言专业,语文根底颇佳;后者大学时主修不同科目,涉猎较广,工作经验较丰。①

　　文学翻译是一种再创造的过程,至于创造的幅度与弹性究竟有多大,则见仁见智,难以一概而论。再者,文学翻译的范畴众多,林林总总,不一而足,而原文的作者风格各异,创作时代有别,加以译出语和译入语之间无可避免的文化差异、语言分歧等种种复杂因素,译者要着手翻译之前,不论是对通篇全局的理解,如布局的讲究、风格的再现、时序的衔接、氛围的掌握,还是对微观的审查,如题目的选择、有关时地人细节的铺陈、情景交融的刻画、动感画面的重现等,都得字斟句酌,煞费思量。本文限于篇幅,只挑选硕士班学生翻译时最典型的一些问题,各以一二实例,加以剖析。

　　首先且从开门见山基本功"书名、篇名的翻译"说起。多年前,一位硕士生在课堂上选译了伍迪艾伦(Woody Allen)于 1974 年发表于 *New Yorker* 上的短篇小说 *The Whore of Mensa*,当时她对题目的翻译颇感踌躇,为了达意,尝试译为《出卖思想但是不出卖肉体的妓女》,读来相当累赘绕口。这个短篇,内地译者孙仲旭则译为《门萨的娼妓》。孙译采取逐字翻译的方法,表面上"信"则信矣,实际上如果不加注释,读者根本无法理解原文的本义,甚至误会"门萨"是个地名。实则"门萨"(Mensa)乃一个高智商社团的名称,成员遍及世界各地逾百国家,成立目的旨在提供各会员之间知识交流的论坛。孙译书名从字面看来,可说是信而不达,"虽译犹不译也";至于学生的译法,意欲求"达",然而失诸冗赘,因此有达而不

---

① "英译中翻译工作坊"为香港中文大学硕士课程必修科目,每班学生约十七八人。以下所列翻译实例除第一例"篇名翻译"之外,均由 2011 年起共十班约 180 人的课业中选取。工作坊由学生个别自选作品翻译,在课堂上轮流做报告,并由另一同学加以评论,随由老师就两人报告总评,并引导全班同学积极参与,共同探讨有关翻译问题。十班同学分为内地生和香港生两类:前者来自内地,包括华北华南,华东华西各区;香港生多为兼读生,日间工作,晚上进修,来自各行各业,如传媒、出版、编辑、公关、教学、法律、政府事务等,部分学生从事翻译工作,并有逾五年甚至十年以上的工作经验。

雅之弊。当时我在班上提议改译为《思娟》，一则图其概括原意，二则因其
与《私娼》二字谐音，可兼顾修辞简约之要。

　　原文中出现的文学典故，在翻译过程中必然会对译者造成困扰。原
文提到的典故，在译出语的读者眼中，可能耳熟能详，一旦转换成另一种
文字，译者如果为了"信"，为了求真，而按字直接译出，反而得不到"达"的
效果。例如有位学生翻译 *Miss Potter——A Novel* 一书，书中描写女主
角推开出版社的大门，只见"A room full of Uriah Heeps working at tall
desks looked up."[①]。Uriah Heep 是狄更斯名著 *David Copperfield* 中
的一名歹角，原为律师事务所的文员，外貌猥琐，性格阴沉，对雇主表面顺
从，实则诡计多端，心怀不轨，然而译文所选片段中作者提到 Uriah Heep
时，旨在泛指满室员工的一般形象，如果直译姓名，除非加注，否则会使译
文读者茫无头绪，但不译其名，又该如何处理？学生原先译为"看起来阴
险虚伪的员工"，并未尽道狄更斯的原意，因为此君外表谦逊，一瞬间难以
看出其阴险之处，后经全班热烈讨论，改为"满室看来唯唯诺诺，似乎满怀
鬼胎的员工"。此处译者如何落笔，幅度颇大，译文如欲求雅，实与文学翻
译的创造空间息息相关。另一学生选译的文章，*Yukon Alone：The
World's Toughest Adventure Race*[②] 论述世上两大雪橇耐力赛之一"育空
大赛"的情况，文中提到"The Quest is a nighttime odyssey, run during a
stretch of 17 and half hour nights"，虽然 odyssey 一词原为典故，但因在
英语中使用已久，早成为常用语，而中文里又恰有意义相当的字眼"长征"
可用，故译为"育空大赛是一场艰险的黑夜长征"即可，不必费神译出"奥
德赛"典故的来源。

　　由于文化底蕴不同，两个民族对于简单事物如数字颜色的联想，较复
杂用语如委婉语的表述等，都大有出入。一位学生翻译一篇讨论为何人

①　Maltby，R. Jr. *Miss Potter—A Novel*. London：Penguin Group，2006.
②　Balzar，J. *Yukon Alone：The World's Toughest Adventure Race*. New York/
London：Henry Holt and Co L.L.C.，2000.

会犯错的文章 *Error Nomics*,文中提到吾人观察理解周遭事物时,总不免因带有偏见而犯上错误,"most of us ... show an inordinate preference for the number 7 and the color blue"①,学生在译文中把"7"改为"八",把"blue"改为"红"。此处原文讨论的是吾人的心理状态与行为表现,与一般社会现象息息相关,译者改例的做法,无异于剥夺了译入语读者知悉另一文化特色的权利,误以为西方人一如中国人般喜好红色;至于"八"字,似乎在中国只有粤籍人士特别钟情,其他省籍也有人喜欢"六"字的,见"六六大顺"等说法。因此,译者本意欲"达",实则经擅自改例反而使译文变得既不达又不信。另一例子涉及西方与缅甸文化,作者昂山素姬(Aung San Suu Kyi)在名为 *Letters from Burma* 的原著中,提到缅甸传统的泼水节时语带惋惜地说,"The age of chivalry when only women were allowed to start throwing water first has long gone by."②。学生把这句译为"只有女士可以先泼水的骑士时代一去不复还了"。昂山素姬曾经接受西方高等教育,运用英文写作得心应手,原作是写给西方人士看的,文中提及"the age of chivalry"当使人一目了然,但是一旦译成中文,面向中国读者群而采用"骑士时代"的用语,则会使人误以为缅甸历史上也曾出现过这样的时代,因此宜改译为"男士彬彬有礼的时代"或"男士殷勤有礼的岁月"等。

有关委婉语的翻译,且以众所忌讳的"死亡"一词为例。中英语文中有关"死亡"的说法林林总总,各有特色,翻译时,老老实实把 live 和 die 翻译成"生"与"死",并不足够,这就是文学翻译需匠心独运,注意文词表达是否恰当之处。在 *The Secret Life of Marilyn Monroe* 中提到梦露与好友格蕾丝之间的友谊,原文有一句,"that one of them was dying"③,学生原先译成"她们中的一个正在死去",信则信矣,却不合中文表达方式,改为

---

① Hallinan, J. T. *Error Nomics*. London: Ebury Press, 2009.
② Aung San Suu Kyi. *Letters from Burma*. London: Penguin Group, 2010.
③ Jackie, Ethel, Loan, *The Secret Life of Marilyn Monroe*. New York: Grand Central Publisher, 2009.

"其中一人正危在旦夕"，或"其中一个已时日无多"，则行文典雅得多，也传神得多。另一例 *A Dying Mother* 提到母女之情，母亲每天早晨打电话给远方的女儿，自称为 calls of life，对女儿来说，却是 calls of death，因为心中认为这些电话的目的是"to remind me that she is still dying"①。这一句学生翻译成"提醒我她仍未摆脱死亡的魔爪"，读来似乎母亲仍有复原希望，改译为"仍在死亡边缘"则较为贴切。另一学生翻译 *Pillars of Salt* 处理类似的情况时，手法就比较高明，她把"I am rotting in that white hospital and will perish soon."②这句译成"我在这白色医院里日渐萎靡，离大去之期不远了。"，而不是译成什么"快要消灭""快要死去"的说法。文学翻译讲究文学性，信然！同理，"A life-and-death political position"③如学生般翻译成"一个生与死的政治立场"并不理想，应该改译为"生死攸关""生死存亡"的政治立场，才算了事。

文学作品的描述用语，繁复多姿，可大分为几类：第一类涉及一般事物，显而易见，清晰明白，但是翻译时必须参考译入语的习惯用法，不可照原文字面直译；第二类涉及感情或情绪，有色彩浓淡、程度强弱之分，译者需悉心体会原意，掌握分寸；第三类含义模糊，如飞鸟游鱼，捉摸不定，因此译文的创作空间也往往最大，难定界线。第一类以身体部位的翻译为例。在 *A Stone Woman* 中，有句话说，"As she struggled to cut the soft loaf, the bread knife slipped and sliced into her stone hand, between finger and thumb"④，如把 between finger and thumb 翻译成"在手指和拇指之间"，就会词不达意，译为"虎口"则直截了当。一般学生对身体部位的翻译都不太在意，如把"I felt a hand squeeze mine"译为"我感到有只

---

① Pietrucha，K. L. *A Dying Mother*. http://www.carvezine.com/issue/2008/spring/pietrucha.htm.

② Faqir，F. *Pillars of Salt*. New York：Interlink Publishing Group，1997.

③ Warren，P. N. *Homosexuality Is a Legitimate Choice*. New York：Greenhaven Press，2004.

④ Byatt，A. S. *Little Black Book of Stories*. New York：Random House，2003.

手挤着我的手"①,而不是"捏着我的手";把 cupping hands to ears 译成"把手环在耳边"②,而不是"把手拢在耳边"等。第二类涉及感情用语的翻译,最讲究分寸的拿捏。学生在译文中往往喜欢用夸张强烈、言过其实的说法。例如把"The Support Group, of course, was depressing as hell"译成"互助小组令人痛不欲生"③,而不是"厌烦透顶";把"My nerves are shot to pieces, I've never felt so betrayed in all my life"译成"我感到胆肝欲碎;一生也未尝试过这种被彻底出卖的滋味"④,而不是"情况糟透了";把"They had sustained her, she believed, and kept her spirit from perishing utterly"译成"她坚信,这些信支持着她,她的灵魂才不至于灰飞烟灭"⑤,而不是"她的精神才不至于彻底摧毁"或"她的精神才不至于萎靡不振"。当然过犹不及,也有学生把原文语气的强烈程度不慎降低的,例如"Six pounds, seven ounces, he came in hollering at the top of his lung",应为"小家伙重六磅七盎司,呱呱坠地时哭声震天",而译成了"出生时呼吸声清晰可闻"⑥。第三类文字看似浅显,实则含义模糊,难以捉摸,翻译时最难掌控。有学生翻译 *Traveling with a Movie Star*,故事中的女主人翁在飞机上恰好坐在一位心仪的明星身边,发现这个万人迷正在熟睡,那张脸庞看来竟然 so vulnerable and empty,这两个形容词到底该如何翻译? 学生原先译为"这张一直万众瞩目的脸庞此刻如此脆弱无力"⑦,"vulnerable"按字典解释,当然可以是"脆弱无力",但是一张脸又如何会"有力"或"无力"呢? 而 empty 一字,更因含糊难解,就索性略而不提了。当时班上共有十七位同学,乃要求他们就这两个形容词各自分别翻译,集

① Bentley,P. J. *Loop*. Sydney:Luna Media Pty Ltd.,2008.

② Barnes,J. *Nothing to Be Frightened of*. Toronto:Random House,2008.

③ Green,J. *The Fault in Our Stars*. Boston:Dutton Books,2012.

④ Kinsella,S. *The Secret Dreamworld of a Shopaholic*. London:Black Swan,2000.

⑤ Chopin,K. *Her Letters* in *The Complete Works of Kate Chopin*. Baton Rouge and London:Louisiana State University Press,1981.

⑥ Lee,S. *A Legacy of Love*. New York:Reader's Digest Magazine,2011.

⑦ July,M. Traveling with a movie star. *The New Yorker*,2007-06-11.

思广益,结果得出的版本五花八门——例如"毫无戒备,呆板空洞""脆弱无力,宁静安详""弱不禁风,毫无表情""如婴儿般脆弱,显得疲乏无力""如孩子般无助,与世无争""如熟睡的孩子般天真而又平静""毫无生气,憔悴不堪""十分憔悴,不知在想什么"等等。从这些参差的译法,可以看出每人对原文的理解大不相同,到底孰是孰非? 实在难有定论;而表达的方式又有畅顺与佶屈之别,可见从事文学翻译时,面临"信达雅"三难,的确是大有讲究、煞费踌躇的。翻译时,如果能够善用译入语的表达方式,例如中文的四字结构、成语谚语等,当然十分理想,但是一味求雅,漠视背景氛围是否配合,亦不恰当。有学生在翻译一篇小说,形容一座建于 1920 年代的美国农舍时,用了"很久以前此处一定雕栏玉砌,美轮美奂"的字句,原文不过是"The place must have been magnificent long ago"①而已,这"雕栏玉砌"的描述,实在与西式农舍的面貌相去甚远。

从事文学翻译时,难关处处,险阻重重,例如因迁就中文习惯调动字序而牵一发动全身的问题②,常使译文出现接口不顺的情况,学生在翻译时常常会触及这些弊病,篇幅缘故,此处不赘。

译事三难"信达雅"的阐释,多姿多彩,张力无穷。从另一个角度来看,我们可以将之意识为一个严肃认真的译者在翻译过程中对自己的期许和要求。假如我们在翻译时刻意存真,与人为善,力求完美,则这真善美的追寻恰好跟"信达雅"彼此呼应。刻意存真,是为了不要歪曲作者的原意而尽量如实翻译;与人为善,是为了体贴读者,竭己所能不要译出佶屈聱牙的文字,使人不忍卒读;力求完美,是希望译文能畅顺清通、典雅可诵,原文是一篇优秀的文学作品,就还它一个优美传神的面貌。

2014 年 10 月 28 日

---

① Sparks,N. *The Lucky One*. New York:Hachette Book Group,2012.
② 彭镜禧. 戏剧效果与译文的字序——《哈姆雷》的几个例子//金圣华. 外文中译研究与探讨. 香港:中文大学翻译系,1998:142-157.

# "翻译工作坊"教学法剖析

香港中文大学翻译系于一九八四年开办两年制翻译文学硕士(兼读)学位课程,迄今已有十五年历史。自创立以来,开设过不少有关理论与实践、笔译或口译的科目,这些科目都各有重点,用途不一,而"翻译工作坊"可说是其中别具特色的一科,一向深受学生欢迎。

一九九八至一九九九年度,中大硕士班"翻译工作坊"分两学期上课,上学期专注中译英,下学期则专注英译中。上、下学期分别由两位教师授课,我教的是下学期英译中的课程。

一九九〇至一九九一年,我曾经教授硕士班整年的"翻译工作坊"课程。记得当时全班有十三位同学,正好跟每一学期上课十三周的周数相配合,因此,编排课程、调派人手比较方便。当时的做法,是把课程划分为上、下两学期。上学期由同学自选题材,主要涉及与实用翻译有关的内容;下学期则由教师建议,经全体同学一致同意,大家合译一书,集中于文学翻译的探研。这情况,恰似世运会中花式跳水或溜冰的规定,运动员既需完成大会指定动作,也需表演个别自选动作,然后再由评判仲裁定夺,分出高下。一九九八至一九九九年的课程,由于只带领一学期,在短短十三四周中,面对全班学生,要由陌生至相识,然后再因材施教,得知他们长处何在而励之,短处何在而辅之,在时间上是相当急促紧凑的。正因为如此,课程的编排不得不花费心思,而全班同学彼此稔熟后,互补长短、共译一书的乐趣,也就只好割爱了。

一学期英译中的"工作坊"于是就以最经济有效的方式,循序渐进,安排如下。

全学期的课程设计,共分为三部分:第一部分为讲解、习作与讨论;第二部分为学生在课堂上轮流报告及译作评析;第三部分则为难题析解及总结。

第一阶段历时四周,第一周的授课内容,主要目的在于使学生熟悉工作坊运作的概况,以及各自背景的异同。工作坊之有别于其他授课形式,乃在于这门课讲求师生通力合作,教学相长,上课时必须人人投入,个个参与,才能收到集思广益之效,享受共创成果之乐。因此,各成员融洽无间的学习态度是极为重要的。所幸修习硕士班的学生,多半是已有相当工作经验的成人,他们在日间辛勤工作,到晚上仍然不辞劳苦、长途跋涉地自市区来到郊区上课,自然对求学不敢稍懈。一九九八至一九九九年度下学期修习"翻译工作坊"的同学共有 14 人。根据问卷所得,背景如下:

一、性别:2 男,12 女。

二、工作岗位:教育行政主管(1 名,男),政府行政主任(2 名,1 男 1 女),中文主任(4 名,女),助理劳工(署)主任(1 名,女),私人机构编辑(1 名,女),高级翻译员(1 名,女),翻译员(2 名,女),哲学硕士研究生(1 名,女)及其他(1 名,女)。

三、工作年资:5 年以下者 6 人,6 年以上 10 年以下者 5 人,11 年以上 20 年以下者 2 人,21 年以上者 1 人。

四、中学时就读情况:就读中文中学者 1 人,就读英文中学者 13 人。

五、大学时选修科目情况:选修文科者 11 人,选修商科者 2 人,修习社会学科学者 1 人。

六、平时阅读习惯:喜阅中文读物者 2 人,中英文读物两者兼阅者 12 人。

七、撰写文章习惯:以中文起草者 1 人,以英文起草者 6 人,两者兼有者 7 人。

八、出生地点:香港出世者 14 人。

九、普通话能力:精通者 2 人,通顺者 4 人,略通者 8 人。

十、翻译训练:曾经接受训练者 10 人,未曾接受训练者 4 人。

总结来说,这些学员大多数相当年轻,在香港出世,以粤语为母语,然而中学时就读以英语为教学媒介的学校,大学时则以修习文科为主;毕业后或多或少从事与翻译或双语有关的行业;平时阅读习惯不限于中文或英文,但因工作所需,不少人撰写文章时以英文起草;多数人能操普通话,但程度一般;而因学业或工作所需,大部分都曾经接受过翻译训练。

面对着这一群学员,教师必须编排相应的课程内容,以便使学生在原有的语文基础及翻译水平上,有所改善,有所提高。由于学生在稍后阶段将自选篇章,独力完成翻译,再把翻译过程中遭遇的困难、解决的方法及领悟的心得,在轮流报告的环节中,跟全班同学交流切磋,而所选的文章,有可能是文学类的,也有可能是非文学类的,因此,第二周至第三周的课程内容,就集中在探讨从事文学翻译及非文学翻译时所应注意的种种原则与要点上。文学翻译中,原文对时、地、人描绘叙述的铺陈,作者对独白对话的运用,通篇氛围的营造,段落句式的裁剪等,都是译者翻译时必须全神贯注、小心落墨的关键所在,至于风格的掌握,更不可掉以轻心。而非文学类的翻译,则最主要的在于大处文体的再现及小处细节的处理。目前中文均不约而同受到译文体的污染,其严重程度,已到了一发不可收拾的地步。学生要学习翻译技巧,不得不正视中文日渐遭受污染的问题,因此,讨论现代中文与译文体之间恶性循环的关系,以后如何及时反省,除垢去污,就成为"翻译工作坊"之中开宗明义的重要课题。

学生在接受两三周基本训练之后,就到了军事演习的阶段。仅知道如何步操方为整齐、怎样握枪才算正确并不足够,还必须亲自上场观看他人操演成果,指出孰正孰谬,才说得上是进入情况。于是在第三周末,就选出目前在美国极为畅销的 *Tuesdays with Morrie* 一书中的片段,作为学习内容。这本书由 Mitch Albom 所著,原作者为美国《底特律自由报》记者,在偶然的机会中,得以重晤昔日恩师,而恩师此时已如风中残烛,不久即将风吹烛熄。当学生的乃在老师同意之下,每星期二前往探访,然后将老师洞悉人生、充满睿智的话语一一记下,成为后学者如何积极生存、如何面对死亡的珍贵实录。此书一出,风行一时,也迅速转译为外文。大陆与台湾均有译本,大陆译本名为《相约星期二》,由吴洪翻译,上海译文出版社出版;台湾译本名为《最后 14 堂星期二的课》,由白裕承翻译,大块文化出版公司出版。①

我在"翻译工作坊"中采用的教学法乃是首先选出 *Tuesdays with Morrie* 书中的一章——"The Eighth Tuesday, We Talk About Money"作为研习对象。选用这一章的原因是该章长短适中,内容务实。香港既然是个商业社会,讨论钱财的话题自然与日常生活息息相关,容易引起共鸣。这一章,吴译本译为《第八个星期二——谈论金钱》,白译本则译为《第 8 个星期二——金钱无法替代温柔》。在讨论译文时,曾尝试用一反常态的办法,第二周只发给学生两个不同的中译本,并不附上原文。当时,所要求学生做的练习,包括几项:第一,细读两篇译文;第二,在译文中,分别以数字标出应讨论的片段;第三,特别画出最值得讨论的三点;第四,表明哪个译本较佳,并举出理由,简约说明之。学生既没有原文在侧,按理说,很难判定两种译本的高下优劣,但坊间的读者阅读译本时,除非是专攻语文或翻译的学者或学生,一般都不会把原著找来细加参详,逐页对照,因此,不看原文,只念译文的做法,正是普通读者最常见、最自然的

---

① 原文为 Albom, M. *Tuesdays With Morrie*. London: Little, Brown and Company, 1998. 两本译著分别为:米奇·阿尔博姆. 相约星期二. 吴洪,译. 上海:上海译文出版社,1998;米奇·艾尔邦. 最后 14 堂星期二的课. 白裕承,译. 台北:大块文化出版公司,1998。

阅读模式,而一种译本在译入语中是否广泛流传或大受欢迎,也就往往取决于读者对该译本的接受程度。班上一位同学的分析正好道出了这种练习的重点所在:"由于没有原文,单看译文不能判断哪一篇内容较准确,因此,以下分析只以文字通顺和遣词用字两方面为主,把两篇译文当原文创作分析。"

学生对两种译本的分析对比,得出了饶有趣味的答案。在未核对原文之前,认为吴译本较优者有 5 人,认为白译本较优者有 9 人。此处必须指出,由于原文浅显易懂,两种译本在领悟原文方面都并无困难,所不同的反而是表达方式而已。一般来说,大多数认为白译本结构较为完整、行文较畅顺,多用四字成语及排比方式,能化长句为短句,造句遣词较合乎中文习惯,因而文章简洁明快;吴译本则失之生硬死板,常有明显欧化结构,译文腔浓厚,不似原文创作;但也有部分同学正好持相反意见,认为吴译本流畅简洁,恰当精确,而白译本反而偏向直译,用字生硬。这种现象,正好说明了学生群中,对翻译的认知与评价,对现代汉语的文体与风格,都持有不同的意见,因此,全班必须以开放包容的态度、公允持平的立场,在教师的引导之下,对翻译的原则与通论,善加梳理与廓清,以便为"工作坊"第二阶段的进程,作出适当妥善的准备。

第四周的课程,学生在堂上获派上述译作的原文,然后大家一起就早已标示出的要点,逐项讨论。根据当时记录,讨论的要点为数不少,几达一百二十处。各同学对通篇的篇目、人名、机构名称等专有名词,长句处理、抽象名词、习惯用语、时序、成语、代名词、口语、译制新词、文化隔阂、倒装语法、动作词、配词、歧义、对仗形式、形容词、副词、词序、褒贬词、问题句、称谓等种种问题,都细加分析并详予讨论,最后对翻译的原则与技巧,都有了进一步的领悟与共识。

在学生核对原文之后,得到的总体意见与前不同,修改如下:认为吴译本较优者为 2 人,认为白译本较优者为 11 人,对两译本皆不满者有 1 人。学生经过这一次练习,对译文的分析比较,较能心领神会;对自己着手翻译及对同学的译作加以评述,也较有把握,于是就可以顺利进入"工作坊"第二阶段的程序了,第一阶段可称之为赛前的"热身动作",至此告一段落。

第二个阶段是"工作坊"中最重要的部分,全班同学经过为期数周的"军事演习"之后,要正式秣马厉兵、披挂上阵了。这一阶段包括七个星期,每一组由一位同学负责向班上提呈自选题材的译文,在报告中必须对原著的背景资料、文体风格,译程中所遭遇的种种困难,解决的方法,理论的根据,取舍的原则等有所交代。报告完毕后,由另一位同学作出评述,就译文对原著文体的掌握、风格的再现,以及个别片段的翻译是否畅顺,选词是否恰当等问题,发表意见。评述完毕后,再由全班同学共同参加讨论,将译文从头校审一次,凡有误译之处,由各人不避嫌,不矫饰,一一坦白指出,予以匡正;凡遇难题而未能解决者,则由大家共同努力,寻找解决之途;凡有译文虽通顺可读然未臻完美之处,则由全体同学集思广益,精益求精,共求改进良方。如此这般,周而复始,经过七周之后,全班 14 名学生,已各自轮流提交报告一次,评述译文一次,并且在所有讨论过程之中,全神投入,热烈参与,因而不知不觉间,对翻译方法、翻译过程、翻译技巧,乃至于译评准则,都有了长足的进步及更深的认识。

学生自选篇章之后,必须跟导师洽商讨论,以决定其是否适宜作为翻译素材,选材时必须注意几项要点:第一,各篇程度必须适中,太难或太易的篇章,不宜在工作坊中提出讨论,否则就会出现评分不公允的现象,并且也容易削减学生参与的热诚;第二,文类不妨多姿多彩,为期七周的堂上讨论,为了提高学习情绪,确保没有冷场,同学可以各按兴趣,选择各种各样不同类型的文章,作为翻译的对象,只要原文流畅通顺、文笔优美、内容翔实,不论是文学类或非文学类的作品,都可以选译。

一九九八至一九九九年度硕士班同学选译作品的情况如下:

选纯文学作品者 8 人,选自传日记或札记者 4 人,选宗教书籍者 1 人,选经济论文者 1 人。① 值得注意的现象是这些同学日间或多或少都从事翻译工作,但工作的性质却以实务性的范畴为主,例如要翻译政府文告、财经消息、法律文件,或新闻报道等,因此,往往对这种非文学类资料枯燥乏味的性质产生倦腻之感。他们晚间不辞劳苦来求学进修,往往希望在日常工作的范围之外,打开另一扇窗户,从而呼吸窗外辽阔领域的新鲜空气,不再自围于琐屑闭塞的精神状态之中。学生的这种心态,促使他们在选材时大多选择了平时不太接触的文学作品。他们修习"工作坊"时,不但在课余孜孜不倦潜心翻译,而且在堂上侃侃而谈探讨求进,他们的专注与热诚,的确叫人感动。

---

① "翻译工作坊"中选译的原作依上课程序分列如下:

(1) Herriot, J. *Dog Stories*. London: Pan Books Ltd., 1992.

(2) Pan, L. *Tracing It Home*: *Journeys Around a Chinese Family*. London: Mandarin, 1983.

(3) Loeffler, P. and Steward, J. (eds.). *Michael Bullock*: *Selected Works*. London, Canada: Third Eye, 1998.

(4) Pan, L. *Tracing It Home*: *Journeys Around a Chinese Family*. London: Mandarin, 1983.

(5) Miller, A. *Salesman in Beijing*. New York: Viking Press, 1984.

(6) Loeffler, P. and Steward, J. (eds.). *Michael Bullock*: *Selected Works*. London, Canada: Third Eye, 1998.

(7) Kushner, H. S. *When Bad Things Happen to Good People*. New York: Avon Books, 1983.

(8) Powell, C. and Persico, J. E. *My American Journey*. New York: Ballantine Books, 1995.

(9) McEwan, I. *The Comfort of Strangers*. Berkshire: Picador, 1981.

(10) Schell, O. *Disco and Democracy*: *China in the Throes of Reform*. New York: Anchor Books, Doubleday, 1989.

(11) Loeffler, P. and Steward, J. (eds.). *Michael Bullock*: *Selected Works*. London, Canada: Third Eye, 1998.

(12) Coetzee, J. M. *Boyhood*, *A Memoir*. London: Vintage, 1998.

(13) Wang, G. W. and Wong S. L. (eds.). *Hong Kong's Transition*: *A Decade after the Deal*. Hong Kong: Oxford University Press, 1995.

(14) Shield, C. *Fourth Miracle*. London: Fourth Estate, 1994.

由于实际情况所限,每一位同学轮流主持讨论个别译作的时间不能太长,因而虽然学期末要交三千字的译作,在课堂上讨论的篇幅,大约只有其中的一千字。这一千字,必须在各方围攻、枪林弹雨中,历经重重考验,方能突围而出,全身而退。所以每位同学在备课时,都战战兢兢,全力以赴。主持讨论的同学,必须在前一周把所选原文及其译文打好印出,分发给教师及全班同学以供大家评阅;而主持讨论及评述日期的编排,则在学期开始第一周,已在教师带领下,由各同学抽签定出。这种安排,井然有序,使各同学都知道各自的评论员是谁,可以尽快彼此交流,增进了解,以达成默契。每一组译文的讨论与评述是一个单元,不能论而不评,或前后脱节,影响工作坊的整体气氛。根据一九九八至一九九九年度工作坊上课的实况来看,每一组的同学都合作无间,而全班讨论的热烈程度,更值得欣慰。

教师在工作坊中所起的作用,比其他科目有过之而无不及。由于性质使然,工作坊的运作生机勃勃,充满动态,上课的过程之中,每一时每一刻,都是师生交流、教学相长的。同学的译文固然可以事前批阅,即场的译评却是突发的。工作坊之中,时时出现这样的场面:评述员从崭新的角度、不同的观点来审视译文,因而常对某一段某一句的译法提出意见,以供译者参考;译者对自己作品因曾经深思熟虑,字斟句酌,故坚持原译不愿修改;此时全班同学急急起而响应,纷纷各抒己见,于是就形成了百家争鸣、相持不下的热烈战况,孰是孰非,孰优孰劣,一时难以决定。此时,做教师的必须以自己的学养、经验以及对翻译理论的体会,对翻译方法的掌握,对中英对比语法的认识,对中西文化差异的领悟,来及时担当仲裁的任务,就各类译法的内容、风格、语义、修辞等各方面,作分析评论。遇到各同学的种种译法都未必合适时,教师更必须当机立断,提出解决的方法。因此,作为"工作坊"的教师,责任是极其重大的。余光中先生在《翻译之教育与反教育》一文中,曾经语重心长地指出:"翻译教师的警惕应该更高,如果自己习于烦琐语法、恶性西化而不自知,则一定误人。翻译教师若染上冗赘与生硬之病,那真像刑警贩毒,危害倍增。"①因此,"工作坊"的教师由于所述所论,在课堂上起立竿见影之效,更应时刻反省,慎思慎言,以免一时不察,成为污源。② 而教师在翻译方面的实际经验及在语言方面的扎实功夫,也就成为不可或缺的首要条件。"工作坊"既为翻译系高年级同学而设,若要运作成功,效益倍增,则学生的程度及教师的资历,都是需要考虑及配合的必然因素。

教师除了本身的素养、语文的造诣及翻译的经验之外,还须熟谙教法,对学生因材施教,因势利导,尽量把学生的潜能发掘出来,才能使"工作坊"真正发挥作用。如上所述,硕士班十四位同学除一人之外,皆毕业于英文中学,而中学时代是个人吸收知识、发展语文能力的成长期,一个人语文水平的高低,在中学阶段往往已经成型,因此一般来说,念英文中学的同学,在运用中文时,可能有些捉襟见肘、力不从心的感觉,用英文写作时,反而下笔流畅,阻滞较少。但是,念翻译硕士班的同学都是经历笔试口试等重重关卡考录进来的,双语程度自然较一般为佳,只是在"翻译工作坊"中修习必须符合相当严格的标准罢了。一般人总有一种误解,认为中译外及外译中是两种完全相当的才具,而翻译系要训练的就是双语兼善、双向皆能的通才。其实,这种标准运用在非文学类、实用性的翻译中尚可勉强达到,运用在文学翻译中就不太合理。理由其实是显而易见的,学生的外语学得再精通,毕竟不是自小浸淫的母语,因此要求他们在中译外时,居然要"具备外语创作的能力,按照他们所学的语法造出能够替代母语原文本的译文",的确不切实际,因此,只能"退而求其次,以合乎外语语法规范为衡量标准"。外译中的情况则正好相反,"外语语法的要求在这里得到了宽容,宽容到能够理解原文则可。相反,母语的表达手段到了'风格'的层面上"。因此,外译中时,"母语已不再只是承载信息进行交际的工具",而更是一种"'才智型'的活动",因此"对学生的文化需求",

---

① 余光中. 翻译之教育与反教育. 台北:联合报,1999-07-17 至 1999-07-19.
② 余光中. 翻译之教育与反教育. 台北:联合报,1999-07-17 至 1999-07-19.

也就相形之下更为迫切了。①

　　由于上述原因,学生在英译中"翻译工作坊"中的表现,就必须符合相当严格的要求,工作坊中呈交的译文,经全班探讨,共同合作之后,必须具"足以出版"的标准,甚至比坊间所见的一般译文要好,尽量达到"理解无误,表达畅顺"的地步。

　　由于全班大多数同学都选择文学作品为翻译对象,因此文学翻译在翻译整体课程中所占的重要性,不能不在此顺带一提。由于二十一世纪的来临,世界各地资讯发达,交流频繁,高科技的发展,更一日千里,大受重视。相反的,文学翻译的地位,却一落千丈,渐趋式微。不论国外国内,似乎都有一种倾向,认为双语与翻译人才的培养,靠一些实际的课程,如商业、财经、法律、科技翻译的设置,就可以速战速决,看到成果。其实,要获得翻译素质的提高,必须由根本做起。国内近来有不少有识之士,对这种翻译教学中本末倒置的现象,也提出了不少宝贵的意见:"君不见而今实用外语吃香,'外贸信函'等都堂而皇之列为外语专业的课程,而文学史、文学作品阅读、文学翻译课程却受到冷落,或干脆取消,外语人才的素质教育被迎合商品经济大潮的急功近利所无情取代。此种状况岂能不令人忧心忡忡?"②另一位大学教师在《关于提高翻译质量的讨论》中,也提到目前学生的"主要表现是一届比一届文学细胞少,审美直感差,词汇量捉襟见肘"③。作者又说:"要想真使翻译'入于化境'(钱锺书语)我觉得不在唐诗、宋词、《古文观止》的世界里流连浸泡一些时日恐怕是很难的。"④由以上的讨论,可以归纳出的几点正是二十一世纪翻译教学应走的方向:第一,翻译课程虽应配合新世纪的趋向,向多方面发展,但不应只注重实际性的科目,而偏废文学翻译;第二,文学翻译课可以培养增进学生语文的触觉与悟性,是一切翻译科目的基本功,不论其短期的经济效益如何,不

① 许钧,袁筱一. 当代法国翻译理论. 南京:南京大学出版社,1998:69-70.
② 吕同六. 基本素质断不可缺. 文汇读书周报,1999-07-17.
③ 林少华. 培养译者难. 文汇读书周报,1999-07-17.
④ 林少华. 培养译者难. 文汇读书周报,1999-07-17.

应受到忽视;第三,现代化教学设备器材必须配置,但表象不能代替实体,要提高翻译教学的素质,语文基础扎实、翻译经验丰富的教师仍然是不可或缺的基石与骨干。

第二阶段译文讨论、评述与审核,一共延续七周。如前所述,"工作坊"的同学共有八人选译纯文学的作品,这些作品,按体裁可分为长篇小说、中短篇小说及札记,按风格可分为写实小说及超现实主义小说,而原作者分别为英、美、加、中及南非人士。各篇原作的风格迥然不同,内容多姿多彩,而处理手法更层出不穷,连采用的英语也大有出入。其中三位同学选译了加拿大名作家布迈恪(Michael Bullock)选集之中的若干短篇,虽然内容有别,但风格相若,因此也得到了异中求同、前后呼应的练习。布迈恪是超现实主义大师,他的作品用字洁简,意象鲜明,翻译时,如何把原著中的浅字简句如实演绎出来,而又不失之平板乏味;如何把看似荒诞不经、实则含蕴繁富的内容,用中文表达而又不致晦涩难明,确实是最考功夫的磨炼。举例来说,其中一篇《荒屋五重奏》(*Bleak House Quintet*),原作者在描绘荒屋凄清幽冥的气氛时,常用些如"white mass""shape""substance""phantasmal forms""figures"这一类字眼,所代表的是似人非人、似鬼非鬼、若有若无、飘忽不定的形象。凡有翻译经验的人都知道,英文里的抽象名词,是极难在中文里妥善表达的,上述字眼一旦译为"物质""形状""质量""东西""人影"等,就索然无味,再也表现不出原文虚无缥缈的意境了。又另一位同学翻译布迈恪的《绿娃》(*Green Girl*),原著描述作者与树之精魂绿娃邂逅的经历。由于 Green 一字是点题所在,在文章中频频出现,但每次情景有别,所以译时不能一概用"绿"字就可以交差。绿娃身上"green eyes""green shawl""greenish"的一切,以及窗外那"pallid, greenish moon",都应表现出不同的层次。经讨论后,分别译为"碧绿的眼睛""绿色斗篷",全身都"绿莹莹",以及"泛青的月亮"。由此可见,负责翻译的学生与全班同学,在反复思考与推敲之中,均深切体会到翻译时不能对号入座、搬字过纸的道理,也明白了必须了解语境、兼及前文后语的原因。

班上另有两位同学选择同一作品的不同章节：原著是 Lynn Pan 的 *Tracing It Home*。作者生于上海，长于马来西亚，在英国剑桥接受大学教育，毕业后曾于香港任职新闻记者，业余从事文学创作。*Tracing It Home* 是个人寻根的故事。在作者忆述家族兴衰的历程中，也同时反映出大时代国家民族迭经变迁、动荡起伏的壮丽画面。作者身为华裔，却以英文写作中国的事物，行文之间，往往牵涉不少有关文化或观念的翻译问题，如今"工作坊"的同学再要把作品还原为中文，简直是往返奔波于漫长译道上的双程路，这一来一回之间花费的心血与力气，更倍增于单向的翻译。譬如说，有些内容或名词用中文写直截了当，显而易见，用英文表达却必须转弯抹角，大加解释。一旦还原成中文时，译者的定位，用字的取舍，就成为问题了。原文提到抗战时，中国政府撤退至大后方，the so-called Free China with its capital in Chung King 一句中，capital 应如何翻译？译为"首都"，含混不清，经讨论后译成"陪都"。又如讲述作者父母当年在杭州游山玩水时，in the lake city of Hangzhou 一句，也曾引起广泛讨论，最后终于决定简译为"杭州"，而不译 in the lake city 数字，因为内容不译自明，硬译成"湖城"则反而画蛇添足。翻译中涉及文化事物的还原问题非常复杂，学生在"工作坊"中从实例中学习，将难题逐步解析，逐点克服，颇受启发。

另一位同学选译 Ian McEwan 的 *The Comfort of Strangers*，原著文笔洗练，结构复杂；也有同学选译 James Herriot 的 *Dog Stories*，原文平易近人，语调轻松；还有一位同学选译 Carol Shield 的 *Fourth Miracle*，这本书则充满俚语口语及本土色彩。各同学必须依据原著的特殊风格，翻出适如其分的译文。翻译中陷阱处处，浅字可能比深字更难译，短句也许比长句更难缠。贴切传神得来不易，因此同学之间也曾为"I'm terribly sorry."一句的翻译而讨论再三，相持不下。

自传、日记或札记形式的作品之中所提到的人物、时间、地点往往都具有真实性，而非虚构，因此，翻译时就必须注意真人实情的考据，不可凭空杜撰。同学所选的原著范围极广，包括因策划一九九〇年海湾战争而名噪一时的鲍威尔将军的回忆录,及以阿瑟·米勒的见闻录等等。米勒以《推销员之死》一剧驰誉国际,后应中国文化部副部长英若诚及名剧作家曹禺之邀,赴北京为该剧中文版演出执导,见闻录中记述的就是他在北京作客期间的所见所闻。上述两书,前者涉及大量美国军事系统的专有名词,后者则关联到中、西文化的冲击与交流。类似的作品还有 Orville 的 *Disco and Democracy：China in the Throes of Reform*,西方人眼中的东方文化,到底呈现出什么面貌? 是崭新的角度? 还是歪曲的形象? 身为译者,必须慎思明辨,方能在翻译时不偏不倚,保持中立。另一篇记述南非生活的作品,J. M. Coetzee 的 *Boyhood：A Memoir* 所涉的内容,因时空的差异,不免使读者产生疏离的感觉,译者翻译时必须多研习背景资料,尽量使自己设身处地,方能译出原著神髓,避免隔靴搔痒之嫌。

翻译宗教书籍的同学所面对的是另一类问题。哈罗德·库什纳(Harold S. Kushner)是一位犹太教教士,他在作品《善行恶报》(*When Bad Things Happen To Good People*)中所讨论的,就是人类自古以来,百思不得其解的善与恶、罪与罚的因果关系。"good""bad""better""worse""sins""punishment"这些字眼,看似简单,实则在不同文化、不同宗教、不同民族、不同社会中,均有分歧极大的含义,在翻译的过程中几乎造成无法逾越的鸿沟。翻译宗教性的文字,如同翻译哲学文章一般,译者必须理路清晰、用字准确,含混不清的说法要扬弃,感情色彩的用语也应删减。同一理念在文中多次出现时,除非必要,可沿用一贯的译法,而不必强求"一词多译,色彩变化"的效果。这一点,就和纯文学类的翻译法大异其趣,不可同日而语了。

"工作坊"中只有一位同学翻译非文学类的作品,即 *Hong Kong's Transition，A Decade after the Deal* 一书中由张五常教授所撰的一篇研究内地与香港经济相互影响的文章。一般来说,说理性的文章,只要立论精辟,理据充分,脉络清晰,纲领分明,也就已尽了写作的能事,作品是否文采斐然,是否老练浑成倒还在其次。因此,翻译时就必须注意全文的起承转合与逻辑思维。原文中的长句复语,必须按汉语习惯及汉语词序,予以拆析重组;全段本末因果的次序,也不妨重新安排。此外,文中的术语及专有名词,如中国的政治体系、本港的经济架构等,都必须用两地的惯用语分别译出。非文学类作品的翻译,宜以达意畅顺为主,用字必须简洁精确,切勿堕入恶性欧化的烦琐冗赘而不自知。

第二阶段在全班同学讨论各别译作后告一段落,第三部分则为难题析解及总结。各同学在第二阶段中已综观全局,亲临战阵,这时候就可以自前线退下,平心静气,检讨战果了。由于学期末各人要交三千字译文,包括在课堂上经师生共同审阅修正的片段及未经他人批改的片段,因此,虽然比起学期初来功力大进,在译程中仍然会遭遇到不少困难。学生在课堂上就可依次提出种种问题,包括第二阶段中因讨论时间不足悬而未决的难题,或在译文中面临的新困境。这些问题,先由同学共同研究讨论,倘若解答不了,则由教师即席指导,予以解决。第三阶段中,各同学更轮流剖析各自工作岗位中与翻译任务有关的种种实况,例如上级对翻译原则的认知、审稿的准则、批改的依据等等,从而将"工作坊"中的所学所得,与实际工作的性质与环境贯穿起来,并求取配合。

设立"工作坊"的目的,不仅仅在于培育翻译人员,也在于训练译审及编辑人才。前者能下笔翻译,后者则能把关润饰;前者需要精湛的技巧、娴熟的笔法,后者则需要敏锐的触角以及综观全局的眼界。这两种能力,相辅相成。"翻译工作坊"可以说是兼顾编译、融会理论与实践的科目,对修习高年级课程的学生,效益更著。根据以上的阐述与分析,我们可以得出以下的结论,即"翻译工作坊"在高年级如硕士班的课程之中,如运作得宜,就可以达到下列的教学效果。

### 1.培养正确的翻译态度

参加"工作坊"的同学,在着手翻译及最后定稿之间,经过一整学期的锻炼,不但在课前课后要对译稿推求精究,炼句炼字,在课堂上还得将译作交由评论员评述,以及全班同学与老师逐字逐句审阅批改,有时甚至改得面目全非,体无完肤,这时就会省悟到个人学养的局限与不足,以及体会到前人"一名之立,旬月踟蹰"的执着和专注。译事之难,非过来人难以言喻。经过"工作坊"训练的同学,必能培养出高度的责任感,对翻译兢兢业业,下笔不敢掉以轻心。我国翻译界时有后继无人、断层难续之叹,翻译系纵使不能培养出一批又一批才气横溢的翻译家,总也得训练出勤奋负责、敬业乐业的接棒人,使他们不至于一足踏出校门,一足就踩入急功近利的社会染缸中去。

### 2. 拓展语域的张力与幅度

"工作坊"的学生除专注自己的译文外,更需兼顾同学的习作,在一学期之内,潜心研习十多篇风格悬殊、体裁迥异的作品,并且要在适当处,因势利导,着手修改译文,因此在不知不觉间,不但担当了译审的工作,也为自己的语域,拓展了张力与幅度。很多人认为,成名的作家应在手中握有多把刷子,即得以操纵多种文体,出入自如,翻译家亦当如此,方能不捉襟见肘,下笔维艰。"工作坊"的设置,正好弥补同学日常生活中多看少写的缺陷。

### 3. 奠立译评的扎实基础

翻译界及学术界向来都有不少呼声,认为目前译坛滥译成风,劣品充斥,因此必须及时建立客观公允的译评机制,使佳作广为流传,劣译无所遁形。但是由于流俗所及,一般人对译作不是毫无根据的恶意中伤,就是不切实际的吹捧奉承,真正有系统、有创意,实事求是,以积极客观态度研讨翻译过程与翻译成果的翻译评论,实在并不多见。"工作坊"的训练,使同学抛弃成见,开诚布公,养成对事不对人的正确习惯,根据翻译原则与翻译理论,来分析译文,作出评论,这种做法,正是为良好的译评机制奠立扎实的基础。

"翻译工作坊"上课完毕之后,学生在期末评语中对该课程唯一的不满之处,就是讨论时间不足,不能使他们畅所欲言、尽情发挥。由于排课所限,这也是无可奈何的事。理想的做法,当然是以一学年代替一学期,让学生接受更加充分的训练。无论如何,"工作坊"可以在多方面培育学生成材,使他们在单一科目中,同时学习翻译、编辑、译审及译评的技法,并养成集思广益、精益求精的学习态度,因此,在高年级的课程中,不妨多加采用。

# 香港法例中译的几个问题 [*]

## 金圣华　冼景炬

## 前　言

　　法律翻译是一项困难重重的工作。译文除了要照顾原文的实质内容及神髓外,还要尽量流畅通顺。但很多法例的英文原文本身已非常曲折繁复,再将条文译为中文时便难免冗长晦涩,而有些普通法的概念,也不能在中文内找到完全对等的词语。在这种情况下,有时便需要另创新词,或找出意义最接近的词语而依靠语境表达普通法的概念。在这过程中,我们需要反复讨论推敲,有时还会视乎个别情况而推翻或恢复以往的决定。

律政署编《英汉法律词典》第二版

谢志伟博士(CBE,JP)序言

　　假如翻译活动是一个钟摆,那么,文学翻译与法律翻译就是钟摆的两极,前者讲求传神生动,后者要求精确周全,两者各有难处。但法律翻译与一般民生息息相关,而双语立法的过程中,更涉及两个文本是否对等、真确的问题,因此译来更不可掉以轻心。香港双语立法的程序与经验,足可以成为其他地区的参考与借鉴。①

## 双语法例咨询委员会的成立经过与工作程序

一九八八年十月二十八日,香港成立了双语法例咨询委员会(The Bilingual Laws Advisory Committee),简称为 BLAC。委员会是根据法定语文(修订)条例一九八七年 4C(11)条,由当时的总督彭定康委任成立的。

委员会的主要职责包括以下三项:

1. 审阅法律草拟科所翻译现行条例的翻译本;

2. 经审慎考虑后,对翻译本的真确性予以认同;及

3. 就当时现行以英文制订的法例的中文本颁布一事,向总督会同行政局提出意见。②

当时,香港现行条例共有三十一卷,其中所载公共条例凡五百二十三条,共占篇幅约两万页,由于政府推行双语立法,故所有条例必须由律政署(现称"律政司")法律草拟科逐条译成中文,再交由 BLAC 审阅。当时法律草拟科负责翻译的小组,成员不多,只是由四名以汉语为母语的律师、一名总中文主任,以及约十名高级中文主任组成,而至一九八八年成立 BLAC 时,总共译竣的条例只有十七条,其中包括最重要的《释义及通则条例》《法定语文条例》及香港法例简称及引文在内。③ 这些条例,都是日后翻译其他条例的依据所在,因此,BLAC 成员必须小心翼翼、逐字审阅,以免中英文本之间出现歧义与差错。

---

① 本文乃大学资助委员会属下"研究资助局角逐研究用途补助金"拨款资助研究计划的部分成果。

② 见一九八八年十二月八日,双语法例咨询委员会记者招待会上委员会主席谢志伟博士讲话全文,页 3。

③ 见一九八八年十二月八日,双语法例咨询委员会记者招待会上委员会主席谢志伟博士讲话全文,页 1。

委员会审阅的内容,既涉及法律概念,也涉及语文规范。普通法能否以中文表达出来,换言之,植根于西语世界的一套法律规则,到底能否移植到中国文化的土壤之中而依然茁壮成长,运作如常,的确是耐人寻味的问题。由于委员会职责繁重,当时的八位成员既包括法律专家,也包括了语言学者。BLAC主席由行政立法两局议员谢志伟博士出任,在他的领导之下,成员包括法律学者陈弘毅教授、律师刘汉铨先生、大律师梁定邦先生、语言专家何文汇教授,以及金圣华教授,再加上律政署的张家伟先生(高级助理法律草拟专员),以及中文专员苗华安先生。

第一届委员会在成立之初,已订下工作大纲,预期于一九八九年内完成二十七条中译条例的审阅。当时的委员尚未真正体会到双语立法的难度与幅度。法律翻译犹如崇岭幽谷,越深入越感千回百转、错综复杂。为了一字一词的翻译,各位成员必须集思广益,往往搜索枯肠、绞尽脑汁,而始终不得要领;反复思考,不断推敲而仍然难下定论;勤于探究、多方查询而依然望洋兴叹。法律翻译之难,绝非三言两语可以概括。

由于普通法系中成文法中译的复杂程度,远远超越想象,因此委员会不得不调整工作进度。一九九〇年十月三十日起,BLAC除由谢志伟博士续任主席之外,成员人数增加至十四人,并由高级助理法律草拟专员严元浩先生出替张家伟先生,陈应保先生则出任秘书一职。其后,委员会的组织迭经变迁,有人因事忙而退出,有人因获邀而加入,终于分为A、B两组,交替进行会议,每一小组每隔一星期于星期六由上午九时工作至十二点半,务求全力加速审阅进度。其间B组继续由谢志伟主席主持会议,A组则由冼景炬博士代行主席之职。BLAC由一九八八年成立之初,至一九九七年五月结束之时,参与工作的成员甚众,即以中文专员而言,已先后有五位之多,而法律界人士及语言学家,则为数更多。这是一支阵容鼎盛的队伍,汇集香港法律、语言界的精英,而众人孜孜不倦,共同努力,历时八载半,方完成历史赋予的使命。

一九九七年五月,BLAC终于完成了庞大繁复的香港现行法例中译审阅工作,律政署依据BLAC的建议,先后出版两册英中法律词汇汇编,以便法律界和其他需要翻译法律的人士参阅采用，不过，其中某些词语的译法，却遭受猛烈抨击，认为译来佶屈聱牙，生硬不通，例如把英文"aircraft"(飞机)译为"航空器"等，委实令人费解。① 其实，法律翻译的确是一门大学问，每一词汇由英至中的转换，起码涉及法律、语言、翻译及其他方面四大原则，一词之译，必须考虑周全，思前想后，顾左盼右，方能下笔，所谓牵一发而动全身，诚非虚言。

香港一向奉行普通法，一九九七年回归之后，现行法律制度依然不变。而《法定语文条例》(第五章)自一九七四年二月十五日制定后，已确认中文与英文同为香港法定语文，但直至一九八九年四月，当局方开始以中英文同时草拟法例。由一九八九至一九九七，前后八年半就把所有法例的中译悉数完成，这可说是愚公移山式的艰巨任务，不论在世界各地，都史无前例，而在双语立法的过程中，既产生了种种难以攻克的关隘，又出现了许多曙光乍现的契机，因此，香港现行法例的中译过程，就成为一个极其重要并值得深入探讨的研究项目。

## 香港双语立法方案的探讨与研究

一九九八年，本文的两位作者，在参加并完成 BLAC 的工作之后，深感香港双语立法方案乃一项值得省思及探讨的研究项目，乃联袂向大学资助委员会属下的"研究资助局角逐研究用途补助金"提出研究计划申请。该研究计划以"香港法律中译之理论及语言问题：香港双语法例计划之档案整理与理论探究"为题，顾名思义，旨在探讨双语立法过程中，有关普通法中译时在理论及语法上所面临的种种问题。这项计划，决定先以香港现行法例第一章《释义及通则条例》为研究对象，理由是这部分条例和其他条例的性质不同，并不对人的权利和义务作出规定，而是对其他法例的解释和施行，订出共通的规则，并对出现于其他法例的一些词语加以

---

① 余锦贤. 律政署双语化向大陆司法部取经. 信报, 1996-01-11.

解释,因此概念性比较强,翻译起来值得研究的问题较多,也更有代表性和普遍性。第一章的主要目的如下:

1. 简化法例条文,避免重复。

2. 使各条法例中的形式与语言得以保持前后一贯。

3. 制定诠释规则,以厘清法例条文可能引起的歧义,从而确立条文的法律效力。

4. 订立关于公职人员、政府或公共机构合约、民事和刑事程序的一般条文。

由此可见,第一章与普通市民看似并无直接关系,然而却是阐释香港现有法例的关键所在,因而对司法界及各界人士皆影响深远。

第一章包含一百四十一个定义词,亦涉及大量专业及概念性的内容。有些条文采自一八八九年的英国释义法令。由于某些概念上的问题,以及最初草拟文献早已散佚,条例中某些条文的意义与目的,已不复可考,因而造成理解上的困难。尽管如此,第一章仍是以后各章的依据,而在第一章中决定的译法,一锤定音,必然成为贯穿全局的圭臬与准则,因此在翻译第一章时,必须额外审慎,极度认真,这也就是其他五百多条法例中译的源头与基石。

第一章的中译乃根据法律草拟科翻译法例所采取的准则而译出,该准则包括下列三项:

1. 一个语文本须正确反映另一语文本的意义;

2. 两个语文本的用语或形式应互相对应;及

3. 中文本须以良好,不流于俚俗的现代中文编写。①

其实,双语立法的问题远远超越语言的层面,因此研究计划的内容主要分为法律问题、语言问题、翻译问题,以及杂项等四部分。

法律问题又细分为:(1)立法背景及过程;(2)法律名词的法律定义或

---

① 见一九八八年十二月八日,双语法例咨询委员会记者招待会上委员会主席谢志伟博士讲话全文,页2。

解释;(3)日常用语的法定定义或解释;(4)日常用语的司法解释;(5)法律概念、法律规则及法律程序的阐释;(6)法律的诠释;(7)法律的不确定性等各项。

语言问题亦细分为以下各项:(1)中英语在词汇、句法及语意上的差异;(2)法律话语的特性;(3)社会因素对选词的影响;(4)语法名词的界定;(5)日常用语的定义和解释;(6)文体问题;(7)法律条文在不同语境下的解释。

翻译所涉及的问题自然最多,主要的项目有六:(1)词汇:包括法律专门名词及行内术语、日常用语、虚词、习语、专有名称等的翻译问题。(2)句子结构:包括中英语句法差异所引起的问题、复杂句子结构的分析和重组、语序的改动、句子结构的调整等问题。(3)方法问题:包括如何处理带有歧义或意义不明确的词语和句子、如何处理一词多义或同义、语意分析、创造新词的原则与方法、文体上的各种考虑等问题。(4)逻辑问题:包括语句间的蕴含关系、语义与语法间的关系等问题。(5)理论问题:包括立法意图、语意对等、概念差异、翻译原则、翻译评价等所涉及的问题。(6)参考资料的问题:包括翻译所依据的法律文献和其他的参考资料的适用性问题。

第四部分杂项包括 BLAC 的成立及组成、工作进度、对外联系及咨询等。

这些问题,彼此牵制,互相关联,因而形成了错综复杂、千丝万缕的局面,一名之立,又岂止踟蹰旬日!因此,在繁复的双语立法程序中,将各项问题分门别类,逐项追踪,再抽丝剥茧,理出头绪,应该是极有价值的工作。为了方便整理大量的文件和资料,我们设计了一个电脑程式,把各个问题的相关部分连接起来,易于检索追寻,可以看到各个问题的整个思考过程,以便进一步分析和探讨。

计划于一九九九年十一月一日开始,于二○○二年十月十五日完成,前后历时近三年。以下试举双语立法之中备受争议的几个例子,让读者认识到翻译过程中所涉及的各种问题。

# 法例中译的疑难与解惑

普通法中译过程之中,往往遭遇种种困难,兹将其面临的考虑因素、最后的定译及其所引起的影响剖析如下。

## 律师(solicitor)与大律师(barrister)的翻译

根据英国普通法,solicitor 及 barrister 皆为法律执业者,然而两者专注的业务范围有所不同。Barrister 不能直接与委托人接洽业务,必须通过 solicitor 的转介,方能行事,而 solicitor 则一般不一定就诉讼案件为委托人上庭辩护。在专业训练过程之中,solicitor 往往需要多一年或一年半的见习时间,方能全面正式执业。换言之,两者在法律界各司其职,平起平坐,并无高下之分。

Solicitor 及 barrister 于一九八九年前,在香港一向译为"律师"及"大律师",这种译法,在法律界固然由来已久,然而在一般市民心目中,却不时引起误会。有从事"律师"业务者,往往在工作多年后,遭亲友询问何时方能擢升为"大律师",因此,两者的中译,只不过是约定俗成而已,从翻译的角度来看,的确尚有商榷的余地。

一九八九年十二月一日,BLAC 在第三次会议时,讨论 Legal Practitioners Ordinance (Cap. 159)简称的翻译。律政署(法律草拟科)当时译为《法律执业者条例》。但"法律执业者"是个笼统的名称,其中是否包括"barristers、solicitors、legal officers、clerks (article)"等在内? 故必须进一步澄清,方能定名。在随后的两次会议中,BLAC 某些委员认为在 Cap. 159 之中,legal practitioners 只涉及 solicitor 及 barrister,故应改译为《律师及大律师条例》。但律师及大律师是否是 solicitor 及 barrister 的最佳译法? 这问题表面上似乎相当简单,实际上却涉及法律、语意及社会语言学等多方面的考虑。两词之译,就此展开了长达两年、涉及四十次会议的拉锯战,其经过曲折迂回,出人意表,但也确切反映出法律翻译的困难所在。

在第五次会议中,由于大律师公会代表认为 BLAC 在修改 barrister 的中译之前,必须先征询香港大律师公会(The Hong Kong Bar Association,以下简称 BA)的意见,一众委员认为这也是理所当然的做法,故决定中译名押后讨论,待征询 BA 意见后,方作定论。在随后数次会议中,都采取将该有关条例暂译为《律师及大律师条例》的办法。如此顺延至第十次会议,法律草拟科汇报 BA 主席表示 barrister 应维持原来"大律师"的译法不变,但仍有待其他会员的意见,才可决定。随后又延至第十五次会议,BLAC 乃决定催促 BA 尽快作答。至第十六次会议,BA 明确表示应维持原译不变,事情至此似乎告一段落,但 BLAC 委员会中的香港律师会(The Law Society of Hong Kong,以下简称 LS)代表却提出译名欠妥,虽由来已久,却正应趁 BLAC 探讨之时予以修正,并表示愿与 BA 交涉,以解决问题。

至 BLAC 第十七次会议,LS 代表报告将与 BA 安排会议协商。至第十八次会议(一九八九年十一月十一日),即 BLAC 成立后一年余,BA 与 LS 终于举行会谈。由于 BA 立场坚定,讨论不得要领,两会决定再定期洽商。至 BLAC 第十九次会议,BA 代表委员要求 BLAC 提供 barrister 及 solicitor 的正确译法,主席认为难以偏袒任何一方,遂决定留待两会自行商洽,取得协议。其后 BA 仍然坚持立场不变,直至 BLAC 第二十二次会议时,得悉 BA 及 LS 的全体执委将会商讨译名问题。至 BLAC 第二十三次会议,此时已踏入一九九〇年二月中,BA 及 LS 会员终于共叙商谈,但仍然没有结果。直至 BLAC 第二十六次会议,问题依然悬而未决。

一九九〇年四月七日,BLAC 召开第二十七次会议,由于问题长期延宕,法律草拟科认为"法律执业者"应界定为具备法律专业资格人士,并不包括 articled clerks 等人在内,故 The Legal Practitioners Ordinance 应可译为"法律执业者条例",而众委员也认为无妨,因此困扰多时的中译,似乎又回到第三次会议的议程上,在原地踏步。虽则如此:barrister 及

solicitor 的译名,仍然没有解决,BLAC 遂决定采取果断的步骤,分别致函 BA 及 LS,请两会及早提议合适中译,若逾期不复,则 BLAC 不得不自行决定译名。于第二十八次会议中,BLAC 委员审阅致两会函件草稿,于二十九次会议中,则获知函件已分致两会,并定六月六日为复函期限。

在一九九〇年五月一日发出致两会的函件中,BLAC 表示 barrister (及 counsel)的译名,LS 建议改为"状师",而 BA 则坚持维持原译"大律师"不变。由于两会相持不下,致使 BLAC 审阅现行法律中译工作受阻,故吁请两会及早回复作实。

BA 于五月二十四日复信,对于 BLAC 提议把 barrister 由大律师改译为"状师"的意见,表示强烈反对。该会认为:其一,"状师"一词为口语,有欠庄重典雅;其二,该词含有贬义,且"状师"至多表示为兴讼的律师,与 barrister 的业务性质不合。再者,如将 barrister 改译为"状师",则令一般市民误以为唯有 solicitor 才为法律执业者,因而与香港法律界的实际情况不符,有误导公众之嫌。①

LS 则于六月四日复信,信中认为香港当前对 barrister 的译法共有"状师""大状师"及"大律师"三种。假如 barrister 的译法采用"大律师",而 solicitor 沿用"律师",则令人误以为前者与后者有阶级之分,故建议 barrister 应改译为"状师",并基于四点理由:其一,"状师"一词已广为流传;其二,不会误导公众将 barrister 及 solicitor 两者的关系混淆;其三,不会混淆现有的译名;其四,获得 solicitor 的支持,而 solicitor 是 barrister 唯一可以一致地使用"状师"这个译名的委托人。此外,LS 并表示基于公众利益,长期以来将 barrister 误译为"大律师"的情况,实应及时加以改正。②

两会的复信,分别在 BLAC 第三十次及第三十一次会议中讨论,由于 BA 及 LS 两会就译名问题各持己见,于是在 BLAC 第三十二次会议中,BA 代表委员要求 LS 提出 solicitor 的另一译法,以免跟"大律师"一名并

---

① 见香港大律师公会一九九〇年五月二十四日致 BLAC 函件。
② 见香港律师会一九九〇年六月四日致 BLAC 函件。

列时,有上下等级之分。一九九〇年七月,BLAC 举行第三十三次会议,由于两会互不相让,而 BLAC 又不便偏袒任何一方,于是建议"律师"一词既为通称词(generic term)则不如将 barrister 及 solicitor 分别译为"讼务律师"及"事务律师",以表明两者业务范围之别。委员会决定之后,分别请 BA 及 LS 两会予以考虑。

在 BLAC 第三十四次会议上,得知 LS 表示若 BA 同意将 barrister 译为"讼务律师",则该会亦赞同将 solicitor 译为"事务律师",但 BA 表示虽可接受"律师"一词的 prefixes,但希望保持"大"字为前缀词。此时,律政署建议 BLAC 最终可自行决定合适的中译,而毋需理会两会之间的争执,但最后决定仍未达成。

至 BLAC 第三十九次会议(一九九〇年十二月二十九日),委员会组织更改,由于有不少新成员加入,因而分为 AB 两组,当时大家一致通过"讼务律师"及"事务律师"的译法。主席提出将过去两年审阅的条例送交行政、立法两局通过作实,而 BA 及 LS 任何一方若对 BLAC 的提议有异议者,可向立法局提出申辩。至一九九一年一月七日,新 BLAC 第二次会议中,barrister 及 solicitor 的新译,终因 BA 坚持旧译而搁置,而"大律师"与"律师"的原译亦自此保留迄今。

从这一场长达两年、经历四十次会议的 barrister 及 solicitor 译名之争,可见法律翻译一旦涉及语言使用者的复杂因素,便非纯然是翻译或法理上的问题。例如 BLAC 的 LS 代表委员即曾经指出,将法律执业者分为 barrister 及 solicitor 两者,只是英国法律制度的惯例,由香港沿袭,其他地区对这种情况却不大认识,例如某次"中华全国律师协会"致函 LS 时,就曾经称之为"香港小律师公会"[①],由此可见,对 barrister 及 solicitor 两者性质及地位的误解,并非一般平民百姓为然。尽管如此,barrister 及 solicitor 的中译,最后依然保留旧译。法律翻译的背后,的确包含着许多错综复杂的社会因素。

---

① 见 BLAC Paper 3/90-91-Translation of "barrister" and "solicitor"。

## "Obscene"一词的翻译

在 BLAC 第三次会议中,委员须审阅"Control of Obscene and Indecent Articles Ordinance"(Cap. 390)名称的中译。法律草拟科原译为"管制色情及不雅物品条例",因有法律专家对 obscene 一词译为"色情"提出质疑,故押后讨论。在第四次会议中,委员评论"色情"两字,不能充分表达出 Cap. 390 之中所涵盖有关行为的定义,故请法律草拟科再次详议。至第六次会议时,法律草拟科草拟专员汇报已详细研究 Cap. 390 草拟的程序与因由。该条例于一九八七年通过立法,起因在于当时色情刊物充斥市面,引起公众关注,因此在法例中故意援用 obscene 一词,取其涵盖面广,可以概括各种色情出版物在内之义。专员并认为 obscenity 一词,已在该条例之中明确阐释,即包括"violence""depravity"及"repulsiveness"三重意思,故中译为何,并不重要。再者,中译名称自一九八七年起已经采用,香港市民对此既无误解,亦不曾产生任何理解上的困难,然而法律专家对此却不表认同。

该名法律专家认为 obscenity 之中,包括暴力(violence)的含意,这层意思并不能以"色情"两字概括之。Obscene 一词在字典中译为"猥亵"或"淫亵",相较之下,"色情"两字太轻描淡写,不能充分展现出 Cap. 390 中原意所欲表达的违法行为。BLAC 委员随后详细讨论"色情""猥亵""淫亵"三词语意、语感的分歧,以及指涉内容的不同等,结果认为难以找出一个单词来表达 obscene 的多重意义。有委员认为"猥亵刊物"之说,合乎中文语法,"猥亵物品"一词则不合中文的惯用法,因此,若采用"猥亵"一词来译 Cap. 390 之中的 obscene,则会在语言层面上,遭遇极大困难。委员又认为"色情"一词,如用于"色情场所",译成英文,应为 vice establishment 或 sex joint,而非 obscene establishment。经过长时间讨论,并听取法律专家及法律草拟科草拟专员双方的意见之后,众委员认为以"色情"两字译 obscene 并不妥当,然而接受法律草拟科意见,认为既然政务科乃负责执行审检 obscene and objectionable publications 的机构,则 BLAC 须向其征询有关意见,方可决定如何中译。

在 BLAC 第七次会议中,主席及 LS 代表委员皆认为"淫亵"两字,足以表达 obscene 之中所包含的内容,中文一向有"淫威"一词,表示使用"暴力",故引申之,可用以翻译 obscene,且合乎英汉词典的一贯译法。至此,大部分委员同意 Cap. 390 简称之中 obscene 一词,应由"色情"改为"淫亵"。

然而,中文专员却认为"色情"一词,与"淫亵""猥亵"属于同一类词,三者皆指称不道德的行为,但既然三者的涵义,在中文里难以分辨,现在骤然将 obscene 一词改译,社会人士未必明白底蕴,再者若改为"淫亵",则今后"色情刊物"是否属于 Cap. 390 管制范围,诚属疑问,故改译一事,可能造成执法混乱的不良影响。

另一法律专业人士提出,除了从语言角度考虑之外,委员应首先顾及政府政策问题,若将 obscene 改译,弃"色情"两字不用,则 BLAC 应先向政府当局详细解释原译在语言上的不妥之处,并要求当局就政策层面再对该事件作出详细及全面的指引。亦有委员指出一词之译,亦必须考虑其文化涵义及社会接受程度,例如 obscene 一旦改译为"淫亵",则 Obscene Articles Tribunal 即由现有的"色情物品审裁处"改名为"淫亵物品审裁处",乍看之下,易令人反感。由于以上种种因素,BLAC 决定将 obscene 一词的翻译,押后再议。

在 BLAC 第八次会议中,主席指出会前已将有关"色情""猥亵""淫亵"及"淫威"的词典释义资料提供各委员参阅,故希望 obscene 一词的中译,能尽快在会中解决。

中文专员请委员在讨论之前,先参阅一九八九年三月八日,政务科于立法局就有关"色情物品审裁处"的提问所作的答复。复文第一段指出审裁结果,显示该处对 obscene 或 indecent 的认识,毫不含糊,因此,虽然根据词典的翻译 obscene 为"猥亵"或"淫亵",但目前并没有将 obscene 的中译"色情"改变的必要。再者,既然目前仍然找不到一个真正贴切的译法,可将 obscene 中包括的 violence 一义表现出来,则不宜改译。

　　另一方面,在第七次会议中,BLAC 委员赞同将 obscene 译为"淫亵",因其可由"淫威"一词引申,然而根据字典的解释,"淫威"乃 despotic power 而非 violence 之意,故"淫亵"两字,并不适用。中文专员并指出《六法全书》"刑法"第二百二十四节之中,"猥亵"一词,只与行为连用,不涉其他,故不宜用来翻译 obscene。另一边厢,法律专家则援引《六法全书》"刑法"第二百三十五节,指出"猥亵"一词,可以与行为及出版物连用。此外,若将 obscene 由"色情"改译为"猥亵",并不会引致法律漏洞,因为在该法例中,已确切列明出版"色情刊物"为违法行为。

　　BLAC 成员大致认同以"色情"翻译 obscene 并不合适,从语言角度来看,应以"猥亵"或"淫亵"取代之,而两者之中,以"猥亵"为宜,因为该词含有"不道德"及"堕落"两重意义。委员会随即对修改译名可能引起的种种影响深入探讨,认为并无值得忧虑之处。因此,决定将 Cap. 390 改译为《管制猥亵及不雅物品条例》。然而为审慎起见,仍然要求法律草拟科对该条中有关"色情"一词出现的语境,逐点研究,以供下次会议审阅。

　　BLAC 第九次会议之中,法律草拟科草拟专员汇报 Cap. 390 中每一涉及 obscene 之处,"色情"两字皆可以"猥亵"或"淫亵"取代,而法律含义不变,法律草拟科认为"淫亵"两字较合宜,委员经讨论后同意此说,但认为最后译名仍须与当局商讨。

　　如此经过三次会议的时间,至 BLAC 召开第十三次会议,终于等到政务科答复,表示不反对 BLAC 之建议,即将 Cap. 390 的简称改译为"管制淫亵及不雅物品条例",但是该建议应待 Cap. 390 修订有关 articles 的定义之后,方可实施。BLAC 委员询问何时 Cap. 390 方作修订,法律草拟科草拟专员表示草拟科尚未收到任何有关修订的草拟委托书。有鉴于此种不明朗情况,BLAC 成员认为 Cap. 390 简称一待所有法例简称都已确定之后,即应及时考虑并加以确认。

　　Obscene 一词的翻译,前后经历十一次会议,自一九八九年一月十二日至七月二十二日,历时半载,方告一段落。原因是该词的中译,涉及上述翻译问题中多个层面,不得不小心从事。

### Person 的翻译

在 BLAC 第五次会议中,讨论 Cap. 1 第三条中有关 person 一词的翻译,当时的中译为"'人''人士''个人''人物''人选',包括法团或并非法团组织的任何公共机构和任何人众团体"。由于 person 一词经常出现于其他条例之中,故其中译应包括所有涉及"人"的译法,不可遗漏。

当时委员对 person 的译法,提出了许多意见。首先询及"人选"一词是否合适,法律草拟科的草拟专员指出在《申诉专员条例》中提及 suitable persons 为委员会成员时,必须译为"人选",而非译为"人"。其次,BLAC 委员要求对"人众团体"一词再行研究。至第六次会议,委员会决议将"人众团体"改译为"众人组成的团体"。暂时看来,中译似乎不成问题,谁知等到 person 一词出现在其他法例中时,情况就变得复杂了。

BLAC 在第十九次会议时,讨论 Cap. 1 第八十四节有关"董事等的责任"的内容。当时法律草拟科的译本为"凡一间公司犯了任何条例下的罪行,一经证明罪行是得到公司董事或与公司管理有关的其他要员同意……则该董事或委员亦属犯了该项罪行"。当时,有法律专家指出该条文原文中 a person by whom 一项,未在翻译本中显示出来。法律草拟科草拟专员则表示已向律政署检控组请教,认为既然该条文原意涉及公司罪行,则不必将原文的 a person 翻译出来。经详细讨论,BLAC 成员认为原译应改为"凡犯了任何条例内的罪项的人是一间公司",以求在法律含义上正确无误。

在第二十一次会议上,有语言学者指出"凡犯了任何条例内的罪项的人是一间公司"一句,在逻辑上及语意上难以理解。草拟专员承认此句行文不顺,但若参阅 person 一字的定义,当可明白指涉为何。语言学者提议将翻译改为"凡犯了任何条例内的罪项的不是个人而是一间公司",主席亦提议改译为"凡犯了任何条例内的罪项的人是指一间公司",至此,各委员决定押后再议。

在 BLAC 第二十二次会议中,法律草拟科草拟专员表示经再三考虑,认为上述语言学者的提议虽然行文较顺,但不能带出条文中强调的"人"的观念,故不适用;主席亦表示其本人所提的译法多出一个"指"字,可能增添不必要的歧义。经详细讨论,委员会决定维持"凡犯了任何条例内的罪项的人是一间公司"的译法。

上述译法,跟翻译 obscene 一样,同时涉及翻译问题中多个层面,故虽然译文佶屈聱牙,但为了维系确切的法律定义,"行文流畅"只好让路给"概念正确"了。

### "Hotel Proprietors"的译法

BLAC 在第四次会议讨论"Hotel Proprietors Ordinance"的中译"酒店东主条例"时,有委员指出"东主"两字为古词,如今在内地及台湾已改用"所有人",至于 ownership,则译为"所有权"。法律草拟科草拟专员认为采用"东主"两字,可以涵盖一切可能出现的语境,而"所有人"在某些情况下并不适用,其他成员则认为"东主"两字确实予人陈旧之感,故建议另译。

在第五次会议中,法律草拟科经查阅《最新林语堂汉英词典》及《刘氏汉英辞典》后,发现没有"东主",而有"店东"一词,故建议以此取代"东主"的译法。有位语言专家却认为"酒店店东"一词,从语言角度来看,并非最佳译法,此外,既然坊间有"东主有喜"的说法,委员实应从《中文大辞典》中查探"东主"两字的起源。

在 BLAC 第六次会议中,中文专员分别从《中文大辞典》(4730、6989页)、《辞海》(108、109、1949页)及《林语堂当代汉英词典》(8、893页)中查阅"东主"及"店东"的定义;并从《六法全书》(62、701页)、《郑竞毅:法律大辞书》(710页)及《英汉法律词典》(596、667页)中查阅"所有人"的定义。结果得知"东主"意谓"主人",早于《文选、潘岳、西征赋》中就已有出处,而"店东"则为"店"及"东"两字的复合词,与"店主""店小二"等词情况相仿。而根据《林语堂当代汉英词典》,"东家"包括多重意思:(a) landlord house-owner；(b) the person whom one serves as tutor, secretary or domestic help；(c) eastern neighbor。故此，"东主"及"店东"皆为 proprietors 的合适译名。

至于内地及台湾采用的"所有人"一词，则与"所有权"(ownership)一词紧密相连。虽则"所有人"一词似较"东主"显得现代化，但在香港并不通用，且"酒店所有人"的说法，在某些情况下可能引起误解。当然，假如"所有人"一词已获广泛采用，则又当别论。故委员可考虑是否采用"所有人"的译法。

BLAC 委员在探讨 proprietor 一词在法律上的定义时，发现该词并无指明到底是跟 ownership、management right 还是 land entitlement 有关。从语言的角度来看，"东主"一词虽较为古典但仍然通用，而"所有人"一词虽较为现代(第一次在一九三〇年出版的《六法全书》中出现)，然而在香港却较为罕见。众委员认为两者皆可显示 Cap. 158 中 proprietor 一词所欲表达的意思，从法律用语的观点来看，有人喜欢采用"所有人"，从语言角度来看，有人则喜欢采用"东主"的译法。经详细讨论后，委员最后决定原译"酒店东主条例"维持不变。

Cap. 158 的中译，看似简单，但涉及日常用语的法定解释，普通法，中文及英语的词汇结构，选词的社会语言因素，法律语境，社会语境，语意分析，以至法律参考文献等多个层面，故翻译时顾虑甚多，不能掉以轻心。

### "Attempt"的翻译

在 BLAC 第八次会议中，委员审阅 Cap. 1 第三节的中译，其中第三行 attempt 一词，译为"企图"。当时有委员指出 attempt 在普通法中，显然指一项"行动"，而不是指"意图"，故译成中文"企图"两字，似不合宜。当时查阅 *A New English-Chinese Law Dictionary* 及其他参考书，发觉 attempt 一般译为"未遂罪"，委员认为"未遂罪"从字义来看，与普通法之中 attempt 的含义相近，然而 attempt 一词在 Cap. 1 中多处出现，时而为名词，时而为动词，译来必须审慎，故请法律草拟科委员对该词进一步研究。

在第九次会议中，BLAC 委员对"企图"一词在中文的含义详加探讨。委员发现"企图"两字可在《现代汉语词典》及《汉英词典》查得，在《辞海》及《辞源》中却不见，因而可能是一个较为现代的用语。《中文大辞典》中虽包括"企图"一词，然而并无指明出处，可能是由英语翻译而来。委员会中的语言学者皆认为中文"企图"两字是指"意念"，"企"即"望"也，"图"即"谋"也，两者合一，则表示"希望与图谋"之意，因此分明与人的"意念"有关。而"企图"亦可解释为一个人之所以"行动失败，乃因其图谋始终留在脑海未付诸实行"。法律界委员指出目前内地及台湾，皆以"未遂"或"未遂罪"来翻译普通法系中 attempt 一词，可见译为"企图"并不合适。法律草拟科的代表却持不同意见。他们表示普通法中 attempt 的概念与内地及台湾所了解的"未遂罪"并非完全相等。首先，attempt 与"未遂"的分别是强调了犯罪行为不同的方面。attempt 着重尝试，尝试的结果可以成功，也可以不成功，而"未遂"却侧重犯罪目的没有达到。其次，根据中国刑法，"犯罪未遂""犯罪预备"和"犯罪中止"都属罪行范围，但在普通法中，attempt 与 preparation 却是一个罪行与非罪行的问题，因此，把 attempt 译为"未遂罪"，很容易使人产生误解，以为普通法的"未遂罪"是和内地刑法的"未遂罪"意义相同。况且，从词典所举例子看来，"企图"的含义并非仅指"意图"，亦包括"行动"在内。经详细讨论，众委员认为 attempt 一词涉及刑法，故应特别谨慎小心，必须寻找一个贴切妥当的中译，方能表达普通法中的概念。委员会遂决定进一步探讨"未遂罪"是否能恰如其分表达 attempt 的意思。

在第十次会议中，经详细考虑，法律草拟科表示"未遂罪"与普通法中的 attempt 一词并非完全吻合，而一方面委员会又未能找到另一贴切妥当的中译，故最后决定仍然采用原译"企图"，法律界委员指出，既然 attempt 一词在普通法中是个十分专业性的词语，且法律界人士在执业时必将以无数判例法（case laws）作为参考，故问题不大。最后 BLAC 成员决定 attempt 一词维持原译"企图"不变。

Attempt 一词的翻译，涉及普通法概念的解释、法律的不确定性、选词的社会语言因素、法律专门名词的翻译、概念差异、语意对等等多个范畴，且在 Cap. 1 中经常出现，故翻译时必须审慎从事。

# 结　论

在 BLAC 长达八年半的普通法中译审阅过程中，所遭遇的疑难与困惑，无日无之，以上所举，只不过是几个较为典型的例子而已。不论来自政府或民间、法律界或学术界的委员，对双语立法的工作，皆孜孜矻矻，全力以赴。一字一词的中译，均多方查考，翻阅各种词典或参考资料，并向各有关机构广泛征询意见，始下定论。尽管如此，所得的成果，尚未臻完善：一方面固然因为法律翻译必须以含义精确为主，行文畅顺为辅，有时往往会顾"形"失"神"，而未能两者兼备；另一方面，也因为一般大众对双语立法的程序认识不足，如前文所述 aircraft 一词，若径译为"飞机"，根本毫不费力，何需大费周章，但 BLAC 委员在第十次会议中，讨论 Cap. 1 第三条中译时，发现该词意指"任何可凭空气的反应而在大气中获得支承力的机器"，而根据一些国际公约，如中华人民共和国签署的《芝加哥公约》，应译为"航空器"，然"航空器"的说法在香港不常用，经与民航局商讨后，在第十一次会议中，才把 aircraft 改译为"飞机""航空器"，两词并列，以存其真。由此可见，一名之译，不论理想与否，背后皆由多种因素促使而成，因此，BLAC 成员不能也不必偏重某些因素，而必须面面兼及，方不致顾此失彼。

香港的双语立法是一项史无前例的庞大工程，能亲历其境，参与其事，的确是难得的经验，弥足珍贵。谨将浅见陋识，略陈如上，以求教于法律界及翻译界的专家与先进。

（本文初稿承蒙孙卫忠先生审阅订正，谨此致谢。孙先生从事双语立法工作多年，对推动香港的法律翻译和法律中文，贡献良多。）

第二辑

# 论名家翻译

# 傅译《高老头》的艺术

　　傅雷毕生致力于法国文学的翻译，数十年中完成的译作共五百余万言，其中绝大部分是巴尔扎克的作品，而传世的十四部巴尔扎克作品中，又以《高老头》(*Le Père Goriot*)用力最深。这部作品，傅雷前后共译过三次：最初由上海骆驼书店出版于 1946 年；其后于 1951 年改译，由上海平明出版社出版；至 1963 年，又再全盘重译，由北京人民文学出版社出版。如今《傅雷译文集》中所收的，就是 1963 年的重译本。

　　1979 年，在一次香港翻译学会举办的午餐例会上，宋淇先生以"傅译《高老头》"为主题，作了一次讲演。当时"文革"刚过，傅雷的次子傅敏从内地来港，转赴英国去会晤兄长傅聪。宋淇先生是傅雷的好友，在接待故人之子的同时，也想起故友在翻译上的辉煌成就，于是就以"傅雷译品的代表作《高老头》"为题，把这位翻译大家艺术的精辟之处，介绍给学会的会友。记得当时的我，听完演讲之后，深受感动，对傅雷翻译态度的严谨与执着，尤其钦佩，因此，在心中播下种子，巴尔扎克的中译，尤其是傅雷的译本，就成为不久之后，我到巴黎索邦大学进修时的研究专题。

　　在索邦数年，最幸运的是能够亲炙当今巴学权威卡斯泰格斯先生 (P. G. Castex) 及昂布依埃尔夫人 (M. Ambrière-Fargeaud) 的教导。这两位名教授，是巴尔扎克学会的中坚分子。由于他们的推介，我得以在巴学宝库罗旺茹尔图书馆中翻阅及搜集一般人看不到的宝贵资料，包括巴尔扎克的多种手稿，以及其他有关的参考文献，因而对巴尔扎克原著能有更进一步的了解。

另一方面,正当我在巴黎研究时,傅敏已经到了伦敦。1980 年 2 月,经宋淇先生介绍,我到伦敦傅聪寓所造访。当时承蒙傅聪、傅敏热诚接待,两人放下繁忙的工作,为我提供了许多宝贵的资料。傅聪更慨然借出市面已经找不到的多种傅译版本,因此,我不但能够得到《高老头》的三种译本,还看到傅雷最后一次重译时的手稿,从而窥见译者在漫漫译途上字斟句酌的艰辛。

常感到严肃文学作品的译者,犹如一个孤独的征人,长年累月默默踯躅往返于两个不同的世界,风餐露宿,备尝辛酸,而这两个世界之间的文化差距越大,译者所受的苦楚也就越深。我自己译过经典名著,对个中甘苦,深有体会。如今因缘际会,在巴尔扎克名著《高老头》中译的过程中,一端能有幸进入原著的殿堂,窥其奥秘,另一端又有缘追随译者的心路历程,亦步亦趋,不可不说是一种难得的经验。因此,就在此尝试以纵、横两方面,剖析傅译《高老头》的艺术,若能把傅译精要之处,表达一二,则可算是我对文学翻译漫长道路上的独行征人,所能表示的一点敬意与支持。

一

巴尔扎克可说是现代现实主义小说的先驱,他在二十年的写作生涯中,写出了结构繁复、气魄宏伟的《人间喜剧》,这部巨构,不愧为十九世纪法国社会最忠实的写照。巴氏原意要写一百四五十部小说,结果英年早逝,只完成了九十多部,但也已经数目惊人了。

这九十多部小说是互相紧扣、彼此关联的,其中描绘的人物共有两千四百多名,全都栩栩如生,呼之欲出;而人物之中的主要角色,又在不同的小说中,从不同的角度以不同的面貌一再出现,这种“人物再现”的手法,就是从《高老头》一书开始的。因此,《高老头》可说是《人间喜剧》的序幕,换言之,《人间喜剧》这座辉煌巨厦,实奠基于《高老头》一书。①

---

① 黄晋凯. 巴尔扎克和“人间喜剧”. 北京:北京出版社,1981:85-86.

《高老头》的故事发生于 1819 年底至 1820 年初之间。面粉富商高里奥年老告退,把毕生积蓄奉献给两个掌珠阿娜斯大齐及但斐纳作为陪嫁,以便女儿能嫁入豪门,飞上枝头作凤凰,自己则搬到下等公寓(伏盖公寓)中去,准备以余款克勤克俭地安度晚年。公寓中住满了三教九流的人物,既有穷学生拉斯蒂涅克,又有逃犯伏脱冷。故事以高老头遭受忘恩虚荣的女儿背弃及拉斯蒂涅克以种种手段向上流社会进军为平行主线,两条主线交叉进行,再穿插伏脱冷及鲍赛昂夫人等角色,演变出种种错综复杂的情节。高老头不满小女儿受到夫婿纽沁根冷落,努力撮合女儿与拉斯蒂涅克的恋情;拉斯蒂涅克则在巴黎上流社会中穿插交际,逐渐丧失青年人的纯洁与真挚,尝透人间的冷暖与无情。故事发展到末了,高老头的两个女儿不顾老父的死活,把他最后的积蓄也榨取殆尽,老人终于一病不起。送葬时女儿不曾露面,只有拉斯蒂涅克一人,直送到巴黎东郊的拉希公墓。

由于《高老头》情节复杂,人物众多,所以在剖析傅译《高老头》的艺术之前,首先有几点技术上的困难,需要解释一下。《高老头》是用法语写的,而一般中国读者不谙法语,但为了印证傅译的精确与传神,有时又不得不引述原文,实在叫人煞费思量。好在有译界高手杨绛讨论翻译的文章《失败的经验》可以作为借鉴。杨文提到《堂吉诃德》的中译,原文是西班牙文,但为了方便读者,讨论时不引原文,本文亦希望做到这一点——如非必要,不引原文。此外,除了傅译之外,*Le Père Goriot* 另有一个译本《勾利尤老头子》,由穆木天翻译,于 1951 年由上海文通书局出版。凡是不辞劳苦、不畏艰辛将外国名著译成中文的译界先进,我全都心存敬意,此处引述比较,纯然是基于实际需要,作为学术上的讨论之用。

以下尝试从纵横两面,对傅译《高老头》的艺术,逐一剖析。在分析过程中,凡引述傅雷译文时,分别以(F1)(F2)(F3)表示先后出版的三种译本(即依序为 1946 版、1951 版及 1963 版);至于穆译本则以(M)表示。为节省篇幅,引文不分别注明页数。

## 二

首先,我将尝试以纵切面来剖析傅雷的翻译技巧。基于《高老头》一书的特色,我会从专有名词、人物称谓、动物隐喻及场景描绘四方面来谈傅译的精要之处。

### 专有名词的翻译

通常分析一部译作的优劣时,开宗明义第一件事,就会注意到作品中专有名词如人名、地名的翻译是否妥帖恰当。而书名的翻译,更是译者最见功夫的地方。

*Le Père Goriot*,如前所述,共有两种译本:一种是傅译的《高老头》,一种是穆译的《勾利尤老头子》。《高老头》简洁了当,读起来容易上口;《勾利尤老头子》则相当绕口,读者看了不容易记得,这是纯然从文字表面上看得出来的分歧。目前中国内地翻译文学作品的译者,多喜欢采用直译的办法,即所谓"直译书名",例如把 *A Farewell to Arms* 译作《再见吧武器》,把 *The Great Gastby* 译作《大人物盖茨比》等,原有的译名如《战地春梦》及《大亨小传》,其实已经是译名中的经典杰作,译者弃之不用,另起炉灶,除了表示译本是全新的之外,大概并无其他的好处!

其实,书名的翻译谈何容易,原作者写书时,多半是用尽心思来构想书名的,书名用得好,往往有画龙点睛之妙,译者翻译时,岂可草草把原名直译了事,更何况书名往往包括诗句、引言、成语、经文、典故、隐喻、特殊形容词等复杂因素在内,真要"直译",可也不是一件简单的事!

一般论者不明白这种道理,还以为按原著搬字过纸,就是直译,就较为准确,于是批评道:"直译,是以准确还是以通俗为标准? 如果拿准确来要求,那么巴尔扎克的《老戈里奥》(或《戈里奥老爹》)就不好译为《高老头》。"①这种说法,其实是对法文原意缺乏了解所致。

巴尔扎克的原著是 *Le Père Goriot*,"Goriot"是个姓,直译为"高里奥",十分简单,问题出在"Père"这个字上。"Père"一字,即"父亲"之意,但是一旦冠在姓氏之前,就多数用来指称一个上了年纪、但是由于社会地位低微而不值得尊称为"monsieur"(即"先生")的人,这称呼正好跟中文的"老头"不谋而合。巴尔扎克的作品,对这个称呼的运用,十分微妙。另一部小说《欧也妮·葛朗台》中,那位著名的守财奴葛朗台最初被人称为"Père",发迹以后才让人改称"monsieur",②而高里奥则正好相反,由"monsieur"降为"Père"。傅雷精通法文,他的译名不但精确,而且传神。一般人不知就里,以为"高老头"的译名比较"通俗",实在是一种十分荒谬的说法!傅雷对自己的译作,审慎认真得近乎固执,他为了解释自己译作书名翻译的由来,曾经一而再、再而三地在弁言及序言中向读者交代。③傅雷可说是一个最不肯媚俗的译者!

除了书名,《高老头》中另一个精彩的译名是书中逃犯 Vautrin 的中译。这一名在书中举足轻重的人物,傅雷译为"伏脱冷",因为他"潜伏"在伏盖公寓中,隐姓埋名,其实是一个自监狱"逃脱"的江洋大盗,本性"冷酷"而阴沉。这"伏脱冷"三字,音义兼顾,把角色的特性,精确巧妙地勾画出来了。穆的译本,把 Vautrin 译为"吴特兰",平平无奇。巴尔扎克非常喜欢 Vautrin 这个角色,在《高老头》中着墨很多,仍然意犹未尽,另写了一

---

① 曹聪孙. 关于翻译作品的译名//罗新璋. 翻译论集. 北京:商务印书馆,1984:994.

② Valikangas,O. *Les terms d'appellation et d'interpellation dans La Comédie humaine d'Honore de Balzac*. Helsinki:Société Néophilologique,1965:295-296.

③ 傅雷在翻译另一部巴尔扎克的名著《贝姨》(*La Cousine Bette*)时,足足写了长达两页的弁言来解释译名的由来,最后总结道:"对小姨子称为姨,对姨母称为姨,连自己的堂姊姊也顺了丈夫孩子而称为姨,一般人也跟着称姨,正是顺理成章,跟原著 Cousine Bette 的用法完全相同。"(见:傅雷. 傅雷译文集:第 5 卷. 合肥:安徽人民出版社,1981:6.)

个剧本,以 Vautrin 为名。陈学昭译成中文时,书名是《伏德昂》①,以"德""昂"二字翻译这个逃犯,而 Vautrin 本人又并非如罗宾汉一般的侠盗,名不符实,实在有欠妥帖。

《高老头》中地名的佳译,则首推书中的场景"伏盖公寓"了。Maison Vauquer 是一家下等公寓。这家公寓阴沉沉,灰蒙蒙,里面有"一种闭塞的、霉烂的、酸腐的气味,叫人发冷"(F3)。公寓中的房客品流复杂,大家蛰伏一处,因此,以"伏盖"为名,也是音义兼顾的佳作。其实,傅雷翻译时,一向十分注意地名的翻译,他在翻译巴尔扎克另一作品《欧也妮·葛朗台》时,就对书中小城 Saumur 的翻译,用了一番心思。欧也妮是小城的闺秀,与远道来投靠的表兄相恋,谁知后来表兄忘恩负义,远走他乡,让可怜的姑娘长守空闺,终老小城。这本书是巴尔扎克作品中最早译成中文的长篇,②中译的版本很多,穆木天与高名凯都曾翻译此书,小城的译名是"苏缪尔",傅雷则译为"索漠",书中女主角像空谷幽兰,其内心的空虚寂寞,在小城译名的衬托之下,更觉明显。

一个译者翻译的功力如何,往往在一个地名或人名的翻译中,就可见端倪。其实专有名词的翻译,是文学翻译中的重要环节,最近不少译者翻译外国名著时,看到人名地名,不管三七二十一,一概照着国内出版的种种"译名手册",见招拆招,手起笔落,译起来快捷方便之至。这种做法,其实最适合新闻翻译,文学翻译是否该把专有名词的译名一律统一,而不顾及全书背景气氛的营造、人物性格的勾画,以及角色形象的描绘等重要因素,实在值得商榷。

## 人物称谓的翻译

《高老头》中包含了许许多多的称呼与称谓,翻译起来,最考功夫。原因是这本书是双线发展的,既是一幅上流社会的浮世绘,也反映出下层社

---

① 巴尔扎克. 伏德昂. 陈学昭,译. 上海:上海文化出版社,1950.
② 中译出版于 1936 年。此书亦是最早译成日文的长篇,出版于 1913 年。

会的众生相,其间以拉斯蒂涅克在两种社会中往返穿插。这个涉世未深的年青人,忽而似贵介公子,忽而似穷苦学生,身份时高时低,而他面对不同的对象,必须以不同的口吻说话,以不同的称谓与各式人等交往。

拉斯蒂涅克初次到上流人家去串门子时,心里洋洋自得,以为有两家会好好接待他,从此就可以攀龙附凤,扶摇直上,谁知事与愿违,因为在称谓上犯了两个大错:第一家拜访高老头的大女儿特·雷斯多伯爵夫人,误把高里奥称为"老头";第二家拜访远亲特·鲍赛昂子爵夫人,见面时误把"夫人"称"表姊"。由于这两个错误,玲珑剔透的青年人马上学了乖,以后进出社交场合,就晓得恰如其分地称呼对方了。我们且看拉斯蒂涅克向高老头的小女儿特·纽沁根夫人进攻时,口气就完全不同了。年青人提到自己是高里奥的邻居,刻意把高里奥称之为"monsieur votre père",这是一种相当尊重的称呼,是法文特有的方式,如果直译为英文,就变成Mr. your father,由于英文中没有这种表达方式,企鹅出版社出版的英译本只好译为"I am a neighbour of your father's",完全译不出原文中那种刻意表示尊敬,以讨好女方的意图。傅雷不译成"我是你父亲的邻居",而译为"我是令尊大人的邻居"(F3),就相当贴切了,类似在称谓上要求讲究之处,多不胜数,傅雷在译本中十分着意,尽量译成合乎体统的说法,例如令岳、尊翁、老丈、部长大人阁下、令伯亲、令伯祖等。

原文除了角色之间关系错综复杂之外,第二人称的特殊用法,亦增加了翻译的困难。法文中的第二人称分为两个,即"vous"与"tu",乍看之下,似乎跟中文的"您"与"你"正好相似,实际上却似是而非,两者之间存有许多微妙的不同之处。

"vous"跟"tu",在法语的发展中历史悠久。法国人与他人初初相识时,彼此必定以"vous"相称,日子久了,友谊渐进,才改称"tu"。此外,一家人不论长幼,因为关系密切,也多数以"tu"相称,但有些规矩严谨或门第较高的家庭,父母子女之间,仍然是以"vous"来相称的。相反的,年轻人个性开朗,不拘形式,往往一见面就彼此以"tu"相称。由此可见,法国人用"vous"与"tu"的场合,与中国人用"您"与"你"的场合,不尽相同。

巴尔扎克是个善用语法中不同人称的高手。他在营造情节气氛、塑造角色性格时,善于掌握不同的社会及心理因素在语言中表达出来的相互影响,这一点,由他选用"vous"跟"tu"的称呼,以表现角色之间相互关系的微妙转变,就可见一斑。①

"vous"跟"tu"的分歧,一旦法译英时,就消失不见了。英译时全部变成了"you",表面上似乎一切问题都得到解决,其实却把原著的奥妙精要之处,全都一笔勾销了,至于译成中文时又如何呢?

穆木天在译作《勾利尤老头子》中,曾对"vous"与"tu"的用法,作出了解释。他说法文的"vous"正好等于中国的"您","tu"则正好等于"你",所以在翻译时,会采用前后一贯的方式来处理这个第二人称的问题。②

穆木天虽然了解到法文第二人称翻译时的问题所在,可惜他采用的解决方法,是全盘错误的。目前国内有许多翻译法国文学作品的译者,仍然沿用旧习,不分青红皂白地把"vous"与"tu"用"您"与"你"来翻译,按这种译法,主人称呼仆从,也得"您"前"您"后了。傅雷的译法就不相同。

傅雷对"vous"及"tu"的译法,也不是一开始就了然于胸的。在第一次翻译"高老头"时,大部分"vous"出现的地方,也是毫无分辨的一概译成"您"的,连伏脱冷教训拉斯蒂涅克的片段也"您、您"之声不绝。到了第二次再译时,这种错误已经小心谨慎地改正了。这种一丝不苟的"经营",我们可以从以下一个例子中,得到证明。

但斐纳与拉斯蒂涅克感情大增之后,有一天后者来访,带上表亲特·鲍赛昂夫人的请帖一封,以满足女方的虚荣心。但斐纳一见之下,芳心大悦,对着情人称"vous",然后咬着耳朵,轻声软语地叫了声"toi"(即"tu"的受格),叫了又深怕女佣在旁听到,这种不胜娇羞的口吻,实在不能以"您""你"两字来加以表达。下面是三种不同的译法:

---

① Valikangas,O. La Personne grammaticale dans les appellations chez Balzac. *Bulletin de la Société Néophilologique de Helsinki LXVIII*. 1967(12):337-338.

② 见:巴尔扎克. 勾利尤老头子. 穆木天,译. 上海:文通书局,1951:230.

(F1)倒是您(你,她附在他耳边说……)

(F2)(F3)倒是你(好宝贝！她凑上耳朵叫了一声……)

(M)那是您呀,(是你呀,她附耳向他说……)

这几种译法,以传达原文的神韵来说,当然以傅雷的重译本见长,因为按(F1)及(M)的译法,女方称男方为"你",哪怕女佣听到了,又有什么问题呢? 中国读者看了一定会觉得前言不对后语,不知所云了。

"vous"与"tu"的分歧,是法译中的大问题,可惜一般译者都不如傅雷那么留意。

### 动物隐喻的翻译

《高老头》一书所描绘的其实是一个禽兽的世界。这世界中充满了人与人之间暴露兽性的无情斗争。在巴尔扎克的世界观中,常把人类比作禽兽,因而运用动物隐喻,也就是巴尔扎克在小说中表达自己世界观的一种惯用手法。[①] 这种手法,非独《高老头》一书为然,在其他的作品如《于絮尔·弥罗埃》《幽谷百合》《贝姨》中,亦一再使用,[②]不过在《高老头》中,运用得特别明显、特别强烈而已。

原因大概可以追溯到《高老头》一书的布局。书中的人物,按其动物隐喻,大致可以分为四类:住在伏盖公寓中的,属于上流社会的,暂时寄居公寓而本性上属于上流社会的,以及两处均不属于的局外人物。[③]

这本书的主要场景当然是伏盖公寓。公寓中住满了形形色色的住客,这些住客,连同房东伏盖太太在内,就像一群挤在动物园中的各类禽兽。他们每天在一起饮食起居,范围小,环境差,各自的兽性也就因此而

---

[①] Hoffmann, L. F. Les Métaphores animales dans *Le Père Goriot*, *L'Année balzacienne*, 1963: 91.

[②] Bourgeois, A. M. G. L'emploi de L'analogie dans les romans de Balzac, *Rice University Studies*, 1971, 57(2): 1-2.

[③] Hoffmann, L. F. Les Métaphores animales dans *Le Père Goriot*, *L'Année balzacienne*, 1963: 97.

更暴露无遗。至于金碧辉煌的上流社会厅堂,则像一座野生的丛林,那里环境宽敞,住的是另外一群动物。虽然不像下流社会那么狭窄,但人与人之间尔虞我诈、你死我活的斗争,仍然在继续不断地搬演。另外有些地位应属上流社会,但限于经济能力,不得不生活在伏盖公寓中的人物。这种人的身份最尴尬,他们在两极之间进进出出,很难取得心理的平衡。最后一种则是什么都不属于的边缘人物,在书中着墨不多。

这几种人物中的头三种,巴尔扎克都极具匠心地以不同的动物来比拟。第一类人物中的代表者当然是高老头本人及伏盖太太,还有逃犯伏脱冷,以及小人物米旭诺小姐与波阿莱先生等。他们的形象可不值得恭维,通常给比作老狗、老猫、老耗子、蝙蝠、火鸡、怪兽等不受人喜爱的动物。伏盖太太则更给作者加以卡通化,说她有个"鹦鹉嘴般的鼻子""耗子一般胖胖的身材"还有一双"喜鹊眼""疑心病比猫还要重"等等。第二类人物如高老头的两个女儿。既然已经嫁入豪门,身份自然不同。巴尔扎克把阿娜斯大齐比作"纯血种"的名驹;把但斐纳形容谓有"夜莺般的声音",可惜嫁了个不解温柔的鲁男子纽沁根,于是,纽沁根就给形容为一头肥胖臃肿的"猪猡"了。第三类人物中的代表者拉斯蒂涅克是小说的主角,年轻俊朗,野心勃勃,因而被形容为"猫咪""小老鹰"及"狮子"。另一位落难的少女维多莉·泰伊番则像受了伤的"野鸽"。其他形形色色的配角,还有各种各类的动物隐喻,此处不赘。

巴尔扎克在《高老头》中既然这么喜爱用动物隐喻来描绘人物的外形与性格,译者翻译时,就不得不悉心留意。意象隐喻,在翻译的过程中,往往会造成一种难题。由于文化背景的差异,不同的动物形象,在不同的社会中,会唤起种种特定的联想,这已是如所周知的常识了。因此,动物隐喻的翻译,是十分讲求功夫的一回事,讨论傅译《高老头》的艺术,以动物隐喻为分析对象,就是一种很好的测试方式。

如前所述,傅雷曾经把《高老头》彻底重译过两次,即前后共译三次。从第一次到第三次翻译之间,相隔了十七年之久,这十七年间,傅雷的翻译技巧,已从初期的摸索而渐趋圆熟。以下,我试从各种翻译的技巧,如换例、增补、删减、加注等，来分析傅雷处理动物隐喻的手法，并特别指出他用力最深、一再改译的地方。

### 把动物隐喻去除，更换他物的手法

《高老头》一书开卷不久，提到高里奥最初搬来伏盖公寓时，倒也相当体面，还是芳龄四十八的公寓老板娘心目中的理想对象，不久却因为受到两个女儿的重重剥削，经济能力越来越差，健康状况也如江河日下，当初的精壮汉子，转瞬变成一个穷困潦倒的老翁。学生拉斯蒂涅克初认识高老头时，把他称为"Ce vieux rat sans queue"，如果按直译，就是"那个没有尾巴的老耗子"（M），插在一段话中，很不合中国语文的习惯，因此傅雷就意译为"这老东西"，以保留原文中鄙夷不屑的语气。

另一个例子涉及伏盖太太。有一天，这位房东太太晏起，责备女佣人西尔维为什么不早些唤醒她，让她睡得像 marmotte 一般。原文是个常见的比喻，marmotte 是一种称为"旱獭"的动物，在中文里不常见。穆译本的对付办法是照音直译为"马尔茂特"，再加注说明，傅雷采用的方法较为灵活，按中文的习惯转译为"你让我睡得像死人一样"。（F3）

### 把某类动物隐喻转换为其他动物的手法

这类手法是翻译中常见的，也是必然的技巧。傅雷在《高老头》译本序中，就曾经这么说过："像英、法，英、德那样接近的语言，尚且有许多难以互译的地方；中西文字的扞格远过于此，要求传神达意，铢两悉称，自非死抓字典，按照原文句法拼凑堆砌所能济事。"他接着在文中第一个注解里提到《哈姆雷德》第一章第一场有句"Not a mouse stirring"，法国标准英法对照本却译为"Pas un chat"，把"老鼠"译成"猫"，并非误译，而是"译本不能照字面死译的最显著的例子"（F3）。这一大段话，大概可以视为傅雷对自己翻译过程中，运用转移动物隐喻的手法所作的一个解释。

《高老头》中，有关转移动物意象的手法，最明显的例子有下面两个。

首先是高老头本人的形象。高老头在原著中给人的印象，往往像一头老狼,"瘦削的身躯,灰灰的长毛,亮亮的眼睛"。① 这头老狼,为了维护女儿但斐纳的利益,不惜在风烛残年,跟无良心的女婿纽沁根去拼一拼老命。原文提到高老头说自己懂得法律,自称是头老狼,要去拼命,按穆的译法,即为"我是一条老狼,我要去露露我的牙齿呀!"(M),但是傅雷显然认为狼的形象,一旦译成中文,就会引起读者误会,中文里"狼心狗肺""狼狈为奸"等的说法,深入人心,高里奥是个甘愿为女儿牺牲一切的父亲,在此紧要关头,似乎不宜自称"老狼",因而改译为"我还能像老虎一样张牙舞爪呢"②。

第二个例子是纽沁根的形象。纽沁根是个俗不可耐的银行家,在巴尔扎克"人间喜剧"的多部小说中重复出现。但作者显然不喜欢这个角色,把他形容为一头猪猡。书中丈人高老头更把他贬为猪身牛头的怪物。傅雷最初译为"他不过是猪身上面装着一个牛头罢了"(F1),最后却改译为"不过是牛头马面的一个畜生罢了"(F3),老人咒骂时切齿痛恨的口吻呼之欲出,另一种译本则译为"那是从猪身上砍掉的一个牛头呀!"(M),读者看来,可能毫无味道。

## 增补原文的手法

原文中的比喻一旦译成另一种文字时,往往令译本读者难以体会,因此译者必须加些补充的字眼,以说明原著的含义。例如《红楼梦》中描绘宝玉面如"中秋之月",杨宪益就译之为 as radiant as mid-autumn moon。到底什么地方必须增补原文,则视乎译者翻译的功力了。

书中提到高里奥年轻时是个精明能干的生意人。原著说他有"un coup d'oeil d'aigle",一旦译成中文,就变成有"老鹰之目光"了。这种说

---

① Hoffmann, L. F. Les Métaphores animales dans *Le Père Goriot*, *L'Année balzacienne*, 1963: 99.

② 在法文各类版本中,出现插图的时候,高老头时常给人绘成老狼的形象,干瘦可怜。但此处高老头在原文自称"老狼",是要表示出自己当年得意商场时的决心、勇气与机智,这些特点,在中文里以老虎形象取代,恰恰合适。

法,不合中文惯有的表达方式。于是傅雷首先译为"目光锐利如鹰"(F1),再改译为"目光犀利如鹰"(F3),以作增补。

书中某一处又提到伏盖太太对高老头很不满意,认为他自私自利,于是咒他最好"mourir comme un chien"。这句话傅雷第一次译为"但望你不得好死,孤零零的像狗一样"(F1),后来又改译为"但愿你不得好死,孤零零的像野狗一样"(F3)。译者在译文中加上"孤零零"的字眼,再把"狗"变为"野狗",全句立即传神很多,穆译本中的译法是"我希望您像一条狗似地死了的"(M),完全表达不出原文咒骂的语气。

### 删减原文的手法

相反的,在某些地方,原文提到的比喻,在中文按直译表达,不太合适,傅雷就会采取删减的手法。原文中高老头的两个女儿虽然嫁入豪门,但是都跟丈夫不和,因经济问题,来到父亲面前抱怨。高老头爱女心切,自称血管中流着老虎的血液,要把两个女婿吃掉。傅雷第一次按原文直译:"我的血像老虎的一样,要吃掉这两个男人"(F1),最后却改译为"我像老虎一样,恨不得把这两个男人吃掉"(F3),原义不改,但念起来干脆利落得多。

### 重译的比较

在有关动物的隐喻中,最考功夫,叫傅雷一再改译的,莫过于有关伏盖太太身材的比喻了。原文是"sa personne dodue comme un rat d'église",意即身材如"教堂耗子",现将傅雷三次译文及穆译分列如下以作比较:

(F1)肥胖如教堂执事般的身材

(F2)像虔婆一般胖胖的身材

(F3)像教堂的耗子一般胖胖的身材(注)

(M)她那个像教堂老鼠似地肥大的身体(注)

读者也许会奇怪,为什么傅雷三次翻译中,有关这个比喻的译法分歧这么大？事实上，原文是句成语，"教堂耗子"指"含有贬义的虔诚信徒"，又指那些"教区中入世的职员，如教堂中的仆役、警卫、唱圣诗者等等"①。傅雷在第一译本中显然采用了第二义，第二译本中则采用了第一义，但是到第三次翻译时，却发现前两种译法都不合适，所以改用原文中的动物隐喻。他在注中特别指出："教堂的耗子原是一句俗语，指过分虔诚的人；因巴尔扎克以动物比人的用意在本书上特别显著，故改按字面译。"（F3）可见傅雷译动物隐喻时，的确是煞费苦心的。英文中有句成语 as poor as a church mouse，意指一贫如洗。同样是"教堂耗子"，在一种语文中用来比喻贫穷，另一种语文中用来比喻肥胖的身材。傅雷最初翻译时，也许怕引起读者误会，故不按字面直译，但经深思熟虑之后，终于改变初衷。

类似的例子还有伏盖太太的眼睛。她的那双眼睛给形容为"oeil de pie"，傅雷原译"那双贼眼"（F1）。因为 pie 即喜鹊，中国人一向厌乌鸦而爱喜鹊，虽然两者都是黑色的鸟，但在英、法语文中，却把这两种鸟都当作可厌之物，因此傅雷最初译成"那双贼眼"（F1，F2），到第三次翻译时，为了突出原文以动物喻人的特色，才改译为"那双喜鹊眼"（F3）。

此外，在许多细节上，都可以看到傅雷的认真与审慎。例如伏脱冷对拉斯蒂涅克表示好感时，称他为一只小猫，这比喻就从最初的"一头猫"（F1）改为最后的"猫咪"（F3），以增亲昵之意。此外，如把"狗"改译为"野狗"，有时"野狗"又变为"狗"，"小鸡"变"子鸡"，"猫咪"变"猫儿"等等，在在表示出译者在翻译过程之中，为了照顾上下文语气而作出调整时的细心与周到。

## 场景描绘的翻译

巴尔扎克是现代写实主义大师，他的小说，除了故事情节复杂曲折、角色心理刻画入微之外，还以场景描绘细腻精致见称。《人间喜剧》中大部分的小说，都是以巴黎为场景的。巴尔扎克当年从故乡都尔来到巴黎

---

① 根据法国权威词典 *Littré* 的解释。

求学,原先想学习法律,终于决定以写作为生。他在巴黎的头几年挨过穷学生的日子,后来立意扬名,胸臆中那股与上流社会抗衡,不惜一切,要一决胜负的豪情壮志,多少在拉斯蒂涅克的身上可以反映出来。

拉斯蒂涅克每日在拉丁区、卢森堡公园、索邦大学、王宫市场等地区流连,这些地区其实是巴尔扎克自己常到的地方。多年后,傅雷远赴法国留学,一到巴黎的第二天,就上卢森堡公园去了。① 巴尔扎克对自己作品中每一条街、每一幢房屋、每一间房间、每一座庭院,都不厌其烦地细细勾描,读者看这位写实大师的小说,往往要看七八页才纳入正题。巴尔扎克创作《高老头》时,艺术才华渐趋成熟,他的创作能力,已经不再局限在一个作者对读者讲述情节的范畴之中,他所发挥的是一种艺术家对周遭洞悉透视、直窥事物本质的能力。② 要翻译巴尔扎克作品中这种特质,功力稍逊或对欧西艺术文化认识不深的译者,是绝对应付不来的。

自 1928 年至 1931 年,傅雷在法国留学,其间大部分时间在巴黎度过,除了在巴黎大学修读文学及文艺理论之外,还到罗浮美术史学校及索邦艺术讲座去听课,除此之外,更经常到巴黎各大博物馆、艺术馆及画廊去欣赏名画,并在假期中与刘海粟、刘抗等友人到法国其他大城小镇以及比利时、瑞士、意大利等国去游历。③ 傅雷对文学音乐、艺术建筑等各方面的修养,在留法期间与日俱增,为日后翻译巴尔扎克的作品,打好了扎实的基础。

虽然如此,要如实演绎出巴尔扎克精致的白描功夫,终非易事。傅雷在他的《翻译经验点滴》一文中说:"像巴尔扎克那种工笔画,主人翁住的屋子,不是先画一张草图,情节就不容易理解清楚。"无独有偶,其实巴尔

---

① 傅雷.《法行通信》之十五:在卢森堡公园里怅惘(1928 年 2 月 9 日)//傅雷.傅雷文集:文学卷.合肥:安徽文艺出版社,1998:86.

② Bonard, O. *La Peinture dans la création balzacienne*. Genève: Librairie Droz Genève, 1969: 165.

③ 傅雷在法国留学时的详细经历,可参阅:金梅.欲将那东方的睡狮唤醒——傅雷传.名人传记,1990(6):33-42。

扎克本人写作时,也有这种先绘草图的习惯呢![1] 我们且以场景描绘中,色彩的运用作为例子,看一看傅雷的翻译手法。

故事一开场就是一大段关于伏盖公寓一带的描绘,傅雷译道:"开设那所布尔乔亚公寓的屋子是伏盖太太自己的产业,坐落圣·日内维斯新街下段……两座建筑物映出一片黄黄的色调……使一切都显得暗澹……要读者了解这件故事,尽管用茶褐的色彩和严肃的思想,决不嫌过分……"(F1)原文中提到的色彩,的确是"茶褐色"的,但这种棕褐的颜色,在中文不足以表达场景中阴沉沉的气氛,所以傅雷重译时,更换成"灰黑的色彩"(F3)了。

其次,让我们看看气氛的营造。巴尔扎克提到伏盖公寓时,说它有一股说不出的味道,可以称之为"公寓味道"。原文写来非常细腻,而且为了达到强烈的效果,故意用押韵的方式来写:"Elle pue le service, l'office, l'hospice"。[2] 傅雷处理的方式如下:

(F1)它教你想起杯盘狼藉收拾饭桌的气息,医院的气息;

(F2)那是刚吃过饭的饭厅味道,救济院味道;

(F3)那是刚吃过饭的饭厅的气味,酒菜和碗盏的气味,救济院的气味;

(M)那发散着厨房、办公室、养老院的怪味儿。

注意此处 office 原文是指放置食具、餐巾等的地方,并非"办公室"之意,因此穆译有误。傅雷的译文,从(F1)到(F3),就有了很大的改进。(F3)译本不但译出了原文的全部意思,也传达了原文中语尾同声的韵味。三次翻译,从"气息"到"味道"到"气味",足见译者字字推敲的苦心。

书中主角拉斯蒂涅克忽而出现在简陋狭窄的伏盖公寓中,忽而穿插在达官贵人的华丽厅堂中,读者的眼睛,也随着他进出各种场所。高老头

---

[1] 笔者于 1982 年夏在罗旺茹尔图书馆中看见巴尔扎克名著《幻灭》的手稿,扉页上画着书中女主角巴日东夫人府邸的草图。

[2] Balzac. *Le Père Goriot*. Paris: Édition de P. G. Castex, 1979: 11, Note 1.

的陋室、鲍赛昂夫人的府第、但斐纳的香闺以及特·雷斯多夫人的厅堂等等,原著中描绘用语之细致,全是译者不得不全力以赴的险滩。

三

现在,我且尝试以横切面来剖析傅译《高老头》的艺术。所谓横切面,是指横贯全书的傅译特色。傅雷对自己的翻译,曾以"行文流畅,用字丰富,色彩变化"为指标[①],所谓的行文流畅,应指译文读来犹如用中文写成的文章,既不拖泥带水,又不佶屈聱牙;用字丰富当指翻译时,"遣词造句"都精辟恰当而有文采;色彩变化则应指法文中 nuance 一字,正如黑白两色之间,按深浅浓淡之不同,应有无数的灰色,其间差异的微妙与细致,唯有对色彩极为敏感的眼睛才能分辨出来,同理,原著文字上修辞色彩,一旦翻译时,也只有经验丰富的老手才能掌握得到。

### 行文流畅的特色

傅雷讨论翻译的文章并不多,但是他曾经发表过《翻译经验点滴》一文,把自己翻译时琢磨文字的心得很简约地披露出来。他说:"琢磨文字的那部分工作尤其使我长年感到苦闷。中国人的思想方式和西方人的距离多么远。他们喜欢抽象,长于分析;我们喜欢具体,长于综合。要不在精神上彻底融化,光是硬生生的照字面搬过来,不但原文完全丧失了美感,连意义都晦涩难解,叫读者莫明其妙。这不过是求其达意,还没有谈到风格呢,原文的风格不论怎么样,总是统一的、完整的;译文当然不能支离破碎。"[②]傅雷接着谈到中国的语言仍在成长阶段,翻译时,有时要用方言,有时要用文言,如果纯用普通话则索然无味,而如何使文言与白话水乳交融,和谐无间,的确是个大学问,需要多读古典名著,以及长时期的艺

---

① 傅雷. 论文学翻译书//罗新璋. 翻译论集. 北京:商务印书馆,1984:694.

② 傅雷. 翻译经验点滴. 文艺报,1957-06-09(10):14.

术熏陶。①

　　我们且以原文中讨论"巴黎式爱情"的片段作为例子,看看傅雷翻译时所运用的技巧:

　　(F1)巴黎的爱情,跟旁的爱情没有一些儿相同。……特别在巴黎,爱情是喜欢吹捧的,无耻的,浪费的,江湖派的,奢华的。……爱情是一种宗教,信奉它要比信奉任何旁的宗教代价高。

　　(F2)巴黎的爱情,跟旁的爱情没有一点儿相同。……巴黎的爱情尤其需要吹捧、无耻、浪费、哄骗、摆阔。……爱情是一种宗教,信奉它要比信奉旁的宗教代价高得多。

　　(F3)巴黎的爱情和旁的爱情没有一点儿相同。……巴黎的爱情尤其需要吹捧、无耻、浪费、哄骗、摆阔。……爱情是一种宗教,信奉这个宗教比信奉旁的宗教代价高得多。

　　(M)巴黎的恋爱同别的恋爱毫无类似之处……在那里,尤其是,恋爱,在本质上,就是浮夸的,无耻的,浪费的,大吹大擂的,和豪奢的。……恋爱,是一种宗教,恋爱崇拜,要比其他一切宗教崇拜,更要化费高的代价。

　　从(F1)到(F3),可以明确地见到,傅雷的译文,已经从初期的白话文句式,变成后期较为精炼、较合乎中国传统语法的句式。(F1)中,译者用了"是……的"句法,如"爱情是……的",到了(F2),已经完全删去了;至于表示抽象名词的代名词"它",原来在中国语文中并不常见,推行白话文初期,曾经一度泛滥成灾,后来在精辟练达的文字中,往往弃除不用,而用名词本身取代。这个代表"巴黎爱情"的"它",到了(F3),就不再使用了。

　　类似的情况横贯全书,不胜枚举。总括来说,傅雷在三次翻译的过程中,不断摸索求进,除了前面所述的第二人称的用法,从一成不变的"您""你"两分法,进化到按语境而仔细分辨之外,还注意抽象名词的翻译以及习惯用语中译等问题。

―――――――――――

① 傅雷. 翻译经验点滴. 文艺报,1957-06-09(10):14.

一般来说,为了行文流畅,在不损原义的情况下,傅雷翻译时,都尽量使用合乎中文传统的习惯用语。我们试以与人身体部位有关的语句为例,看看傅译与穆译的分别:

(F3)他一点毛病都没有

(M)是一个如同我的眼珠子一样健全的人呀

这一句原文是句习惯语,但直译成中文,令读者不知所云,原义只是指一个人身体健康而已。

(F3)我肚里笑着

(M)我就在我的胡子里笑着

原文也是习惯语,其意只不过是暗暗窃笑而已,傅译较合中文表达方式。

(F3)结果他上床熟睡了

(M)他……拳着拳头睡着了

原文只是要表达一个人酣睡之意,按字面直译,反而使读者不明原义。

傅雷在适当的地方,往往善用成语,以使译文干净利落,例如以“江山易改,本性难移”来译“Qui a bu boira”,原文是指一个嗜酒的人始终会喝酒的。另外一个例子提到高老头的两个女儿,嫁入豪门之后,觉得寒酸的父亲有失体面,所以只有背着丈夫偷偷接见父亲,原文提到她们必须“ménager la chèvre et le chou”,这一句傅雷译成“想在父亲跟丈夫之间委曲求全”(F3),用成语“委曲求全”表达原文的意思,既贴切又传神;没有傅雷“行文流畅”的功力,这一句话是可以译成这样的——“曾经她们想把

山羊和圆白菜,父亲和丈夫,好好地安排一下。"(M)①

## 用词丰富的特色

傅雷翻译时最忌刻板单调,曾经说:"我的文字素来缺少生动活泼……我很怕译的巴尔扎克流于公式刻板的语句。"②

傅雷这番话,当然是自谦之词,但也由于他翻译时,对用字是否生动丰富,特别留意,所以翻译《高老头》时的确是字字推敲、句句用神的。

在翻译时,常会遇到这样的情形,例如某一些形容词是某位作家所常用的,但是由于原文与译文两种语言的差异,在原文中形容词与名词之间顺理成章的搭配,一到译文就不伦不类了。经验丰富的译者,必须用丰富的词汇作为后盾,来应付原文的词语搭配,我们且以几个巴尔扎克常用的形容词,如"jeune""élégant""horrible"等词,③来检验傅雷的翻译是否能达到"用字丰富"的特色。

"jeune"即"年轻"的意思,"jeune"用在"人"的前面时,傅雷按性别译为"青年"及"姑娘";跟"笑容"配合时译为"青年气息";跟"Beau"一字连用而形容年青人时,则译为"漂亮小伙子"。至于"élégant"一词,就更多姿多彩了,配合"生活"时,译"讲究";配合一个人的"打扮"时,译为"风度翩翩";配合"布置"时,译为"高雅";提到"人物"时,男译为"漂亮哥儿",女译为"风雅女子";配合"图案"时译"富丽";提到"轿车"时则译"华丽"。反观

---

① 傅雷在致林以亮的书简中,曾经提到他对翻译习惯用语的看法,表示赞同 Alexander Tytler 的主张:"例如他说凡是 idiom,倘不能在译文中找到相等的(equivalent)idiom,那么只能用平易简单的句子把原文的意义说出来,因为照原文字面搬过来(这是中国译者百分之九十九以上的人所用的办法),使译法变成 intolerable 是绝对不可以的,这就是我多年的主张。"见:傅雷. 纯文学月刊,1968(19):204.

② 傅雷致林以亮书,1954 年 4 月 16 日。此信从未公开披露,承蒙宋淇先生惠赐原件,特此致谢。

③ Allen,R. F. A Study in the characterization of style in *Le rouge et le noir*,*Le Père Goriot*,*Madame Bovary*. Fort Collins:University of Colorado(thèse en vue du Ph.D.),1967:129.

穆译本,则多数把"élégant"译成"高雅"了事。

horrible 这个词更有意思。巴尔扎克很喜欢用一些相当夸张的、富有戏剧性的形容词,来描绘书中的场景及人物的感情,这 horrible 一词更时常使用。[①] 傅雷在第一次翻译时,处理这个词,多数用"丑"及"可怕",但是到了第二次及第三次翻译时,用词已经变得越来越丰富了,可以看到的有"可怖""阴惨""惊心动魄""可憎""凄惨"等字眼,有时甚至把整句词序重整,使译文看来更通顺达意,且看下面的例句:

(F1)欧也纳看到那女的受到那么<u>可怕</u>的打击

(F2)欧也纳……猜到那女的正遭着<u>残酷</u>的打击

(F3)那女的经历的<u>苦难</u>,欧也纳不能想象

(F1)中,horrible 仍译"可怕",(F2)的译法较为精警,(F3)已经把这个字化解成完全合乎中文的说法了。

《高老头》中人物众多,品流复杂,角色之间彼此谩骂冲突的场面很多,形形色色的咒骂语,要译得传神,实非易事。此外,伏盖公寓中又住了不少穷学生,这些学生平日生活清苦,聚在一起搭伙时,往往大伙儿起哄,插科打诨,穷开心一阵。这些年轻学生的笑闹语,又是一绝,有时说起话来无头无脑,傻里傻气,一连串就像急口令,译者要处理这场面,自然非熟悉年轻人的口语词汇不可。

从傅雷的三次翻译,可以见到他在用词方面是极下功夫的,仅仅如"courtisane"这么简单的一个词,他已经从"娼妓"(F1)改为"荡妇"(F2),再改为"交际花"(F3),巴尔扎克原文的辞藻极其丰富,傅雷的译文在这方面亦毫不逊色。

---

①   Allen,R. F. A Study in the characterization of style in *Le rouge et le noir*,*Le Père Goriot*,*Madame Bovary*. Fort Collins:University of Colorado(thèse en vue du Ph. D.),1967:161.

## 色彩变化的特色

凡有翻译经验的人都知道每一个字出现时,按其语境的不同,意义都有多少差别。这种差别,可能相当细微,但为了使译文读起来富有色彩变化,译者不得不全神留意。一般来说,越简单的词,越简短的句,就越难翻译。我现以"homme"(即"男")与"femme"(即"女")两字为例,来说明傅雷译法的变化多端:

### Homme

| F3 | M | 注释 |
| --- | --- | --- |
| 这老头儿 | 那个老家伙 | 指高里奥 |
| 痴情汉 | 情痴 | 伏脱冷指高里奥 |
| 这小子 | 青年小伙子 | 指拉斯蒂涅克 |
| 一个时髦人物 | 一个时髦的人物 | |
| 可怜的小伙子 | 那个可怜的青年人 | 维多莉指拉斯蒂涅克 |
| 好小子 | 一个很和善的,很可爱的青年人 | 伏脱冷指拉斯蒂涅克 |
| 小朋友 | 青年人呀 | 同上 |
| 正人君子 | 正经人 | |
| 可怜的老头儿 | 可怜的人哟 | 拉斯蒂涅克提起高里奥 |
| 宝贝 | 可爱的人 | 但斐纳指拉斯蒂涅克 |
| 公子哥儿 | 时髦青年 | |
| 穷小子 | 穷青年 | |
| 漂亮小伙子 | 很好的青年人 | |
| 小白脸 | 青年人 | |

从傅译本及穆译本对"homme"一字的处理看来,傅雷的译法显然是比较变化多端的。现在再看看"femme"的例子,由于在法文中又指"妻子",故译来变化更多:

### Femme

| F3 | M | 注释 |
|---|---|---|
| 这个小妇人 | 那个小妇人 | 指伏盖太太，有贬义 |
| 那些婆娘 | 那些女人 | 公寓中人误以为高老头的女儿是他的情妇，有贬义 |
| 最风雅的妇女们 | 极高雅的贵妇人 | |
| 我们女人 | 我们女人们 | |
| 你去问问娘儿们 | 您去问问女人们 | |
| 对你老婆 | 向您的妻子 | 出自伏脱冷口中语，故傅雷以较通俗的说法来译 |
| 一个少女 | 一个女人 | |
| 一个小娇娘 | 一个可爱的妻子 | |
| 她老妈子 | 房中女仆 | 法文原文为 femme de chambre |
| 几位太太 | 几位……女性 | |
| 他的小媳妇儿 | 可爱的妻子 | |
| 一个妙人儿 | 美好的女人 | |

　　从以上的种种译法，不难看出傅译的细腻之处。此处，傅雷在译文中，非常注意对话的译法，尽量按一个人的身份、地位、教养，谈话的对象、场合、环境而译出恰当的内容来，不过他仍然以自己身为南方人，"无论如何免不了南腔北调"为憾。[①] 他在再三重译《高老头》的过程中，花了不少心血整理对话，使伏盖太太的粗俗、高老头的痴愚、拉斯蒂涅克的机灵、伏脱冷的流气，都能尽量在他们自己的谈话中，活龙活现地反映出来。

### 四

　　傅雷在第二次翻译《高老头》时，致函好友宋淇（即林以亮）说："《高老

---

① 傅雷致林以亮书，1951 年 9 月 14 日。

头》正在重改,改得体无完肤,与重译差不多。好些地方都译差了,把自己吓了一大跳。好些地方的文字佶屈聱牙,把自己看得头痛。"①其实,傅雷对自己的要求也是过分严格了,到了 1963 年,他居然又重头再改一次。从我们前文所举的种种例子中,可以看出傅雷在不断地进步,从第一次译《高老头》到最后一次改译,十七年漫长岁月中,傅雷主要的译作都已经完成,他不但翻译了许多巴尔扎克的名著,也重译了罗曼·罗兰的《约翰·克利斯朵夫》,以及翻译了梅里美及服尔德的一些作品。根据傅雷自己的分析,他认为自己翻译巴尔扎克的作品,风格与原著相去不太远,他还表示:"鄙见以为凡作家如巴尔扎克,如左拉……译文第一求其清楚通顺,因原文冗长迂缓,令人如入迷宫。我的译文的确比原作容易读。"②

正因为这个缘故,傅译《高老头》在中国,已经成为家喻户晓的名著,其受欢迎的程度,毫不逊于许多中国名家的作品。

从傅雷一再改译的过程中,我们可以见到这位名翻译家的态度是一丝不苟、精益求精的,很多时候,甚至会发现(F3)还原到(F1)的痕迹。③假如说傅雷《高老头》的译文"字字皆辛苦",相信也没有什么人会加以非议的。

从傅译《高老头》的艺术成就来说,我们可以确定《高老头》之所以大受欢迎,绝非幸致。巴尔扎克有幸,他在中国文坛上,获得了一位不辱使命的代言人。

1990 年 11 月 30 日

(原载《翻译新论集》,香港商务印书馆,1991 年)

---

① 傅雷致林以亮书,1951 年 6 月 12 日。
② 傅雷致林以亮书,10 月 9 日,年份不详。
③ (F3)还原至(F1)的情况不少,为节省篇幅起见,不引译文。

# 傅雷翻译巴尔扎克的心路历程

## 一

中国文坛上，不少名闻遐迩的作者，在创作之余，也曾手执译笔，译出影响深远的经典名著，例如卞之琳译莎士比亚、冰心译泰戈尔、老舍译萧伯纳、鲁迅译厨川白村、茅盾译左拉、巴金译屠格涅夫等，不胜枚举。

正如一群放舟中流的雅士，在饱览湖光山色之际，偶尔也会系舟岸边，拾级而上，徜徉遨游于湖畔的丛林之中。

雅士在湖上寻章摘句，吟哦推敲，他们健笔挥洒的经历，时常成为日后不少学者专家致力探讨的研究专题；可是这些雅士一旦系舟登岸，涉足译林，哪怕曾经字斟句酌、苦心经营，其逶迤曲折的内心世界，却往往鲜有论者涉及。为什么会有这种情况发生呢？一个现成解释是创作与翻译，在作家的文学生涯中有主从之分，翻译既非主流，自然不是论者的话题了。

然而，我们进一步探究，就会发现事实并非如此。自从中西文化交流以来，我国译坛曾经产生过不少毕生奉献译事的名家，如梁实秋、朱生豪、杨宪益、傅雷等。他们尽管译著宏富，贡献丰伟，但是一般读者但知欣赏他们努力耕耘的成果，不知体会他们当年殷勤灌溉的艰辛！

其实，一部经典名作的翻译，从选材、研读等筹备工夫，到开始动笔、揣摩原义、推敲文字等短兵相接的层面，以至初稿完成后修饰润色的定稿阶段,其间的过程,绵长而孤寂,原著往往动辄数十万言,译者若非痛下决心、锲而不舍,在漫漫译途上屡遭险阻而始终勇往直前,则绝难成事。

翻译名家在从事严肃文学翻译过程中的心路历程,于是就成为当今日渐发展的翻译学领域中,一块久遭荒弃但不容忽视的未垦土。

本文欲就法国文学翻译名家傅雷先生毕生献身译事、与巴尔扎克结下不解之缘达二十年之久的过程中,从译者的性情、气质、文学修养、工作态度等各方面来分析译者翻译巴尔扎克的心路历程。傅雷的洋洋译著,就如一座富丽堂皇的舞台,在观众眼前搬演着巴尔扎克多姿多彩的《人间喜剧》;而傅雷致傅聪的家书,以及大批至今尚未正式出版的书信,①则好比"闲人免进"的后台,这一批珍贵的资料,披露了译者选译巴尔扎克作品的内情、翻译之前的准备、翻译过程的甘苦,以及对译作完成后的自我评价等。一般论者以为傅雷高傲狷介,把自己的译作视为禁区,不肯让编者更改一字一词,其实,傅雷之成为译坛楷模,自有其因由;而其在我国翻译史中赢取的盛名,更绝非幸致。

## 二

傅雷毕生从事翻译工作,以译介欧西文学名著为己任。在所完成的五百余万言、共三十多部的译作之中,巴尔扎克的作品占十五部之多②,而这些作品之中,如《高老头》《欧也妮·葛朗台》《贝姨》《幻灭三部曲》等小说,在中国已经家喻户晓,深入民间,其影响力之深远,就如以中文创作的名著一般。

傅雷可说是巴尔扎克在中国的代言人,他怀着虔敬之心,以诚挚审慎的态度,孜孜矻矻,勤勤恳恳,将法国大文豪的代表作,一部又一部地译介

---

① 本文所采用的一手资料,如傅雷致友人宋淇、刘抗的信件,傅雷致出版社的信件等,大部分至今尚未正式出版。

② 傅雷所译十五部巴尔扎克作品中,最后一部在"文革"中佚失,故实际发表的共为十四部。

过来,使其在中国读者群中广为流传。

傅雷为什么对巴尔扎克推崇备至,用力特深?是因为作者与译者性情相近、意气相投?还是因为 1949 年后的历史条件使然,使译者不得不以巴氏作为选译的对象?要解答这些问题,我们可以从傅雷的生平背景,窥见端倪。

傅雷四岁丧父,同年弟妹夭亡,因而自幼与寡母相依为命。母亲因望子成龙,对傅雷管教极严,在傅雷七岁那年,延请老贡生课读"四书五经",为其打下古文基础,同时聘请老师教授英文及算术。其后,傅雷进入小学、中学,由十三岁起念过三年法文,至十九岁自费赴法留学。

傅雷自十七岁起已经尝试写短篇小说,先后发表于《北新周刊》及《小说世界》等期刊,在赴法途中所写《法行通信》十五篇,发表于《贡献旬刊》,后为曹聚仁推重,编入《名家书信集》中。由此可见,傅雷自年轻时即表现出文学才华,这一点,与巴尔扎克不谋而合。

傅雷为什么不从事创作,而走上翻译之途呢?原因是傅雷赴法之初,法文根基并不扎实,由于幼承庭训,律己基严,为了加强语文能力,就开始试译法文作品,作为训练。傅雷在此阶段翻译了都德的短篇小说和梅里美的《嘉尔曼》,均未投稿。1929 年 9 月他所译的《圣扬乔而夫的传说》,于次年刊载于《华胥社文艺论集》,可说是最早发表的译作。

在法国四年,傅雷除学习法文、尝试翻译之外,还结交了不少日后成为大画家的好友如刘抗、刘海粟等。傅雷一面在索邦艺术讲座听讲及在罗浮美术史学院学习,一面在课余又与友好经常结伴巡回于各大艺术博物馆,观摩及研究美术大师的不朽名作,因而在艺术欣赏的眼光及艺术批评的境界上,均大有所进。

1931 年秋,傅雷与刘海粟结伴返国,当时胸怀大志,立意要在事业上有一番作为。谁知中国正值多事之秋,而傅雷秉性耿直,疾恶如仇,往往不能见容于黑幕重重的社会,所以他受聘于上海美专,不到一年,即辞职不干;其后,他在各种工作岗位上担任实务,也往往不超过半年,即挂冠求去,宁愿从纷扰不安的外界,退回宁静安怡的书斋,以著述及翻译为乐。

傅雷年轻时代翻译些什么书？他主要接触的是罗曼·罗兰及莫洛阿的作品，从二十八岁到三十三岁，曾以五年时间，译竣出版罗曼·罗兰的名著《约翰·克利斯朵夫》四大卷，在中国有良知、有热情的知识分子之中，引起了巨大的回响。

根据傅雷自己所说，远在 1938 年他已经开始打巴尔扎克的主意，可是迟至 1944 年，才动手翻译第一部巴尔扎克的小说《亚尔培·萨伐龙》，至 1946 年译竣出版。这一段酝酿期，前后经历八年之久，的确可说是相当长久。

傅雷为什么对巴尔扎克的作品，不译则已，一译就锲而不舍地继续下去？原因可能有二：其一，傅雷年轻时自认为气质与罗曼·罗兰最为接近，故翻译时易于下笔，这一点，到了 1954 年重译《约翰·克利斯朵夫》时，已经有不同的体会①。其二，傅雷工作态度审慎认真，动手翻译一部名著之前，必先详加研究、充分准备不可，巴尔扎克是十九世纪写实主义大师，巴氏在法国文坛的地位，当远远超过罗曼·罗兰及莫洛阿，而有关巴氏的研究资料，浩如烟海，在法国已经形成为"巴学"，其波澜壮阔之处，与我国"红学"相较，实不遑多让。傅雷治学严谨，对巴氏作品不敢贸然翻译，但一旦开始，即发现其内蕴丰富，兴味无穷，因此就继续钻研下去，欲罢不能了。

傅雷一开始接触巴尔扎克，就全情投入，悉力以赴。这多多少少与傅雷刚烈炽热的个性有关。根据傅聪、傅敏的回忆，他们从小就对巴尔扎克的名字耳熟能详。1944 年 4 月，傅雷刚译完第一部巴尔扎克的小说，就在以"迅雨"为笔名发表的《论张爱玲小说》②一文中，特别提到了这位作家："我们的作家一向对技巧抱着鄙夷的态度。……其实，几条抽象的原则只

① 傅雷在致宋淇信中说："罗曼·罗兰那一套新浪漫气息，我早已头疼。此次重译，大半是为了吃饭，不是为了爱好。"（1953 年 11 月 9 日）

② 傅雷此文为最早论张爱玲的文章，刊载于柯灵所编《万象》杂志 1944 年 5 月号中。

能给大中学生应付会考。哪一种主义也好，倘没有深刻的人生观，真实的生活体验，迅速而犀利的观察，熟练的文字技能，活泼丰富的想象，决不能产生一件像样的作品。而且这一切都得经过长期艰苦的训练。……巴尔扎克一部小说前前后后的修改稿，要装成十余巨册，像百科词典般排成一长队。然而大家以为巴尔扎克写作时有债主逼着，定是匆匆忙忙赶起来的。"傅雷在同文结论中说："小说家最大的秘密，在能跟着创作的人物同时演化。……巴尔扎克不是在第一部小说成功的时候，就把人生了解得那么深，那么广的，他也不是对贵族、平民、劳工、富商、律师、诗人、画家、荡妇、老处女、军人……那些种类万千的人的心理，分门别类地一下子都研究明白，了如指掌之后，然后动笔写作的。"他接着又说小说家必须"用心理学家的眼光，科学家的耐心，宗教家的热诚，依照严密的逻辑推索下去，忘记了自我，化为故事中的角色……陪着他们作身心的探险，陪他们笑，陪他们哭，才能获得作者实际未曾经历的经历"。从这一段话中，我们可以看到傅雷对文学的看法是宏观的。多年后，在一篇讨论翻译的著名文章《翻译经验点滴》中，傅雷明确地指出"文学既以整个社会整个人为对象，自然牵涉到政治、经济、科学、历史、绘画、雕塑、建筑、音乐，以至天文地理、医学星相，无所不包"。巴尔扎克的《人间喜剧》，创造了二千多名的人物，各行各业，包罗万有，这样的鸿篇巨制，在形式及规模上，恰好符合傅雷对伟大作品的要求。

1944 年年底，傅雷初译《高老头》（Le Père Goriot），这本脍炙人口的著名译作，在 1951 年及 1963 年经过两次彻底重译。译者为此书所经历的艰辛及所付出的心血，可说是我国翻译史上难得一见的动人故事。①

1947 年，傅雷于 8 月在庐山牯岭译竣《欧也妮·葛朗台》（Eugénie Grandet），也许是因为休养时心情舒畅，这本书是傅雷认为译得较为满意

---

① 金圣华. 傅译《高老头》的艺术//刘靖之. 翻译新论集. 香港：商务印书馆，1991：110-134.

的作品。①

至此为止，傅雷对作品的选择，多数凭个人喜好；自1949年以后，则或多或少会以环境的需要作为参考的因素。

1949年6月，傅雷由昆明乘机飞香港，12月，由香港乘船经天津返沪；自此潜心翻译，并努力在思想、生活中作出调整，以适应新时代的需求。

从1949年开始，傅雷除了重译《约翰·克利斯朵夫》，翻译了服尔德、梅里美、丹纳的一些作品之外，直至1966年弃世之前，他几乎把全部精力都倾注在巴尔扎克的作品上。傅雷对巴尔扎克的特别垂青，当然有其特殊原因，我们试从客观及主观因素两方面来分析。

先说客观因素，无可否认，1949年之后，由于政治的限制，译者在翻译文学作品时，不能按自己爱好而自由选择。但是，正因为马克思非常推崇巴尔扎克，把他当作十九世纪"社会生活的历史家"；恩格斯也极为欣赏《人间喜剧》②，所以巴尔扎克在当时的政治气候中，一向是获得肯定的评价的。翻译巴尔扎克的作品，无疑是获发一张许可证，可以在工作进展中通行无阻。

傅雷在不违背客观的大原则之下，选择自己心爱的巴尔扎克作品，原是自然不过的事。正如前述，傅雷远在1935年，已经开始打巴尔扎克的主意了，因此，他一再选择巴尔扎克的小说，肯定出于自愿，而非向现实妥协。以傅雷刚正不阿的个性，他是绝不会向任何外来压力屈服的。他曾经向好友宋淇透露，自己与同为现实主义大师的史当达"似乎没有多大缘分"，因此虽然人民文学出版社建议由他翻译《红与黑》，他也"一时不想接受"（傅致宋信，1953年11月9日）。此外，他看了莫泊桑的长篇，也"觉得不对劲……看来不但怪腻的，简直有些讨厌"（傅致宋信，1954年7月8

---

① 傅雷在致宋淇信中说，当时对自己的译作《高老头》甚感不满，"至此为止，自己看了还不讨厌的（将来如何不得而知），只有《文明》与《欧也妮·葛朗台》"（1951年6月12日）。

② 李健吾.《人间喜剧》的远景. 文史哲，1970(2):31-38.

日）。从这一点上推测，傅雷极有自知之明，对他来说："选择原作好比交朋友：有的人始终与我格格不入，那就不必勉强；有的人与我一见如故，甚至相见恨晚。"(《翻译经验点滴》)巴尔扎克的作品，显然属于第二种，不论在文学的类别或流派方面，都是傅雷最擅长也最乐于选译的。

## 三

傅雷在 1949 年以前，只译过三部巴尔扎克的作品，其中《高老头》一书，更在 1951 年及 1963 年经过两次重译，故可以说，傅雷有关巴尔扎克的主要译作，都是在 1949 年以后完成的。

为了追溯傅雷当年翻译巴尔扎克的心路历程，本文尝试根据搜集所得的一手资料，依据译作年代的时序，逐一剖析翻译家在翻译前、翻译中及翻译后种种准备、摸索、自我鞭策、苦心经营以及自省求进的过程，从而得知一部经典的译成，是如何的不易！

柯灵曾在《怀傅雷》一文中，对好友翻译一部名著的步骤，作出详尽贴切的描绘：

> 傅雷译书的惯例，首先是再三精读原作，吃透原作的精神和全部细节。不理解的地方，查书，找内行研究，写信向国外专家求教。准备成熟，才开始落笔。初稿译成，至少再大改两次，然后誊清付排。亲自看校样，边校边改，直至清样，还有改动。译文要求做到既符合原著风格，又有精纯透明的民族气派。[1]

以下对傅雷从事译事过程亦步亦趋的分析，足可证明柯灵的一番描述，绝非夸大其词。

《贝姨》(*La Cousine Bette*)

《贝姨》于 1951 年 5 月译毕，同年 8 月由上海平明出版社出版。

---

[1] 柯灵.怀傅雷//金圣华.江声浩荡话傅雷.北京：当代世界出版社，2006：3.

傅雷在致宋淇的信中说:"大半年的功夫,时时刻刻想写封信给你谈谈翻译,无奈一本书上了手,简直寝食不安,有时连打中觉也在梦中推敲字句……一本 *La Cousine Bette* 花了七个半月,算是改好誊好,但是还要等法国来信解答一些问题,文字也得作一次最后的润色。大概三十万字,前后总要八个月半。"(1951 年 4 月 15 日)

在此之前,傅雷亦曾去信宋淇之弟宋希,希望对方能寄沪一本有关翻译的书:*Tytler : Essay on the Principles of Translation*,以及有关 *La Cousine Bette* 最新出版的批注本,以便解答一些问题。(1951 年 3 月 20 日)

这八个半月的努力,成绩究竟如何? 依译者自评:"成绩只能说'清顺'两字,文体、风格,自己仍是不惬意。"

傅雷在 4 月 15 日的信中,首先讨论了翻译中一些最常遇见的技巧问题。傅雷认为翻译中最难对付的是原文中"最简单明白而最短的句子,例如 Elle est charmante"。原因是这一类的句子,必须得照顾上下文的语气,方能译出神髓,否则译来就好比把上好龙井变成"淡而无味"的清水了。其次,傅雷认为长句之难,不在于传神,而在于重心的安排,拆长句的时候,弄得不巧,"往往宾主不分,轻重全失"。至于译单字,则是"越简单越平常的字越译不好,例如 virtue、spiritual、moral、sentiment、noble、saint、humble 等等"。傅雷更提到抽象名词在中文是无法搬字过纸、单独成立的。此外,傅雷也注意到中文是单音字,一句中的每一字在音量上地位相等,不如外文冠词与名词之间那么主从分明,易于分辨。

其次,傅雷再涉及一些有关翻译原则的基本问题。傅雷在二十世纪五十年代初,已经深切体会到白话文的局限。他的一段言论,值得所有翻译工作者深思。傅雷说:"白话文跟外国语文,在丰富、变化上面差得太远,文言在这一点上比白话就占便宜。……文言有它的规律,有它的体制,任何人也不能胡来,词汇也丰富。白话文……一无规则,二无体制,各人摸索各人的……我们现在所用的,即是一种非南非北、亦南亦北的杂种语言。凡是南北语言中的特点统统要拿掉,所剩的仅仅是一些轮廓,只能达意,不能传情。故生动、灵秀、隽永等等,一概谈不上。"傅雷之所以提出这一点,并非他刻意扬文言而抑白话,而是深感当时通行的白话文,实在是种"假"语言,这不仅是他自认为译文风格"搅不好"的因由,也是今时今日许多译者翻译时面临的困境。

傅雷认为"外文都是分析的、散文的,中文都是综合的、诗的。这两个不同的美学原则使双方的词汇不容易凑合"。于是,译文就无可避免地在"过与不及"两个极端中荡来荡去。傅雷这一番言论,对翻译的原则性问题剖析得极为精辟,时至今日,仍可作为后进者学习译事的圭臬。

### 《高老头》(Le Père Goriot)第一次重译

1951 年夏,傅雷开始重译《高老头》,他在致宋淇信中说:"高老头正在重改,好些地方佶屈聱牙,把自己看得头痛。"(1951 年 6 月 12 日)

《高老头》是傅译中流传最广的作品之一,此次重译,事隔七年,傅雷在译的技巧方面,自然大有长进。在意象的运用、人物的刻画、情景的铺陈、对话的处理方面,译者都做了大刀阔斧的修改。

傅雷在改译完《高老头》并撰写《重译本序》之后,再次跟宋淇讨论译文的风格问题。他说:"即如巴尔扎克,《高老头》,《贝姨》,与《欧也妮》三书也各各不同。"[①]的确,这三本作品,虽然都属于"风俗研究编"(Études de moeurs),但《高老头》出自"私人生活栏"(Scènes de la vie privée),《欧也妮·葛朗台》出自"内地生活栏"(Scènes de la vie de province),而《贝姨》则出自"巴黎生活栏"(Scènes de la vie parisienne)。由于小说背景的悬殊,巴尔扎克处理的手法自然不同。

《欧也妮·葛朗台》可说是傅雷较为满意的作品,因为自 1949 年初版后,两次再版,译文都一如其旧,译者只稍作润色而已。傅雷曾经说过:"在巴尔扎克小说中,这是部结构最古典的作品。文章简洁精炼,淡雅自

---

① 傅雷致宋淇信,1951 年 10 月 9 日。

然,可算为最朴素的史诗。"①《欧也妮·葛朗台》撰写于 1833 年,是巴尔扎克较为早期的作品,当时作者的辉煌巨厦《人间喜剧》尚未奠基,所以这本小说可以说自成一格,质朴而纯净。巴尔扎克对这部作品赢取的盛名不但不沾沾自喜,且略有微言②,但这并不损《欧也妮·葛朗台》成为巴尔扎克代表作的地位。

《贝姨》于 1846 年 10 月 8 日以连载方式面世。这部小说,深得作者喜爱,自认为是经典杰构之一。至此,巴尔扎克的写作技巧已臻成熟,而《人间喜剧》亦接近尾声③。《贝姨》描写的是"路易·腓列伯时代的一部风化史",故想象"丰富奇谲",文体"奔放恣肆",风格上自然跟描绘小城故事的《欧也妮·葛朗台》有所不同。④

《高老头》完成于 1834 年,在巴尔扎克的创作生涯中,占有独一无二的地位,因为作者驰誉文坛的"人物再现法"即由此书开始,而《人间喜剧》也由此书拉开序幕。傅雷对这部举足轻重的小说,自然不敢掉以轻心,诚惶诚恐地先后翻译了三次。在重译本序中,傅雷提出"以效果而论,翻译应当像临画一样,所求的不在形似而在神似"。这是傅雷"翻译神似论"最明确的宣言。他在篇末中说翻译时时过犹不及,因此,"不妨假定理想的译文仿佛是原作者的中文写作",至于说到他自己的翻译,则"当然是眼高手低,还没有脱离学徒阶段"⑤。

傅雷这段话是场面上的客套话还是发自内心的肺腑之言?

傅雷在致宋淇信中说,这段时期又要校对新译,又要修改旧作,"此种辛苦与紧张,可说生平仅有,结果仍未能满意,真叫作'徒唤奈何'!"(1951年 7 月 28 日)他对自己最不满意的地方,认为第一是翻译对话,第二是动

---

① 傅雷. 傅雷译文集:第二卷. 合肥:安徽人民出版社,1982:3.

② Balzac. *La Comédie humaine*:Vol. Ⅲ. Bibliothèque de la Pléiade. Paris:Editions Gallimard, 1976:991. 见 Nicole Mozet 的评介。

③ Balzac. *La Comédie humaine*:Vol. Ⅱ. Bibliothèque de la Pléiade. Paris:Editions Gallimard, 1976:5. 见 Anne-Marie Meininger 的评介。

④ 傅雷. 傅雷译文集:第五卷. 合肥:安徽人民出版社,1982:3.

⑤ 傅雷. 傅雷译文集:第一卷. 合肥:安徽人民出版社,1982:475-476.

作的描写。(1951 年 7 月 28 日)有关对话部分,傅雷对自己翻译时不能得心应手,始终耿耿于怀。他说:"译文纯用北方话,在生长南方的译者绝对办不到。而且以北方读者为唯一对象也失之太偏……我认为要求内容生动,非杂糅各地方言(当然不能太土)不可,问题在于如何调和,使风格不致破坏,斯为大难耳。"傅雷接着提到巴尔扎克作品的特色:"原文用字极广,俗语成语多至不可胜计,但光译其意思,则势必毫无生命;而要用到俗话土话以求肖似书中人身份及口吻,则我们南人总不免立即想到南方话。"为了克服这些困难,傅雷不但买了一本八册厚共五千余页的《国语辞典》来参考,也向儿子傅聪请教,因为傅聪在昆明云大跟不少北京同学交往,吸收了许多正宗的北方词汇。此外,为了配合巴尔扎克十九世纪的风格,译者有时还得运用"旧小说套语"。(1951 年 10 月 9 日)

巴尔扎克的作品的确以用语精确、对话传神而闻名于世。论者以为"巴尔扎克社会经验丰富。在他眼前,各类人物都栩栩如生,因而笔端可以实验其人物所用语言的细微之处:老面粉商说话不像博物馆职员……伏脱冷即兴的议论较诸年轻人拉斯蒂涅克的谈话趣味浓郁。巴尔扎克在这一点上是难以匹敌的"[1]。鲁迅也说过:"高尔基很惊服巴尔扎克小说里写对话的巧妙,以为并不描写人物的模样,却能使读者看了对话,便好像目睹了说话的那些人。"[2]傅雷在翻译《高老头》时,由于书中描写的人物由上层至下层,三教九流无所不包,所以在对话的处理上,特别费神。而他在翻译对话上所付出的心血,也足以使《高老头》的译著,成为译坛上传诵一时的瑰宝。[3]

傅雷在完成《高老头》重译之后,对翻译巴尔扎克的作品,作了一番自

---

① F. Brunot. *Histoire de la Langue française des origines à nos jours*,tome XII:L'époque romantique:L'époque par Charles Bruneau. Paris:Libr. A. Colin,1968:382-383.

② 罗新璋. 读傅雷译品随感. 文艺报,1979(5).

③ 金圣华. 傅译《高老头》的艺术//刘靖之. 翻译新论集. 香港:商务印书馆,1991:110-134.

我评论:"鄙见以为凡作家如巴尔扎克,如左拉,如狄更斯,译文第一求其清楚通顺,因原文冗长迂缓,常令人如入迷宫,我的译文的确比原作容易读……如福禄贝尔,如梅里曼,如莫泊桑,甚至如都德,如法朗士,都要特别注意风格。我的经验,译巴尔扎克虽不注意原作风格,结果仍与巴尔扎克面目相去不远,只要笔锋常带情感,文章有气势,就可说尽了一大半巴氏的文体能事。"(傅致宋信,1951 年 10 月 9 日)

至此,由于译者与作者在写作上风格相近,因而使傅雷一再选译巴氏作品的事实,已毋庸置疑。

### 《邦斯舅舅》(*Le Cousin Pons*)

《邦斯舅舅》于 1951 年开始译,1952 年 2 月译毕,5 月由平明出版社出版。

《邦斯舅舅》完成于《贝姨》之后,属于"穷亲戚"篇。巴尔扎克写作这本小说时,已经临近创作生涯的末期。当时作家因为长年累月工作过劳,体力日衰,而情绪也十分低落,《邦斯舅舅》这部作品遂染上浓重的悲剧色彩。①

傅雷翻译这部名著的过程到底如何? 早在 1951 年 9 月,《高老头》重译本刚刚完成,翻译家就着手下一部译作的准备工作了。"近已开始准备 *Cousin Pons*,此书比已译巴尔扎克各书尤麻烦,我近来用脑过度,晚上睡觉大有问题,这样下去恐怕要变得神经衰弱,因为觉得恍恍惚惚,不光是疲倦。但是目前书的销数激减,不从量上着想,简直活不下去。而我工作速度奇慢,不得不日夜加工,牛马至此,奈何奈何!"(傅致宋信,1951 年 9 月 14 日)

作者百年前写,译者百年后译,两者都因逼于生活而努力工作,却又为了执着于艺术而不肯草率从事,其心灵的契合,已远远超越一般的层面。

---

① Balzac. *La Comédie humaine*:Vol. Ⅶ. Bibliothèque de la Pléiade. Paris:Editions Gallimard, 1976:455-457. 见 Andre Lorant 的评介。

为了加强准备工作,傅雷除了搜寻背景资料,也会详阅原著的英译本,作为参考。他在致宋淇信中说:"我现译的邦斯舅舅英译本(人人丛书本)一百五十余面中已发现六七个大错。至于我自己错多少,也不敢说了。"(1951 年 12 月 5 日)

其次,译者更要致力于搜寻良好的原著版本,譬如说,译完《邦斯舅舅》后,下一本该选译什么,傅雷说:"下册巴尔扎克究竟译哪一本迄今未决定,心里很急,因为我藏的原文巴尔扎克只是零零星星的,法国买不到全集本(尤其是最好的全集本),所以去年春天我曾想托你到日本的旧书铺去找。再加寄巴黎的书款如此不易,更令人头痛。"(傅致宋信,1953 年 2 月 7 日)

至于在本身的修养方面,傅雷也有了进一步的体会:"最近我改变方针,觉得为了翻译,仍需熟读旧小说,尤其是《红楼梦》。以文笔的灵活,叙事的细腻,心理的分析,镜头的变化而论,我认为在中国长篇中堪称第一。我们翻书时句法太呆,非多学前人不可(过去三年我多学老舍)。"(傅致宋信,1953 年 2 月 7 日)

对于选译原著的标准方面,傅雷的见解也越来越明确:"我越来越觉得中国人的审美观与西洋人出入很大,无论读哪个时代的西洋作品,总有一部分内容格格不入。至于国内介绍的轻重问题,我认为还不及介绍的拆烂污问题严重。试问,即以十九世纪而论,有哪几部大作可以让人读得下去的? 不懂原文的人连意义都还弄不清,谈什么欣赏!"(傅致宋信,1953 年 11 月 9 日)

可见傅雷译书,并不一定在乎是否合乎国情,因为完全合乎国情的作品如凤毛麟角;最主要的反而是看看原著是否是好书。如属好书而又与自己性情气质相投,则再以十分严谨的态度译出,以飨读者。

### 《夏倍上校》(附《奥诺丽纳》《禁治产》)(*Le Colonel Chabert*, *Honorine*, *L'Interdiction*)

《夏倍上校》于 1954 年 1 月译毕,同年 3 月由平明出版社出版。

《夏倍上校》《奥诺丽纳》《禁治产》三篇同属于"风俗研究编"的"私人生活栏"。由于三个中篇"都以夫妇之间的悲剧为题材",所以傅雷一并翻译后,合为一书出版。

这三个中篇,《夏倍上校》完成于 1832 年,属于巴尔扎克较早的作品,但由十九世纪起,就备受瞩目,多次改编为剧本,至二十世纪更改编为电影,可以说是作家最成功的小说之一。① 《禁治产》完成于 1836 年,该书涉及大量有关法律的专有名词,作者年轻时曾修习法律,但对译者却造成不少翻译上的难题。《奥诺丽纳》是巴尔扎克在 1842 年 12 月用三天时间完成的,然后再在 1843 正月修改补正。写作时间虽然仓促,却无损作品的完整。② 在婚姻中不能满足的女性,因追求镜花水月的爱情而招致不幸,正是巴尔扎克小说中常见的主题,而奥诺丽纳就是这么一个典型的悲剧人物。

对于《夏倍上校》的翻译,傅雷自认为不太满意。他说:"我自己译此书花的时间最久,倒不是原作特别难,而是自己笔下特别枯索呆滞。我的文字素来缺少生动活泼,故越翻越无味;不知道你们读的人有何感觉。我很怕译的巴尔扎克流于公式刻板的语句。"(傅致宋信,1954 年 4 月 26 日)

除了问朋友的意见,傅雷也在给儿子的信中,询问同一问题:"看了《夏倍上校》没有?你喜欢哪篇?对我的译文有何意见?我自己越来越觉得肠子枯索已极,文句都有些公式化,色彩不够变化,用字也不够广。"(《傅雷家书》,1954 年 5 月 5 日)③

傅雷一面译,一面躬身自省,深恐自己译文流于呆滞。一般论者以为傅雷傲慢,不让别人妄改译文一字一词。其实他对自己要求极严。别人轻率改动,使译作文气不连,当然难以接受。

---

① Balzac. *La Comédie humaine*:Vol. Ⅲ. Bibliothèque de la Pléiade. Paris:Editions Gallimard, 1976:293. 见 Pierre Barbéris 的评介。

② Balzac. *La Comédie humaine*:Vol. Ⅱ. Bibliothèque de la Pléiade. Paris:Editions Gallimard, 1976:507-508. 见 Pierre Citron 的评介。

③ 傅雷. 傅雷家书. 台北:联合文学出版社,1988:11.

1954 年 7 月,傅雷对宋淇表示:"大概以后每年至少要译一部巴尔扎克,'人文'决定合起来冠以《巴尔扎克选集》的总名,种数不拘,由我定。我想把顶好的译过来,大概在十余种。"这时,傅雷已经决定下一部译 *Ursule Mirouët*,再下册则译 *César Birotteau* 了。但他认为一直译巴尔扎克太紧张,中间得译一些其他作家的作品,以为调剂。(傅致宋信,1954 年 7 月 8 日)

## 《于絮尔·弥罗埃》(*Ursule Mirouët*)

《于絮尔·弥罗埃》于 1955 年 4 月译毕,1956 年方由人民文学出版社出版。

这本书属于"风俗研究编"的"内地生活栏",完成于 1841 年夏季。在这部作品中,巴尔扎克刻画了爱情与奇迹、贪财与争产的故事。书中女主角于絮尔是个天真无邪的少女。作者在致红颜知己韩斯嘉夫人的书信中,把于絮尔称为"欧也妮·葛朗台的较为幸运的姐妹"。巴尔扎克对这部作品相当钟爱,认为是"风俗研究编"中的代表作。[①]

对傅雷来说,这部情节曲折、充满戏剧性的作品是引人入胜的,唯独其中有关鬼神的片段,流于迷信,不足为取。[②]

至于翻译此书的经过又如何?正如其他所有译作一般,开始翻译时,进度极慢:"新开始的巴尔扎克,一天只能译二三页,真是蜗牛爬山!"(《傅雷家书》,1954 年 9 月 21 日)至同年 11 月,傅雷说:"新的巴尔扎克译了一半,约旧历年底完工……近一个月天气奇好,看看窗外真是诱惑很大,恨不得出门一次。但因工作进度太慢,只得硬压下去。"(《傅雷家书》,1954 年 11 月 1 日)

这大概可说是古往今来艺术家在创作过程中,孤军奋斗、强忍诱惑的

---

① Balzac. *La Comédie humaine*:Vol. Ⅲ. Bibliothèque de la Pléiade. Paris:Editions Gallimard,1976:735-736. 见 Madeleine Fargeaud 的评介。

② 傅雷. 傅雷译文集:第二卷. 合肥:安徽人民出版社,1982:245.

忠实写照！巴尔扎克当年写作时如此，傅雷百年后翻译时如此，两人都曾经饱受孤寂的煎熬！

1955 年年初，傅雷致宋淇信中说："新译的巴尔扎克《于絮尔·弥罗埃》，花了一百天初步译完，正在校改，功夫仍不下于初译，预料出书当在今年六七月了。"(1955 年 1 月 14 日)结果，书搁了十一个月才获出版。

这时候，政治气候已经日见紧张。傅雷在这段时日中，不断出席座谈会，以"补课"性质研究 1949 年后的文艺创作，此外更积极阅读各类报告，以免落伍。傅雷凭一股赤子之心，以极其兴奋的心情，来迎接"百花齐放、百家争鸣"的新气象，翻译产品自然相对减少。谁知 1957 年被错划为右派，从此就更退隐书斋，深居简出，终日与翻译为伍了。

### 《赛查·皮罗多盛衰记》(*Histoire de la grandeur et de la décadence de César Birotteau*)

《赛查·皮罗多盛衰记》于 1958 年 4 月译毕，至 1978 年作为遗译，由人民文学出版社出版。

这本书属于"风俗研究编"的"巴黎生活栏"，作者试图以一个平凡殷实的花粉商在巴黎这滚滚红尘中，因勤奋向上而发迹、因野心勃勃而没落，继而倾家荡产、一无所有再挣扎还债、补过赎罪的经过，来描绘人性的尊严以及社会的残酷。

《赛查·皮罗多盛衰记》出版于 1837 年，巴尔扎克于 1846 年曾经说过："赛查·皮罗多在我脑子里保存了六年，只有一个轮廓，始终不敢动笔。一个相当愚蠢相当庸俗的小商店老板，不幸的遭遇也平淡得很，……这样的题材要引起人的兴趣，我觉得毫无办法。有一天我忽然想到，应当把这个人物改造一下，叫他做一个绝顶诚实的象征。"①

就因为这个意念，"赛查·皮罗多"遂蜕变成为《人间喜剧》中一部光芒四射的杰构，而傅雷也对这部作品推崇备至。他曾经说过："这一本真

---

① 傅雷. 傅雷译文集:第六卷. 合肥:安徽人民出版社,1982:475.

是好书,几年来一直不敢碰,因里头涉及十九世纪的破产法及破产程序,连留法研究法律有成绩的老同学也弄不清,明年动手以前,要好好下一番功夫呢!"(傅致宋信,1954 年 7 月 8 日)

傅雷这一番话是 1954 年说的,结果事隔两年,到 1956 年才开始动手翻译。他在给傅聪的信中说:"昨天才开始译新的巴尔扎克。社会活动与学术研究真有冲突,鱼与熊掌不得兼,哀哉哀哉!"(《傅雷家书》,1956 年 7 月 23 日)到 1957 年年初,初稿完成,可是翻译家叹道:"我修改巴尔扎克初译稿,改得很苦,比第一遍更费功夫。"(《傅雷家书》,1957 年 2 月 24 日)

原作在作者脑中酝酿了六年,译著也在译者心目中盘桓了多年,译成之后,事隔二十年,才能面世,《赛查·皮罗多盛衰记》能搬演在中国读者眼前,由来确实不易!

## 《搅水女人》(*La Rabouilleuse*)

《搅水女人》于 1959 年 4 月 12 日翻译,1960 年 1 月《译者序》完成,全书于 1962 年 11 月由人民文学出版社出版。

原作于 1842 年完成。其实巴尔扎克早在 1840 年 9 月就开始创作这部作品了。最初发表时以"两兄弟"为题,并以连载小说方式刊登在报纸上。巴尔扎克与当时巴黎报界的关系,可说是爱恨交缠、恩怨难分。作者必须依赖报界,才能把自己的作品推广宣传;但报纸编辑又对作家有诸多限制要求,使作家创作才能捉襟见肘,难以发挥,巴尔扎克的情况尤其复杂。首先,他对当时的大报如 *La Presse* 及 *Le Siècle* 都欠下债项,不得不努力工作以清偿债务;其次,他对自己的笔墨,极其珍惜,不肯向现实低头,以媚俗的作品滥竽充数。例如,编者不喜欢作家长篇累牍描绘背景,而希望能急速推演情节,巴尔扎克则偏偏要反其道而行。①

对于巴尔扎克作品特点,傅雷在《搅水女人》的译序中,有十分中肯的

---

① Balzac. *La Comédie humaine*:Vol. IV. Bibliothèque de la Pléiade. Paris:Editions Gallimard, 1976:249-251. 见 René Guise 的评介。

评论:"巴尔扎克同时自命为历史家,既要写某一时代的人情风俗史,还要为整个城市整个地区留下一部真实的记录。因此他刻划人物固然用抽丝剥茧的方式尽量挖掘;写的城市、街头、房屋、家具、衣着、装饰,也无一不是忠实到极点的工笔画。……这些特点见之于他所有的作品,而在《搅水女人》中尤其显著,也表现得特别成功。"①

巴尔扎克于 1842 年 11 月方完成《搅水女人》第二部,名之为《一个内地单身汉的生活》,后在遗留的笔记上又易名为《搅水女人》。这部作品虽然数易其名,而第一部分与第二部分的写作之间,作者又完成了五六部其他作品,包括《于絮尔·弥罗埃》及《亚尔培·萨伐龙》在内,然《搅水女人》一书的艺术价值,却丝毫无损。

傅雷翻译此书时,已经被划为右派,不得不与海外好友书信中断。儿子傅聪又正好于 1958 年年底自波兰出走英国,直至 1959 年年底,才获准恢复通信。因此,他在精神上饱受折磨,痛苦万分。难得的是,傅雷始终能坚持译事,努力不辍。

最令译者困扰的倒是书成之后的出版问题。他在给儿子的信中说:"新译不知何时印,印了当然马上寄。但我们纸张不足,对于十九世纪的西方作品又经过批判和重新估价,故译作究竟哪时会发排,完全无法预料。"(《傅雷家书》,1960 年 12 月 2 日)

不但如此,当时国内已经出版的傅雷译著,在市面上也无法买到。在致友人刘抗的信中,傅雷提出:"拙译各书国内久已脱销,闻港九市上供应未断,倘若新岛(按:新加坡)未有当设法自港邮奉。"(傅致刘抗信,1961 年 5 月 7 日)

无论如何,《搅水女人》一书终于在 1962 年出版,比起其他久遭压抑的傅译如《幻灭》等,尚属幸运!

① 傅雷. 傅雷译文集:第三卷. 合肥:安徽人民出版社,1982:294.

## 《都尔的本堂神甫》(附《比哀兰德》)(*Le Curé de Tours*, *Pierrette*)

1961 年 2 月译毕,全书于 1963 年 1 月由人民文学出版社出版。

《都尔的本堂神甫》于 1833 年出版,《比哀兰德》则完成于 1839 年。这两部作品,连同《搅水女人》,合为一组,总称为《独身者》之一、之二、之三,属于《人间喜剧》中,"风俗研究编"的"内地生活栏"。

《都尔的本堂神甫》是作者较早期的作品。巴尔扎克原籍都尔,因此早年的作品时常以故乡的事物为背景。《都尔的本堂神甫》尽管描写内地生活,内容似乎琐碎平凡,但"不管内容多么单调平凡,巴尔扎克塑造的人物,安排的情节,用极朴素而深刻的手法写出的人情世故和社会的真相,使这个中篇成为一个非常有力和悲怆动人的故事,在《人间喜剧》中占着重要地位"①。

《比哀兰德》恰似一种鲜为人知的空谷幽兰,自绽放之日就开始遭受冷落,其淡雅的色彩,为巴尔扎克其他的杰作尽盖。其实,论者以为《比哀兰德》的艺术价值,是足以与《欧也妮·葛朗台》以及《高老头》相提并论的。②

傅雷对这本小说的价值却早加以肯定,他说:"《比哀兰德》是另一情调的凄凉的诗篇,像田间可爱的野花遭到风雨摧残一样令人扼腕,叹息,同时也是牛鬼蛇神争权夺利的写照。"③

傅雷翻译《都尔的本堂神甫》及《比哀兰德》期间,因长年伏案,健康日差,再加上种种忧患,使他神经极度脆弱,其间时常以培植月季、玫瑰来怡情遣兴,但其译作的水准,依然保持不变。

---

① 傅雷. 傅雷译文集:第三卷. 合肥:安徽人民出版社,1982:4.

② Balzac. *La Comédie humaine*:Vol. Ⅳ. Bibliothèque de la Pléiade. Paris Editions Gallimard,1976:3. 见 Jean-Louis Tritter 的评介.

③ 傅雷. 傅雷译文集:第三卷. 合肥:安徽人民出版社,1982:5.

## 《高老头》(*Le Père Goriot*)第二次重译

1963 年 9 月,因文学研究所有意把《高老头》收入"外国文学名著丛书",傅雷又把全书从头至尾大事修改一遍。

他说:"翻译工作要做得好,必须一改再改三改四改。《高老头》还是在抗战期译的,五二年(按:应为五一年)已重译一遍,这次是第三次大修改了。此外也得写一篇序。"(《傅雷家书》,1963 年 9 月 1 日)

这篇序到底是怎么写成的? 傅雷说:"如今写序要有批判,极难下笔。我写了一星期,几乎弄得废寝忘食,紧张得不得了。"(《傅雷家书》,1963 年 10 月 14 日)可惜这么一篇呕心沥血写成的序,却在"文化大革命"中佚失了。

对于《高老头》重译本,傅雷是极其用心的,在这个版本中,有许多地方傅雷把第二次译本改得体无完肤,有不少地方却在考虑再三之后,又改回第一次译本中的译法。[①] 译者之所以如此斟酌,实在是因为自己在翻译的技巧方面,又进入另一个境界。"近来我正在经历一个艺术上的大难关,眼光比从前又高出许多(五七年前译的都看不上眼)。"(《傅雷家书》,1962 年 5 月 9 日)换言之,假如当时有需要再版的话,傅雷一定会把其他的旧作痛加修改的。那时,他完全集中精神在《高老头》的重译之上。身为一个完美主义者,他不禁叹道:"至于译文,改来改去,总觉得能力已经到了顶。多数不满意的地方明知还可修改,却都无法胜任,受了我个人文笔的限制。这四五年来愈来愈清楚的感觉到自己的 limit,仿佛一道不可超越的鸿沟。"(《傅雷家书》,1963 年 10 月 14 日)

正由于认识到自己的局限,傅雷在可能的范围中,尽量钻研各种有关巴尔扎克的著作,以求进一步充实自己。1963 年春,傅雷加入巴尔扎克研究会成为会员;同年 9 月,他一面重译《高老头》,一面潜心巴学。他认为

---

① 见:金圣华. 傅译《高老头》的艺术//刘靖之. 翻译新论集. 香港:商务印书馆,1991:110-134.

法国学术界对研究巴尔扎克的"那种热情和渊博(erudition)令人钦佩不置"(《傅雷家书》,1963 年 9 月 1 日)。

其实,早在 1955 年,傅雷已经对巴尔扎克学会的资料了如指掌。他在一篇提交给全国人代会和政协的《关于翻译及出版工作的意见书》中写道:"据本人经验,翻译任何作品,欲求彻底提高品质,必须与国外学术机关联系:倘属现代作品,尤须与原作者联系;倘属古典作品,国外亦有不少专门团体。例如法国有巴尔扎克学会,照理对翻译巴尔扎克的人可能有很多帮助。但最好先由政府做好沟通工作,然后由译者直接通信。"当然,在当时的政治环境下,傅雷是无法跟巴尔扎克学会取得联系的,他研究巴学的办法只好退而求其次:"本人历来均依靠数十年前之法国老同学,由其代为委托青年讲师及教授解决文字、风俗、史地、法律、掌故等等方面的难题。……因为每部巴尔扎克的小说,问题平均有百数以上,帮助我解答的青年讲师往往需在图书馆工作,时间精力都耗费不少。"①

傅雷提出有关翻译的意见十分中肯,却不获接受,所以唯有继续以私人交情,央求友人在国外辗转展开搜集资料的工作。

在 1963 年的家书中,傅雷提到一年多以来,开始潜心研究巴学,他发现 1940 年后,"一共出版了四千多种关于巴尔扎克的传记、书评、作品研究:其中绝大多数是法国人的著作。我不能不挑出几十种最有分量的,托巴黎友人代买。法国书印数还是不多,好多书一时都脱销,要等重印,或托旧书商物色"(《傅雷家书》,1963 年 12 月 11 日)。

在所托的友人中,亦包括姻亲小提琴名家梅纽因。傅雷在致儿媳弥拉的一封信中,嘱其转致谢忱,因梅纽因自巴黎寄来六册书,其中包括《巴尔扎克书信集》《巴尔扎克年刊》《人间喜剧人物辞典》等,都是研究巴尔扎克作品不可或缺的重要参考书。②

傅雷在翻译巴尔扎克的同时,也发展成为一位专治巴学的权威。

---

① 意见书写于 1955 年 12 月 20 日,此文件尚未公开发表。
② 原为英文信件,从未曾公开披露,由傅敏惠赐原件影印本。

《幻灭》(*Illusions Perdues*)

《幻灭》由 1961 年 6 月开始准备,1964 年 8 月方译竣,于 1978 年以遗译形式由人民文学出版社出版。

巴尔扎克这部名著以揭露文坛内幕、报界黑暗为主题,原书分为三部:第一部出版于 1837 年,第二部出版于 1839 年,第三部则出版于 1843 年。其后,三部小说合成一书,称为《幻灭》三部曲。①

《幻灭》完成之后,巴尔扎克将之献给好友雨果,他在题献中说:"您像夏多布里昂和一切有真才实学的人一样,跟藏在报纸专栏背后或报馆地下室里的忌才之徒着实经过一番较量。"②巴尔扎克写作《幻灭》的目的,就是要把报界中人,毫不留情地揪上《人间喜剧》的舞台。

傅雷在 1963 年的家书中说:"巴尔扎克的长篇小说《幻灭》(*Lost Illusions*)三部曲,从六一年起动手,最近才译完初稿。第一二部已改过,第三部还要改,便是第一二部也得再修饰一遍,预计改完誊清总在明年 4、5 月间。总共五十万字,前前后后要花我三年半时间。"(《傅雷家书》,1963 年 9 月 1 日)

《幻灭》的准备工夫,的确倍花心思:一来这是一部大著作,情节复杂曲折;二来,这部书谈及巴黎十九世纪小报界文人的一些内幕陋习,所用的行话词汇特丰。傅雷一方面请宋淇自香港寄来 1951 年出版的新英译本;一方面则从友人柯灵处询问有关旧上海小报界的口语和行话③,因为译者深知此书"内容复杂,非细细研究不能动笔"(《傅雷家书》,1961 年 6 月 14 日)。

接着,傅雷把全书七百五十余页原文中的生词全挑出来,共有一千一百余个,每天发狠温三百至四百生字。当时五十三岁的傅雷对儿子傅聪

---

① 巴尔扎克. 巴尔扎克全集:第九卷. 傅雷,译. 北京:人民文学出版社,1987:720.
② 巴尔扎克. 巴尔扎克全集:第九卷. 傅雷,译. 北京:人民文学出版社,1987:3.
③ 柯灵. 怀傅雷. 文艺报,1979(5).

说:"正如你后悔不早开始把肖邦的 Études 作为每天的日课,我也后悔不早开始记生字的苦功。否则这部书的生字至多只有二三百。……天资不足,只能用苦功补足。我虽到了这年纪,身体挺坏,这种苦功还是愿意下的。"(《傅雷家书》,1961 年 6 月 26 日)

准备工夫做妥之后,就开始实际的翻译工作:"两个月以来,我的工作越来越重:翻译每天得花八小时……"(《傅雷家书》,1961 年 12 月 17 日)一个月后,翻译家又说:"自 11 月初苏州回来后,一口气工作到今,赛过跑马拉松……想想自己也可笑,开头只做四小时多工作,加到六小时,译一千字已经很高兴了;最近几星期每天做到八小时,译到两千字,便又拿两千字作为新定量,好似老是跟自己劳动竞赛,抢'红旗'似的。"(《傅雷家书》,1962 年 1 月 14 日)

这种废寝忘食的工作态度,傅雷在译途上从开始迈步,到将近末声,不但始终未改,更有变本加厉的趋势。

傅雷在潜心翻译《幻灭》之际,对巴尔扎克描绘一百三十年前巴黎文坛、报界、戏院内幕的卓越手法,极其欣赏:"巴尔扎克不愧为现实派的大师,他的手笔完全有血有肉,个个人物历历如在目前,决不像罗曼·罗兰那样只有意识形态而近于抽象的漫画。"(《傅雷家书》,1962 年 1 月 21 日)

《幻灭》的翻译至 1964 年 8 月终于完成。当时,傅雷曾写过一篇"序文",可惜在"文化大革命"中佚失,有关这篇序文,当初傅雷曾致函人民文学出版社总编室表明立场:

> 译序可用则用,可改即改,万一不堪造就,即摈弃亦无妨,将来编入古典文学名著时拟仍按《高老头》例径请文学研究所另行请人缮写序文。鄙人三十余年来与海外隔绝,自去岁起始有机会稍稍浏览研究巴尔扎克之专著,但亦种类极多,卷帙浩繁,尚不足以言窥其门径。材料既未掌握,马列主义水平又低,此次虽以四十余日之时间,写成译文(按:应为译序),仍恐谬误百出,贻误读者。甚盼严加审阅,以定

去取。①

这么一篇用心写出的译序,可惜终于因种种原因而跟读者缘悭一面。

傅雷译完《幻灭》之后,认为既已先后译出十多种巴尔扎克小说,应可暂告一个段落。他在 1964 年 10 月及 11 月曾先后致函人民文学出版社副社长郑效洵,陈述己见。他认为以当时的情况来说,可"暂停翻译小说,先译一部巴尔扎克传记",而译完传记之后,再逐部介绍有关巴尔扎克的专题论著,"连同传记一律作为内部资料,供国内专门研究文艺之人参考"。②

他之所以要暂停翻译小说,是因为发觉至此所译的作品,在《人间喜剧》九十四个长篇之中,"虽不能囊括作者全部精华,但比较适合吾国读者的巴尔扎克的优秀作品,可谓遗漏无多"。傅雷进一步解释道,宣扬神秘主义的《路易·朗倍》、宗教意味极重的《乡下医生》、开现代心理分析先河的《幽谷百合》、以专门科学为题材的《炼丹记》等等,虽为名著,但对中国现代读者来说,"不仅无益,抑且甚难理解"。傅雷认为"在目前'文化革命'的形势之下,如何恰当批判资本主义文学尚无把握之际,介绍西欧作品更不能不郑重考虑,更当力求选题不犯或少犯大错"③。

傅雷说这一番话,并非向现实妥协,因为他接着表示"《皮罗多》校样改正至今已历三载,犹未付印;足见巴尔扎克作品亦并非急需";而"古典名著编委会迄今未能写出《高老头》之评序,可见批评之难",形势既然如此,不如暂停翻译小说,转而译介客观史料。

当时在中国学术界,有关现实主义以及有关巴尔扎克世界观与创作问题的讨论,日益增多,但是文献资料奇缺。傅雷对这种现象,颇有感慨,他说:"一方面,马列主义及毛泽东思想的文艺理论,尚无详细内容可以遵循;另一方面,客观史料又绝无供应,更不必说掌握;似此情形,文艺研究

---

① 出自 1964 年 8 月 7 日傅雷致人民文学出版社总编室函件。此信尚未公开发表。函件中标点为本文作者所加。
② 1964 年 10 月 9 日傅雷致郑效洵函件。此信尚未公开发表。
③ 1964 年 11 月 13 日傅雷致郑效洵函件。此信尚未公开发表。

工作恐甚难推进。"为了改善这种情况,傅雷要求当局批准他译介巴尔扎克研究资料,因自己"体弱多病,脑力衰退尤甚,亟欲在尚能勉强支持之日,为国内文艺界作些填补空白的工作"①。

傅雷这一番殷切的陈词,始终未受重视。他只好在 1965 年继续翻巴尔扎克的《猫儿打球号》(*La Maison du chat-qui-pelote*),此书后在"文革"中佚失,迄今不知下落。

1966 年,"文革"的惊浪骇涛席卷而来,傅雷于当年 9 月 3 日与夫人双双弃世。他的优美译笔,从此成为绝响;而他想为中国文艺界做些"填补空白"工作的心意,也就永远不能实现了。

## 四

综观傅雷的一生,在其漫长的译途上,有超过一半时间,他把心血精力都倾注在巴尔扎克的作品中。以量计,以质计,巴尔扎克的小说,才是傅译浩瀚天地中的重镇。

傅雷译出的十五部巴尔扎克小说,全部属于《人间喜剧》中的"风俗研究编",有关"哲学研究编"(Études philosophiques)及"分析研究编"(Études analytiques)的著作,一部也未曾涉及。原因很清楚,《人间喜剧》共九十四部作品之中,最脍炙人口的几乎都集中在"风俗研究编",而在"风俗研究编"中,傅雷选择的作品,除了适合中国国情之外,还必须以其本身的艺术价值作为考虑原则,为此,中国读者在种种限制的环境中,才得以借助傅雷优美流畅的译笔,接触到法国文学中如《高老头》《欧也妮·葛朗台》等如此光芒四射的经典名著。

傅雷毕生勤于译事,大部分时间都在闭门伏案的孤寂中度过。从他翻译一部又一部的巴尔扎克作品看来,我们得知他翻译一本新书的酝酿过程,少则数月,多则数年,不准备妥当,绝不轻易动笔。而在翻译期间,

---

① 1964 年 11 月 13 日傅雷致郑效洵函件。此信尚未公开发表。

又小心翼翼、步步为营,对遇到的无数难题,一个个以无比的耐性与毅力去逐步克服。需知翻译家处于物质条件十分简陋的年代,政治环境又诸多限制,要在重重困境中,设法找寻版本、搜集资料,的确倍添艰辛!然如此苦心孤诣译成的作品、写成的译序,往往又因种种原因,而遭受压制或弃置的命运。读者在太平盛世手捧译著,埋头阅读之际,可曾体会到翻译家当年在茕茕孤灯下所耗的斑斑心血?

在傅雷翻译巴尔扎克的心路历程中,我们可以窥见一个寂寞的身影,投射在曲折崎岖的山径上,一步又一步勉力向峰顶攀登。傅雷对自己要求极严:一方面要在抢译、滥译的浊流中,挺身而出,树立榜样;一方面又在艺术的巍巍高山前,因自知有所局限而望峰兴叹。他对于自己的译作,从未满意。在致罗新璋函中,傅雷说:"尊札所称'傅译',似可成为一宗一派,愧不敢当。以行文流畅,用字丰富,色彩变化而论,自问与预定目标相距尚远。"(1962 年 1 月 6 日)这番话,并非自谦之词,而是翻译家怀着高远的理想,毕生悉力以赴的方向。

傅雷除以译作优美严谨称著之外,其在《高老头译序》中提出的"翻译神似论",亦在译界传诵一时。但是,傅雷真正流传于世有关翻译的论著,并不很多,最常见的莫如《翻译经验点滴》(1957 年 5 月 12 日,载《文艺报》第 10 期)、《高老头译序》、上述致罗新璋函等几篇。其实,傅雷在私人函件或家书中,讨论翻译的片段颇多,内容也极其丰富。本文的写作,就是要在傅雷翻译巴尔扎克的心路历程中,寻根溯源,搜集资料,以期在傅译研究的领域中,做些"填补空白的工作"。

1994 年 5 月 6 日

# 从"傅译"到"译傅"

## ——兼谈文学翻译中的"探骊"与"得珠"

### 一

"夫千金之珠,必在九重之渊,而骊龙颔下。"

《庄子·列御寇》

要得千金之珠,必涉探骊之险,潜泳者需身怀绝技,谙熟水性,奋不顾身,跃入深渊,方能真正有所收获。倘若只知在崖边逡巡往回,审视山石乱堆,察看草木怒生,绕场三匝,徒有威武之表,而无上阵之实,则无论如何不能自封为探骊专家,更遑论得珠而返?

### 二

二○○二年十二月,筹划多时的《傅雷全集》,由辽宁教育出版社隆重推出,全集共二十卷,举凡傅雷的译作、著作、家书、书信、遗稿等,全部收编在内。宏富的内容,配以珍贵的图片及手稿,使这位以译介法国经典名著而为人熟知的大译家,终于以著译皆能、百艺精通的全貌,呈现在读者眼前。

傅雷不仅是名闻遐迩的翻译家、才华横溢的著作家,"贯通中西文化的艺术批评家;更是一位成绩卓著的教育家"①。他的多重身份与才艺,充分表现在《全集》所收录的作品之中。这些作品涵盖的范围极广,既有译作,亦有著作,共计有关小说、传记、艺术、政论等译作三十六部,译文二十五篇;除《世界美术名作二十讲》和《贝多芬的作品及其精神》之外,涉及文学、美术、音乐、政论等文章一百三十六篇,还有家书一百七十五通及致友人书二百六十五通②,不但集《傅雷译文集》及《傅雷文集》之长,也尽量辑录阙佚,使读者披卷摩挲,得窥全豹。

在历来出版的傅译之中,享誉最隆及影响最广的乃罗曼·罗兰及巴尔扎克的作品,而译家用力最深的当推后者的杰构。傅译巴尔扎克的小说,前后共计十五部,除在"文革"中佚失的《猫儿打球号》之外,十四部作品在译坛上闪烁生辉,历久不衰。《高老头》《欧也妮·葛朗台》《幻灭》《贝姨》等名译,已经昂然进入中文创作的殿堂,并列其中,而毫不逊色。

傅雷的翻译生涯,自一九二九年发表《圣扬乔而夫的传说》起,至一九六六年"文革"浩劫中愤而弃世止,前后经历三十七年,而傅雷的译著共计五百余万言。在这时久量多、幅员广阔的煌煌大业及浩瀚天地之中,巴尔扎克作品的翻译,始终占有中心的地位。根据傅雷自己所言,他远在一九三八年已经开始打巴尔扎克的主意,可是迟至一九四四年,才开始动手翻译第一部巴氏的小说,即《亚尔培·萨伐龙》,至一九四六年则译竣出版,前后历时八年之久。③ 一九三八年,傅雷刚届而立之年,真正质量并重的大部头译作尚未面世,仅在一九三七年出版了《约翰·克利斯朵夫》第一卷,以及早前的一些零星译作而已,至一九四四年着手翻译巴尔扎克时,在译作方面,已译毕《约翰·克利斯朵夫》全集,并重译《贝多芬传》、翻译杜哈曼的《文明》。在艺术方面,与黄宾虹结为莫逆之交,书信往返不断,并于一九四四年在沪举办"黄宾虹八秩诞辰书画展览会",刊印《黄宾虹先

---

① 罗新璋. 出版说明//傅雷. 傅雷全集:第一卷. 沈阳:辽宁教育出版社,2002:V.
② 罗新璋. 出版说明//傅雷. 傅雷全集:第一卷. 沈阳:辽宁教育出版社,2002:V.
③ 金圣华. 傅雷翻译巴尔扎克的心路历程//金圣华,黄国彬. 因难见巧:名家翻译经验谈. 香港:三联书店,1996:192.

生山水画册》及《黄宾虹书展特刊》,在特刊上撰写《观画答客问》一文,介绍黄老画艺。同年,傅雷亦翻译了炙脍人口的巴氏名著《高老头》一书。在音乐方面,傅雷于一九四六年发起为意大利音乐家,亦即傅聪钢琴老师梅·百器举办"追悼音乐会"。此外,由一九四二年至一九四五年,曾与志同道合的友好共组茶话会,畅论文艺、科技等学术专题,参加者有姜椿芳、周煦良、沈知白、雷垣、宋奇、周梦白等十余人。[①] 由此可见,傅雷至此在思想感情、学术修养、著译风格等各方面,都已臻成熟完备、蓄势待发的阶段,正抖擞精神,准备在长途漫漫、千山万水的译道上迈步前进。

在拙文《傅雷与巴尔扎克》《傅译〈高老头〉的艺术》《傅雷翻译巴尔扎克的心路历程》中,已先后将译者傅雷与原作者巴尔扎克两人从性情、气质,对生命、文学的看法,对工作的态度与习惯等各方面来加以研究,并以客观与主观的因素,仔细分析傅雷选译巴尔扎克的原由,剖析译者在翻译前、翻译中及翻译后的种种摸索经营及自省求进的过程,故此处不赘。值得注意的是,由于全集的面世,读者可以充分认识到傅雷是一位对音乐、美术、文学、建筑、戏剧,甚至出版、古物保管等各方面,皆面面兼俱、事事留心的通才,这也是造就他成为翻译专家的先天条件,令他在翻译气势澎湃的杰作如《人间喜剧》时,可以得心应手,游刃有余,而不致如某些文化修养不足的译者一般,在巴尔扎克营造的巍巍巨构中捉襟见肘,彷徨失措。

傅雷是个爱惜笔墨、努力不懈的翻译家,凡是自己的译作,都一改再改,精益求精,即以《高老头》为例,亦前后翻译三次,主要的原因,不但是因为自身语文的造诣不断提高,也因为在漫长的译途中,对翻译的认知已有所不同。

先说语文的造诣。如所周知,傅雷的文字以流畅优美见称,不论是书信还是翻译,都是现代文学中的精品,足以成为研究的对象,学习的范本,

---

① 傅敏,罗新璋.傅雷年谱//金圣华.傅雷与他的世界.香港:三联书店,1994:314-316.

但是傅译之所以家喻户晓,为人称道,也不是一蹴而就的。我们且看他第一篇发表的译作《圣扬乔而夫的传说》,不论造句遣辞或标点符号,都有明显的欧化痕迹:

> 奥倍莱,虔敬地,同情于她的幻想,不时用言语劝慰她,鼓励她,在诗中为她唱出春之消息,歌咏她现实生活的诗景,她机械地首肯着……直到灯火摇落,报告安息的时间已经来到的时分。①

这篇作品译于一九二九年,当时白话文的发展,尚未成熟,而傅雷的翻译技巧,也刚在摸索之中,因此译文的素质自然不够理想,许多同期译家的作品都有这种倾向。日后,傅雷在不断的实习与努力中,逐渐体会到中西文化的异同。他认为两种语文的表达方式往往南辕北辙,因此一方面怕"太浓厚的中国地方色彩会妨碍原作的地方色彩",而对使用方言有所顾忌;另一方面又怕"纯粹用普通话吧,淡而无味,生趣索然,不能作为艺术工具"。② 译家时常以如何掌握译文的风格自苦,认为要"形成和谐完整的风格,更有赖长期的艺术熏陶。……文字问题基本也是个艺术眼光的问题;要提高译文,先得有个客观标准,分得出文章的好坏。"③ 由此可见,傅雷在译途上是不断自淬自励,反复思考内省的。他在一遍又一遍的重译之中,往往把自己的旧作改得体无完肤,不留情面的程度,远远超过任何最为严苛的编审者或评论家。我们大可以说,这位潜泳者,在涉险探骊的过程中既非毫无准备、冒昧入水;亦非避重就轻、临渊却步。且看傅雷在一九五一年九月《高老头》重译本的序言中,已"相当全面而深刻地总结了一个翻译者在具体的翻译活动中所能遭遇的不同或差异……傅雷还透过这多方面的'不同',看到这些'不同'之间所产生的相互影响,认识到

---

① 傅雷. 傅雷全集:第十五卷. 沈阳:辽宁教育出版社,2002:339.
② 傅雷. 翻译经验点滴//傅雷. 傅雷全集:第十七卷. 沈阳:辽宁教育出版社,2002:226.
③ 傅雷. 翻译经验点滴//傅雷. 傅雷全集:第十七卷. 沈阳:辽宁教育出版社,2002:226.

语言层面与社会、文化及思想方面之间的差异的互动关系"①。因此,他是个从实践中得出理论,又以理论不断改进实践的翻译家。

傅雷在漫长的翻译生涯中,一面译,一面思索,一面改进,一面再思索。虽然从表面上看来,似乎并未留下太多纯粹讨论翻译的文章,但在致友人(如林以亮)的书信中,在其他谈论音乐、艺术的文章里,都可以发现不少线索,足以汇集为融会贯通、自成体系的译论,而傅雷在翻译各种有关音乐、艺术、文学、戏剧的文章里,又受到滋润与启发,在思想境界与语言技巧方面不断得到提升,从而沃养了文学翻译的园地,使之绿意盎然,平添无穷无尽的原创力与生命力。

傅雷对自己的译文,曾提出以"行文流畅、用字丰富、色彩变化"为指标②,而在拙文《傅译〈高老头〉的艺术》中,亦曾对傅译特色作过剖析,此处再尝试从译家其他的译著之中,探溯这些特色的源头。

先说"行文流畅"的特点。如上文所述,傅雷早期的译文,与后期的杰作,在行文流畅方面,实在有显著的分别,傅译专家罗新璋对此曾经发表如下的评论:

> 《罗丹艺术论》,先生译于一九三一、三二年冬春之际,距"五四"新文化运动十二年,当时白话文尚处于形成时期。以今天眼光看,译稿文字带有白话文由是脱胎而来的文言痕迹:个别字眼显得老旧,文白夹杂,有不够和谐之弊,行文也不及后期傅译那样流畅,朗朗上口。但尽管有这些不足,拭去尘翳,仍不失为刘老(本文作者注:即刘海粟)所称的"明珠",看出一代译界巨匠在很年轻时已显露的不凡译才。由是有所感矣。③

傅雷对自己的文字技巧要求甚严,终其一生,都在悉心改进,刻意求工。"琢磨文字的那部分工作尤其使我长年感到苦闷。中国人的思想方

①　许钧. 翻译论. 武汉:湖北教育出版社,2003:328.
②　傅雷. 论文学翻译书//罗新璋. 翻译论集. 北京:商务印书馆,1984:694.
③　傅雷. 傅雷全集:第十四卷. 沈阳:辽宁教育出版社,2002:106.

式和西方人的距离多么远。……不在精神上彻底融化,光是硬生生的照字面搬过来,不但原文完全丧失了美感,连意义都晦涩难解,叫读者莫名其妙。"①

　　傅雷对于自己翻译作品中语言运用及表达方式的要求,在长子钢琴家傅聪长年累月、磨炼琴艺如苦行僧的岁月中,再次得到了体现与发扬。傅雷于一九五五年曾将傅聪业师杰维茨基教授所撰《关于表达肖邦作品的一些感想》一文译出,其中提到"至于肖邦作品的内容和它的表现方法,可以说是用最凝练最简洁的形式,表现出最强烈的情绪的精华。"②在某种意义上来看,这也可说是傅雷在翻译法国名家经典作品时的一种自我期许吧!

　　有关"用字丰富"的特点,我们可以从傅译《艺术哲学》一书见到端倪。法国史学家兼艺评家丹纳(一八二八至一八九三)这部著作,傅雷早于一九二九年负笈法国时就有意翻译,然而当时只译就第一编第一章,至一九五八至一九五九年,方全书译竣。丹纳博学多才,精通多国文字,足迹遍及英、比、荷、德多国,并曾应巴黎美术学校之聘,担任美术史讲座,其后一生又以书斋生活为主,在这些经历上,与傅雷颇有些相似之处。③傅雷对丹纳这部著作,相当重视,由于一九五九年译毕后,出版社搁置一年零八月,尚未付印,故特于一九六一年初,用一个多月功夫,以毛笔抄录该书第四编《希腊的雕塑》(共六万余字)寄予傅聪,以提高其艺术修养。在这篇谈雕塑的文章中,亦涉及了有关语言及文学的问题:

　　　　所有我们的哲学和科学的词汇,几乎都是外来的;要运用确当,非懂希腊文和拉丁文不可;而我们往往运用不当。这个专门的词汇有许多术语混进日常的谈话和文学的写作;所以我们现在的谈话和

---

①　傅雷. 翻译经验点滴//傅雷. 傅雷全集:第十七卷. 沈阳:辽宁教育出版社,2002:226.
②　傅雷. 傅雷全集:第十五卷. 沈阳:辽宁教育出版社,2002:426.
③　傅雷. 傅雷全集:第十六卷. 沈阳:辽宁教育出版社,2002:3.

思索,所依据的是笨重而难以操纵的字眼。我们把那些字的现成的,照原来配搭好的格式拿过,凭着习惯说出去,不知道轻重,也不知道细微的区别;我们不能充分表达心里的意思。作家要花到十五年功夫才学会写作,不是说写出有才气的文章,那是学不来的,而是写得清楚,连贯,恰当,精密。他必须把一万到一万二千个字和各种辞藻加以钻研,消化,注意字与词的来源,血统,关系,然后把自己所有的观念和思想按照一个别出心裁的方案重新建造。如果不下过这番功夫而对于权利,责任,美,国家,一切人类重大的利益发表议论,就要暗中摸索,摇晃不定,陷入浮夸空泛的字句,响亮的滥调,抽象而死板的公式。①

傅雷对此显然十分认同,他在同年四月十五日写给傅聪的英文函件中,就提醒儿子在使用英文时对造句遣辞,要多加留意:

> 我得提醒聪在写和讲英文时要小心些,我当然不在乎也不责怪你信中的文法错误,你没时间去斟酌文字风格,你的思想比下笔快,而且又时常匆匆忙忙或在飞机上写信,你不必理会我们,不过在你的日常会话中,就得润饰一下,选用比较多样化的形容词、名词及句法,尽可能避免冗赘的字眼及辞句,别毫无变化的说"多妙"或"多了不起",你大可选用"宏伟""堂皇""神奇""神圣""超凡","至高""圣洁""辉煌""卓越""灿烂""精妙""令人赞赏""好""佳""美"等等字眼,使你的表达方式更多姿多彩,更能表现出感情、感觉、感受及思想的各种层次,就如在演奏音乐一般。要是你不在乎好好选择字眼,长此以往,思想就会变得混沌、单调、呆滞、没有色彩、没有生命。再没有什么比我们的语言更能影响思想的方式了。
>
> (一九六一年四月十五日,译自英文)②

---

① 傅雷. 傅雷全集:第十六卷. 沈阳:辽宁教育出版社,2002:251.
② 傅雷. 傅雷家书. 北京:生活·读书·新知三联书店,1988:245-246.

运用语言要层次分明与用字丰富，这是傅雷对儿子的要求，也是对自己译文的要求，对一切艺术形式表现方法的要求。

有关"色彩变化"的特点，傅雷早在二十世纪四十年代初就有体会，于《黄宾虹书画展特刊》上《观画答客问》一文中，曾有以下的论述：

> 笔者，点也线也。墨者，色彩也。笔犹骨骼，墨犹皮肉。笔求其刚，以柔出之；求其拙，以古行之；在于因时制宜。墨求其润，不落轻浮；求其腴，不同臃肿；随境参酌，要与笔相水乳。物之见出轻重向背明晦者，赖墨；表郁勃之气者，墨；状明秀之容者，墨。笔所以示画之品格，墨亦未尝不表画之品格；墨所以见画之丰神，笔亦未尝不见画之丰神。虽有内外表里之分，精神气息，初无二致。干黑浓淡湿，谓为墨之五彩；是墨之为用宽广，效果无穷，不让丹青。且唯善用墨者善敷色，其理一也。①

傅雷谈论的虽是"用墨之道"，但是在层次分寸的掌握上，亦可运用于翻译的技法中。

丹纳《艺术哲学》其他各章，亦谈到风格的形成，语言的特性②，建筑学中日光的层次、空间的深度，以及艺术品里色彩的力量等等问题③，尤其是色彩，更着意描述：

> 色彩之于形象有如伴奏之于歌词；不但如此，有时色彩竟是歌词而形象只是伴奏；色彩从附属品一变而为主体。但不论色彩的作用是附属的，是主要的，还是和其他的原素相等，总是一股特殊的力量；而为了表现特征，色彩的效果应当和其余的效果一致。④

其实色彩的运用，岂止于艺术品而已，这种浓淡分明、层次井然的技法，对傅雷翻译理论的肌理脉络，亦产生了一定的影响。

---

① 傅雷. 傅雷全集：第十八卷. 沈阳：辽宁教育出版社，2002：203-204.
② 傅雷. 傅雷全集：第十六卷. 沈阳：辽宁教育出版社，2002：341-342.
③ 傅雷. 傅雷全集：第十六卷. 沈阳：辽宁教育出版社，2002：348-349.
④ 傅雷. 傅雷全集：第十六卷. 沈阳：辽宁教育出版社，2002：348.

傅雷最为人熟知的译论,即为"重神似不重形似",这是他在一九五一年于《高老头》重译本序言中提出的主张。其实,早在一九三四年编撰的《世界美术名作二十讲》第八讲米开朗琪罗(下)之中,已可见到端倪。文中谈到米氏对美的观念与众不同,他"要抓住传统,撷取传统中最深奥的意义,把自己的内生活去体验,再在雕塑上唱出他的《神曲》。在此,米开朗琪罗成为雕塑上的'但丁'了。……他从来不愿在他的艺术品中搀入些什么肖像的成分,他只要雕像中有伟人的气息"①。要"气息"而不要"肖像",这不是"重神似不重形似"的最佳诠释么?

在前述《观画答客问》一文中,傅雷再一次点出艺术作品之中,"神似"与"形似"的差异所在:

客:黄公之画甚草率,与时下作风迥异。岂必草率而后见笔墨耶?

曰:噫!子犹未知笔墨,未知画也。此道固非旦夕所能悟,更非俄顷可能辨。且草率果何谓乎?若指不工整言:须知画之工拙,与形之整齐无涉。若言形似有亏:须知画非写实。

客:山水不以天地为本乎?何相去若是之远!画非写实乎?可画岂皆空中楼阁!

曰:山水乃图自然之性,非剽窃其形。画不写万物之貌,乃传其内涵之神。若以形似为贵:则名山大川,观览不遑;真本具在,何劳图写?摄影而外,兼有电影;非惟巨纤无遗,抑且连绵不断;以言逼真,至此而极;更何贵乎丹青点染?②

傅雷是位艺评家,也是一位翻译家,他对艺术的看法,是"师古人、师造化",这也是傅聪日后在音乐演奏中所领悟的道理。傅雷又说:

夫写貌物情,摅发人思:抒情之谓也。然非具烟霞啸傲之志,渔

---

① 傅雷. 傅雷全集:第十八卷. 沈阳:辽宁教育出版社,2002:57.
② 傅雷. 傅雷全集:第十八卷. 沈阳:辽宁教育出版社,2002:204.

樵隐逸之怀,难以言胸襟。不读万卷书,不行万里路,难以言境界。襟怀鄙陋,境界逼压,难以言画。作画然,观画亦然。子以草率为言,是仍囿于形迹,未具慧眼所致。若能悉心揣摩,细加体会,必能见形若草草,实则规矩森严;物形或未尽肖,物理始终在握;是草率即工也。倘或形式工整,而生机灭绝;貌或逼真,而意趣索然;是整齐即死也。此中区别,今之学人,知者绝鲜;故斤斤焉拘于迹象,惟细密精致是务;竭尽巧思,转工转远;取貌遗神,心劳日拙;尚得谓为艺术乎?①

这一段文字极其重要,傅雷谈的是艺术,但却把翻译中的"神"与"形",把重现原著神髓的活译与拘泥于字面意义的死译两者之间的区别,阐述得清清楚楚。傅雷的艺术观与翻译观其实是前后连贯、一脉相承的,论者假如不悉心细读傅雷的种种论著,并与其译作仔细参照、互相印证,就难以了解傅雷在文学翻译中探骊得珠的前因与后果。

## 三

历来研究傅雷的专著不少,如金梅的《傅雷传》,叶永烈的《傅雷一家》②,拙编《傅雷与他的世界》等③,评论傅译的文章则更多,如许钧教授的一系列文章等,但是真正有幸翻译大译家本身作品的译者,相信应该只有罗新璋及本文作者两人。

一九七九年年底,远赴巴黎进修,当时拟以巴尔扎克及其译者傅雷为题,撰写论文。由于需要搜集许多大量有关原始资料,经名作家及傅雷故友宋淇先生介绍,于一九八〇年初由巴黎前往伦敦,拜望卜居当地的傅聪

---

① 傅雷. 傅雷全集:第十八卷. 沈阳:辽宁教育出版社,2002:204.
② 金梅. 傅雷传. 长沙:湖南文艺出版社,1996;叶永烈. 傅雷一家. 天津:天津人民出版社,1992;金圣华. 傅雷与他的世界. 香港:三联书店,1994.
③ 肖红,许钧. 试论傅雷的翻译观. 四川外语学院学报,2002(3):92-97;许钧. 作者、译者和读者共鸣与视界融合——文本再创造的个案批评. 中国翻译,2002(3):23-27;许钧. "形"与"神"辨. 外国语,2003(2):57-66。

及其正在造访的胞弟傅敏两人。

承蒙傅氏昆仲不吝赐教,并慨允借出大批珍贵版本、手稿、信件、资料,研究得以顺利进行。一九八三年完成论文后,返港继续执教,此时,正值增补本《傅雷家书》在筹划出版中,家书里有许多信件,是傅雷以英、法文写给傅聪当年的新婚妻子弥拉(亦即名小提琴家梅纽因之女)的,由于涉及英、法两种文字,这翻译的重任,就因缘际会,落在我的身上。

傅雷英、法文家书的中译,首先编收于由北京三联书店于一九八四年出版的《傅雷家书》中。这时候,以译者的资历来说,我已在香港中文大学执教十九年,于一九七三年成立的翻译系中执教十一年,并出版了讨论翻译的专著及一些译作。尽管如此,我着手翻译《傅雷家书》时,仍然战战兢兢,颇有如临深渊、如履薄冰之感,原因不言自明。傅雷是名闻遐迩的大译家,如今要把他的英、法文信件,还原为中文,再并列在其他原以中文撰写的家书之中,珠玉在前,译文即使不能与原文同样文采斐然,亦不应暗淡无光、哑然失色,更不能读来佶屈聱牙,变成以瑕掩瑜的点点斑迹。文学翻译是一项艰苦的工作,恰似探骊之前,必须在各方面做足准备工夫,方可入水涉险。

正如傅雷翻译巴尔扎克一般,译者在动笔之前,除了吃透原文、精研资料之外,最重要的两个步骤,就是如何定调及如何掌握原著的神韵氛围。

先说如何定调。译者翻译前需要仔细领悟原著的风格,翻阅译入语中其他相类的作品,研读作者的语言技巧,悉心揣摩,互相参照,才能有所体会与借鉴,此所以傅雷译巴尔扎克之前,往往要先阅读《红楼梦》与老舍作品。[①] 翻译傅雷英、法文作品,由于作者不论外语造诣有多深,在思想境界、思维方式等各方面,始终受到中国文化的影响,因此,译者实际上是将作者的外语还原为中文,故定调时,应该参阅的主要是傅雷本身的文字。

---

① 傅雷. 傅雷致宋淇函,1953 年 2 月 7 日//金圣华,黄国彬. 因难见巧:名家翻译经验谈. 北京:外语教学与研究出版社,2015:201-202.

《傅雷家书》中的文字情真意挚,傅雷当年执笔时,并未想到将来作出版之用,故信中语言以自然亲切为主,但傅雷毕竟为大译家,下笔行文,信手拈来,粲然成章,绝不会冗长累赘,流于俗套。《傅雷家书》出版后,"传诵一时,一再加印,增补至五版,行销数突破百万,成为傅雷著作中最有影响的一本书。……'文化大革命'后的新读者,往往通过家书才认识傅雷,甚至把书信家傅雷置于翻译家傅雷之上"①。译傅雷英、法文家书时,首要之事,就是通读作者所有其他的中文家书,从中学习,例如对某些事物的看法观点,对某些词汇句法的驱遣运用,作者必然有一番独特的惯例及规则,翻译时需细心体会,咀嚼再三,亦步亦趋,方能尽职。

其次,是如何掌握原著神韵及氛围,亦即是如何领悟原著中所表达意境与所营造气氛的问题。翻译与写作相同,都是一种创作性的行为,在落笔之前,往往需要一段长时期使含蕴心中的点滴美感经验酝酿发酵,方能产生甘醇,芳香四溢。傅雷在四年留法生涯中,曾经潜心苦读,精研法国名著;前往罗浮宫美术史学校及索邦艺术讲座听讲;参观各地美术馆;拜会艺术大师马蒂斯;也曾与友好遍游瑞士、比利时、意大利等地,沐受自然美景的洗礼。这种读万卷书行万里路的经历当年渗入傅雷的心坎深处,因而日后在家书中就情不自禁流露出来。傅雷热爱巴黎,他在回国数十年后,对之依然念念不忘,于是就在一九六三年给儿媳弥拉写了如下一段剖白:

> 看到你描绘参观罗浮宫的片段,我为之激动不已,我曾经在这座伟大的博物馆中,为学习与欣赏而消磨过无数时光。得知往日熏黑蒙尘的蒙娜丽莎像,如今经过科学的清理,已经焕然一新,真是一大喜讯,我多么喜爱从香榭丽舍大道一端的协和广场直达凯旋门的这段全景!我也永远不能忘记桥上的夜色,尤其是电灯与煤气灯光相互交织,在塞纳河上形成瑰丽的倒影,水中波光粼粼,白色与瑰色相间(电灯光与煤气灯光),我每次坐公共汽车经过桥上,绝不会不尽情

---

① 罗新璋. 出版说明//傅雷. 傅雷全集:第一卷. 沈阳:辽宁教育出版社,2002:XIII.

流览。告诉我,孩子,当地是否风光依旧?

（《傅雷家书》,1963 年 10 月 14 日,译自法文）①

我当年翻译傅雷家书时,正好在负笈巴黎数载之后,巴黎的一树一木、一景一物,犹历历在目,心驰神往。傅雷的家书,令我读后感同身受,勾起了遥念巴黎的思绪,因而就顺理成章译出了如上的文字。作者与译者在对名都的共同依恋中,自然而然找到了心灵互通的和弦。

白先勇曾经在一篇讲词中,提到小说中"人"与"地"的问题,他认为"对有些作者而言,地点可以决定小说的风格。有些作者把某个地方写得很成功,换另一个地方就不成了"。由此之故,鲁迅写绍兴,老舍写北京,张爱玲写上海,就显得特别得心应手②。一处地方,对作者来说,往往带"有历史象征上的意义,不仅是地理上的名词"③。而与一地有关的人物故事、山水景色,也就成为创作时穿插全局的主线、营造氛围的础石。可以说,"地方"乃创作的"原乡",两者息息相关,不可分割。其实,岂止创作而已,文学翻译之中,亦有"地缘"的因素。举例来说,论名著名译,我们一定会想起乔志高(高克毅)翻译的《大亨小传》(*The Great Gatsby*)。费兹杰罗这本脍炙人口的小说,至今为止,有好几个中译版本,但以乔译最为人称道,译者自己对此却十分谦逊,他说:"单讲费兹杰罗这本书,拿拙译跟别的译作相比,总使我觉得有点不公平。撇开语文修养不谈,本人在美国,尤其在纽约,待了如此之久,耳濡目染所得以至旧梦重温的情绪,在译书过程中到处可以派上用场……"不错,书中提到的歌,译者耳熟能详;描绘的"中央公园",译者于抗战胜利后曾陪当年的女伴、日后的夫人并肩坐敞篷车溜达过;书中的一景一地,译者不是足迹踏过,就是驾车穿过……"种种回忆都叫我跟本书发生共鸣,"高先生继道,"翻一本小说有这一类

① 傅雷. 傅雷家书. 北京:生活·读书·新知三联书店,1988:374.
② 白先勇. 谈小说中的"人"与"地". 明报月刊,2002(1):73.
③ 白先勇. 谈小说中的"人"与"地". 明报月刊,2002(1):74.

的'准备',怎么能期望一般中文译者都办得到呢?"①固然,一般译者翻译
一本原著时,未必能亲临书中描绘的场所或背景,浸淫在当地的文化氛围
之中,但是许多出色的译品却往往有这种机缘。曾经负笈京都,在当地亭
台楼阁、古刹名园感受四季风貌的林文月,倾注五年半心血译出《源氏物
语》;曾经游学翡冷翠,在阿诺河畔,听流水潺潺,遥想诗人但丁当年邂逅
初恋情人贝缇丽彩情景的黄国彬,以十八载漫长译程,完成《神曲》的中
译。这些,都是不可多得的"地缘",傅雷之与巴尔扎克,又何尝不是如此?

　　傅雷于一九二七年十二月三十一日赴法,经过数十日的海上航程,于
翌年二月三日在马赛上岸,再转往巴黎②。傅雷在《法行通信》中写道:"我
们住的是第五区,有名的学生区域。巴黎大学的文科理科都在这区内","抵
巴的第二日,就逢星期,饭后郑君陪我去逛了一次 Jardin Luxembourg……以
后每逢饭后未到大学校上课的时间,他们总是在那边散步的……我也常
跟着他们……今早乘便独自去绕了一转,在静默中得有思索观察的余暇,
不觉受到了不少的感触。"③傅雷当年造访之地,亦是我留法时常到之处。
索邦大学中古趣盎然的庭院回廊,气氛肃穆的剧院讲堂,卢森堡公园中的
遍地栗树、玲珑雕像,盛夏浓荫与深秋残叶,都是镂刻心中、历久弥新的场
景,从我流连忘返的日子,从傅雷负笈法国的往昔,从巴尔扎克写作的年
代,从巴氏笔下《人间喜剧》搬演的岁月,即一脉相承,由来已久。原作者
与译者,译者与其研究者及日后的译者,就凭借冥冥之中的一线牵引,结
下了一代又一代的文缘与译缘。

　　一九九八年,傅雷被错划为右派分子,自此闭门谢客,长年累月,埋首
翻译于书斋中。平时往来的朋友极少,能够接触的信息更极为有限,精神
上的苦闷,唯有与万里之外的长子傅聪书信往返,才能得到纾解。翻译傅

① 乔志高.恍如昨日.香港:天地图书有限公司,2003:342.
② 陈子善.傅雷先生的《法行通信》//金圣华.傅雷与他的世界.香港:三联书店,
　　1994:226.
③ 金圣华.傅雷与巴尔扎克//金圣华.傅雷与他的世界.香港:三联书店,1994:
　　280-281.

雷家书时,必须要注意作者当年的精神状态与心灵渴求,方能译出信中难以遏制的强烈感情和绵绵心意。

傅雷在多年的鱼雁往返之中,把长子傅聪当作精神上的知己、艺术上的同道中人,此外,为了使儿子婚后琴瑟和鸣,他认为必须向儿媳灌输精神教育,故写信给弥拉时,总不忘循循善诱、谆谆教诲,但另一方面又不能絮絮不休,失诸唠叨,因此,对信中的遣辞用字,都特别留神。傅雷长年累月伏案翻译巴尔扎克,难免在思想感情方面受到巴氏的深刻影响。致儿媳的信中,不时引用巴氏的著作,以为借鉴,例如建议小两口阅读巴尔扎克的《奥诺丽娜》,以免重蹈书中人感情纠葛的覆辙;提醒两人撙节用度,量入为出,因巴尔扎克贫困一世,为债所逼等等。① 傅雷亦在信中提到艺术家的孤寂,他说:"人类有史以来,理想主义者永远属于少数,也永远不会真正快乐,艺术家固然可怜,但是没有他们的努力与痛苦,人类也许会变得更渺小,更可悲。"(《傅雷家书》,1962 年 11 月 25 日,译自英文)这一番肺腑之言,在傅雷埋首书斋、潜心译著时,应早已有所体会:"新的巴尔扎克译了一半,约旧历年底完工……近一个月天气奇好,看看窗外真是诱惑很大,恨不得出门一次。但因工作进展太慢,只得硬压下去。"(《傅雷家书》,1954 年 11 月 1 日)巴尔扎克当年饱受经济拮据之苦,往往须手不停挥,以稿费还债。据说因为《高老头》脱稿在即,作家居然把与情人韩斯加夫人的约会之期也延误了。而我当年盛暑只身在巴黎巴尔扎克故居伏案研读时,听窗外远处人声隐约,望眼前书桌日影斑驳,室中静穆,巴尔扎克的《人间喜剧》陈列四壁,傅雷的译著搁置手旁,思潮起伏,岂能不深切体会到有史以来古今中外艺术家的孤寂与奉献? 这种感受,又怎会不流露在日后所译《傅雷家书》的字里行间?

译《傅雷家书》,前后花费不少时间,所幸译竣后得到傅氏昆仲的肯定。傅聪尤其说有时几乎分不清哪些是原信,哪些是译作,这无疑是最令

---

① 金圣华. 傅雷与巴尔扎克//金圣华. 傅雷与他的世界. 香港:三联书店,1994: 285.

人鼓舞的评语,使我感念在心,因而在漫长译途上倍添勇气。

《傅雷家书》自一九八一年初版后,广受欢迎,一版再版。一九八四年的增补版中摘编了我所翻译的十七封英文信及六封法文信。至一九八七年《家书》刊印第三版,循各界读者热烈要求,除重新整理摘编外,欲将家书中所有的外文逐字译注,这译注的工作,也就顺理成章由我负责担任。有关译注的过程,曾在拙文《译注〈傅雷家书〉的一些体会》中详细叙述,此处不赘。总结来说,全书需译注之处,有七八百项之多,工作量极大,除需将内容分门别类、仔细研究之外,最困难的是把单字片语还原成中文,再一个个"镶嵌"在前文后语中,当时曾经说过:"整个译注过程,就像受托重镶一件价值不菲的珍饰,卸下颗颗红宝,换上粒粒绿玉,但整件作品必须尽量保持原有的光彩,以免愧对原主。"① 由于先天的制约,这种将"翻译应注意语境"的特性推至极限的情况,使整个译注的过程变得困难重重,而解决之后,也特别感到如释重负的喜悦。当日文章发表后,获得不少回响,宋淇先生曾致长函鼓励。对于译注中的一些尝试,例如 kind 一字的译法(《傅雷家书》1961 年 7 月 7 日),亦引起专栏作家的垂注。傅雷在该信中向儿子傅聪提及儿媳弥拉少不更事,收到家姑礼物后毫无表示,不知言谢,希望做儿子的能从旁提点——"但这事你得非常和缓地向她提出,也别露出是我信中嗔怪她,只作为你自己发觉这样不大好,不够 kind,不合乎做人之道"。此处 kind 一字很难掌握,不能径译为"客气""仁慈""贤慧""温柔"等词汇,经再三考虑,译为"周到",以与上下文互相呼应。司徒华先生在专栏《三言堂》中特别讨论这个译法,认为值得商榷。他表示"周到"是形诸外的行为,而"kind"则涉及"有诸内而形诸外的表现",故建议译为"谦厚"。② 但是纵观全文,正因为傅雷不欲直接批评儿媳,而要儿子从旁婉转提点,故在家书中避重就轻,用了一个英文单词 kind,倘若还原为"谦厚",全句就变成"不够谦厚",如此说法,语气过重,似有指责之嫌,

---

① 傅雷. 傅雷家书. 5 版,北京:生活·读书·新知三联书店,1999:339.
② 傅雷. 傅雷家书. 5 版,北京:生活·读书·新知三联书店,1999:343.

与原意就有出入了。无论如何，用"周到"或是"谦厚"①，见仁见智，难有定论，但通篇译注《傅雷家书》之难，由此可见一斑。

一九九六年，傅聪重访波兰，发现当年傅雷写给傅聪波籍钢琴老师杰维茨基教授的十四封法文信。这批信件一直收藏在波兰，从未公开发表过，于是，在一九九七年年初由傅敏来函嘱我译成中文，以便收录在一九九八年由安徽文艺出版社刊印的《傅雷文集》中。

这批函件写于一九五四年至一九六二年，前后跨越八年之久。接受任务之初，首先要考虑的是定调的问题。《傅雷家书》数百通都是用白话写成的，父子或翁媳之间的通信，真情流露，自然畅顺，完全不见咬文嚼字的痕迹。傅雷与儿子业师杰维茨基的书信往返，礼仪周周，进退有据，不论语调或行文，都特别谨慎与用心。以文体来说，傅雷当年写给儿子的家书或友好的信件，都不宜成为仿效对象，唯有致忘年交黄宾虹的函件，方可借鉴；以内容来说，翻译前自然得再三通读《家书》，以求彼此呼应，前后连贯。译这批信件，虽不足两万字，但前后历时数月，完成后，曾将经过情况详述于拙文《译傅雷致杰维茨基函件有感》之中，发表于一九九八年六月北京三联的《读书》期刊中，此处不赘。唯有当时在文中曾提及完成初译后，携稿赴欧，以便在旅途上随时校阅修改。自罗马返港途中，遇到气流，航机颠簸不堪，九霄惊魂之际，心中所虑的竟不是个人安危，而是怕万一不幸出事，散落人间的将是尚未成形的译稿片片，措辞欠佳，行文乏善，岂非愧对原作，难辞其咎？这一段文字发自内心，谁知竟遭当时的编者删除，如今补陈于此，以表明一名认真执着的译者，对本身译作的期许与要求，更何况傅译字斟句酌，呕心沥血，译傅又岂能掉以轻心，草率从事？

一九九九年，著名小提琴家伊虚提·梅纽因与世长辞，遗孀狄阿娜夫人把一批傅雷当年写给亲家的法文函件交回傅聪。这批信件十多封，写于一九六一年至一九六六年。内容除闲话家常外，还涉及对人生的看法及对艺术的追求等，颇多启发。这些信件亦是从未公开发表过的，我有幸

---

① 司徒华. "周到"和"谦厚". 明报，2000-09-23.

再次应邀将之译成中文,首先发表于二〇〇〇年第六期的《收获》期刊中。

这次翻译,尽管积累了不少的经验,却又有一番崭新的体会。二十世纪八十年代初译傅雷法、英文家书时,由于书信对象是傅聪及弥拉,故全部采用白话文译出;一九九七年译致杰维茨基函,由于致函对象是德高望重的傅聪业师,故主要以文言文译出。这次书信的对象是梅纽因伉俪;信件往返的两造是亲家,地位相等,关系密切,然毕竟一为中、一为西,两者之间,不论所处环境或文化背景,都大不相同。梅纽因固然在西方音乐界中名闻遐迩,地位显赫,但傅雷往来的朋友,亦多为文化界、音乐界或艺术界的杰出人士,故此两者在人情关系上是姻亲,在思想境界上,却是志同道合、气味相投的朋友。要在字里行间译出两者平起平坐、既亲切又客气的关系,要分辨谈小儿女身边琐事及论大宇宙人生境界的不同笔调,译者必须借助一种文白相糅的体裁,这种体裁,在傅雷致友人(如刘抗、成家复、朱嘉棣等)书中,常见采用。①

傅雷本身,正如其同时代的许多文学大家一般,擅于运用文言、白话、半文言等多种文体,视不同场合、不同语境而分别采用之。中文里对远近、亲疏、尊卑、长幼的对象,即使涉及同一题材,亦有种种不同的说法。而亲友之间的称呼,更五花八门,不一而足。傅雷在法文信中,称呼梅纽因伉俪时,只有 Cher Ami、Chers Amis、Mes chers Amis 等几种方式,如按字直译,就变成"亲爱的朋友,亲爱的朋友们,我的亲爱的朋友们",此等中文,如何能出自翻译大家的手笔? Cher Ami 是写给亲家梅纽因的,Chers Amis 则是写给梅纽因伉俪的,故此,我按情况译为"伊虚提如晤"及"伊虚提、狄阿娜双鉴",这也是傅雷在其他致友人书中常用的起首语。

在翻译的过程之中,心中仿佛有一把无形的尺,时时刻刻都在量度,在拉长缩短、收紧放松。正如余光中先生所言:"很多人以为白话取代了文言之后,文言就全废了,其实文言并未作废,而是以成语的身份留了下来,其简练工整可补白话的不足,可在白话的基调上适时将句法或节奏收

---

① 傅雷. 傅雷文集:书信卷上. 合肥:安徽文艺出版社,1998:8-29,141-144.

紧,如此一紧一松,骈散互济,文章才有变化,才能起波澜。"①翻译傅雷的文字,当然不能不注意行文的变化起伏。翻译致梅纽因函件时,前后九易其稿,译文中文气的拉紧与放松,文白的驱遣与调配,正是译者的用心所在。

傅雷在一九六二年一月七日的函件中,谈到自己翻译巴尔扎克名著《幻灭》的情况,以及跟梅纽因的关系:

> Je puis maintenant travailler un peu plus de 8 heures par jour; mais *LES ILLUSIONS PERDUES* de Balzac est un grand oeuvre qui me coûte beaucoup de peines à traduire. Je vis journellement avec les personages fictifs presque aussi intimement que leur créateur: je me trouve souvent dans l'état d'un somnambule.
>
> Nous nous félicitons toujours qu'une fois liés par nos chers enfants, nous nous sommes devenus de si bons aims en si peu de temps... Il nous semble en effet qu'on se connait depuis de longues années déjà.

这段文字,可用白话文直译如下:

> 目前我可以每天工作八个多小时,但是巴尔扎克的《幻灭》是一部伟大的作品,令我译得十分辛苦。我每天跟书中人物一起生活,亲密得简直可以跟他们的创造者比较:我发现自己经常处于一种梦游的状态之中。
>
> 我们因为我们亲爱的子女的关系,而连接在一起,我们在这么短的时间之内变为这么好的朋友,真是值得庆幸。……你跟我好像是认识了许多年的朋友似的。

最后的定稿翻译如下:

---

① 余光中. 成语和格言. 香江文坛,2004(4):27.

目前我每日可工作约八小时，然而巴尔扎克《幻灭》一书，诚为巨构，译来颇为伤神。如今与书中人物朝夕与共，亲密程度几可与其创造者相较。目前可谓经常处于一种梦游状态也。

因姻亲关系，我们能在如此短时间之内变成莫逆之交，实属万幸。……你我之间确有相交经年之感。

这一前一后两种译法，显然有许多不同之处：前译松散，后译紧凑；前译带有许多代名词如"我们""他们""我"，许多量词如"一部""许多年""八个小时"等等，在后译中都已删除不见。

观乎傅雷自己的译著，若以最初的作品及成熟期的作品相比较，则渐趋精练简约的风格，宛然可见。许多知名的译者，在修改旧译时都有这种趋向①，可见现代汉语的发展，从民初的一味西化，弃文倡白，已经演化至今日的"中西相容，文白并存"了。

此外，后译中增加了不少四字结构如"朝夕与共""莫逆之交""实属万幸""相交经年"等。用四字结构或成语，当然必须小心分辨，如原拟用现成的"一见如故"来译"on se connaît depuis de longues années"，但由于傅雷终其一生，都未曾有缘与亲家梅纽因相见，故此处并不适用。

在傅雷致梅纽因函件中，有一封是傅夫人朱梅馥写给梅纽因夫人狄阿娜的（朱梅馥一九六一年二月二十三日致狄阿娜函）。这是两亲家母之间的通信，内容涉及一些女性的话题，好比如何抚养子女、如何将夫婿前妻之女视如己出等等②，由于两者为姻亲，然而又素未谋面，故其关系既亲切又疏远，再加傅夫人在函首为迟复致歉，并自谦外文欠佳，在函末又赞扬狄阿娜及其长子杰勒德才华卓越，这一抑一扬之间：既要保持身份，不可过谦；又要表示诚意，不能溢美。因此，翻译时对于语调及文气的掌握，煞费功夫。

---

① 张嘉伦. 以余译《梵谷传》为例论白话文语法的欧化问题. 台中：台湾东海大学中国文学研究所硕士论文，1993.
② 狄阿娜夫人为弥拉的后母。

翻译朱梅馥信件有几种考虑:其一,除了在《傅雷家书》中可以发现朱梅馥一、二封信件之外,没有其他书信或文章可供参考,因此,颇难定调;其二,朱梅馥在信中说:"为表达畅顺起见,此信我先以中文撰写,再由外子译成英文。"因此,这封由傅雷译出的信件,实际上,已带有傅文风格。其三,即使能看到中文原件,但朱梅馥与傅雷长年共处,相濡以沫,不但照顾夫婿起居生活,且为之抄誊稿件,打点一切,故后期连字体也跟傅雷十分相似,更遑论思想感情方面的默契与共鸣了。

由此上述原因,译朱梅馥信件经过几重转折:首先,因为内容涉及女性之间闲话家常,曾尝试完全以白话译出,结果译文显得十分松散;其次,因为要贴近傅雷语调,故以文言应变拉紧,结果译文读来过分拘谨;最后,在文言基础上再加以调整放松,总算得到自认为比较可以接受的结果,定稿译文如下:

> 来信所言,使我思潮起伏。我深切了解要将一个不是己出的孩子抚养成人,确非易事,个中困难且随时存在,随处可见。即使亲生骨肉,亦无法时时知道如何对待。不同年龄必然会带来不同看法与感受,加以现代生活纷扰,发展迅速,使我们与年轻人之间更增隔阂。
> (朱梅馥一九六一年二月二十三日函)

总结我翻译傅雷的经验,除了要研习背景资料,查阅参考文献,以客观描述的角度来研究傅雷的种种翻译活动之外,最要紧的仍然是潜心钻研其译著文字本身。俗语说,"不入虎穴,焉得虎子",其实,亦可改为"不入深渊,焉可探骊"。与其临渊羡"珠",不如投身其中,如此方知水之冷暖深浅,己之虚实短长,至于"得珠"与否,那就要看译者本身的功力与机遇了。无论如何,只顾纸上谈兵,而毫无实战经验,又如何能运筹帷幄,决胜于千里之外?

## 四

从研究傅译到翻译傅雷,使我在过程中深切体会到文学翻译是巍巍高山,也是九重深渊,越登高,越深入,越感自身能力之有限,"译然后知不足"①,诚然是过来人语。傅译专家罗新璋为研究大师的译风,曾经把傅译逐字逐句抄录在法文原著上,前后足足抄了九个月,共二百五十四万八千字。罗氏今日之能卓然成家,可说是由来非易也。当然,我们未必人人皆有罗新璋的苦学精神与毅力,但假如要研究傅雷,对其洋洋五百万言的译作避而不谈,煌煌二十大卷的全集视若无睹,再引进多少外国理论,套用多少现代学说,亦无济于事。

同理,谈杨宪益与戴乃迭而不涉其数千万言译著,讨论梁实秋而对其所译莎士比亚全集不屑一顾,都是避重就轻、绕道而行的弊端。近年来,学术界似乎有种方兴未艾的趋势,认为研究翻译,凡与之有关的一切问题,都可讨论,唯独译作本身,却恍如禁区,不可涉足。外国译论固然有其长处,足以借鉴,但倘若不加厘清,全盘照搬,却未必是正确的方向。

学术界从早期只谈译作本身,只重文本分析,不涉其他背景资料的倾向,一变而为今时今日之只谈译作外围,不涉译作本身的潮流,不啻是从一极荡向另一极、矫枉过正的做法。一般年轻的学子,更将文本视为畏途,凡撰写论文或研究大纲时,只知把某一套舶来理论奉如圭臬,自囿其中,不敢越雷池半步。他们往往提出翻译经验不科学、不深入、不全面、易流于琐屑主观等等人云亦云、似是而非的说法。其实,理论与实践,两者并无冲突,不论采取何种立场,在处理资料时只有主从先后之分,而无互相排斥之理。不论从事翻译研究或翻译实践,都应了解理论与实践之间不是隔岸相望,而是中流相遇的关系。故步自封、划地为王的做法,在学术研究中不足为训。

在文学翻译的过程中,要探骊得珠,没有偷工减料的可能;勘地形,观天象,思前想后,固然重要,但不顾基本功,不跃入深渊,沉潜其中,又怎能成功而返?

2004 年 5 月 28 日

---

① 罗新璋语,见:金圣华. 认识翻译真面目. 香港:天地图书有限公司,2002:108.

# 余光中：三"者"合一的翻译家①

　　余光中在其璀璨的文学生涯之中,诗、散文、翻译、评论、编辑五者兼顾,各呈姿采,但论者提到余教授时,总称之为"诗人余光中","散文家余光中",至于有关其翻译方面的成就,却鲜有涉及。② 其实,余光中早在大学期间就开始翻译,数十年来,译出经典名著凡十余册,再加上丰硕精辟的译论,真可谓洋洋大观。余光中虽然自谦翻译只是"写作之余的别业",然而,这"别业"余绪,比起许多当行本色翻译家的毕生成就,不论规模或影响,都有过之而无不及。

　　"译者其实是不写论文的学者,没有创作的作家。也就是说,译者必定相当饱学,也必定擅于运用语文,并且不止一种,而是两种以上:其一他要能尽窥其妙;其二他要能运用自如。造就一位译者,实非易事,所以译者虽然满街走,真正够格的译家并不多见。"③这段话,是余光中教授在《作者,学者,译者》一文中提出的。不错,坊间的译者多如过江之鲫,一般人只要能操两种语言,不论是否精通畅晓,即可执笔翻译,并以译者自居,但译坛中真正译作等身,能成名称家的,却如凤毛麟角,寥寥可数。

---

① 作者发表文章时为香港中文大学翻译系讲座教授,现为香港中文大学翻译学荣休讲座教授。

② 黄维樑曾著专文《余光中"英译中"之所得——试论其翻译成果与翻译理论》评论余光中的翻译成就,见:黄维樑. 璀璨的五采笔. 台北:九歌出版社,1994:417.

③ 1994年台北举行"外国文学中译国际研讨会",余光中出任主讲嘉宾,特撰《作者,学者,译者》一文作专题演讲。

以下试从翻译的经验与幅度、翻译的态度与见解、译作的特色与风格、译事的倡导与推动等各方面，来综述余光中的翻译成就，剖析其译论与译著间知行合一的关系，并彰显其如何身体力行，展现出"作者、学者、译者"三者合一的翻译大家所特有的气魄与风范。

# 一、翻译的经验与幅度

余光中是专注研究、擅写论文的学者，勤于笔耕、不断创作的作家，由这样的学者兼作家来从事翻译工作，的确是最理想的人选。一般来说，学者治学之际，迻译西书、评介西学以为佐证的比比皆是；而作家创作之余，偶拾译笔、以为调剂消遣者，亦为数甚多，然而"别业"终非"正务"，真正能对翻译另眼相看、情有独钟、锲而不舍、矢志不渝的学者作家，余光中可说是佼佼者了。

余光中的翻译生涯，起步得很早，于大学期间就已执译笔。[①]《老人与大海》(*The Old Man and the Sea*)于 1952 年开始连载于《大华晚报》，1957 年由重光文艺出版社发行出版；脍炙人口的《梵谷传》初译于 1957 年，译文亦先连载于《大华晚报》，后出版于重光文艺(此书重译于 1976 年，历时一载，于 1977 年完成，新译本于 1978 年由大地出版社出版)。余光中第一本诗集《舟子的悲歌》，则出版于 1952 年，辑录 1949 年至 1952 年间的作品。[②] 因此，翻译之于创作，即使不算同步启程，也称得上亦步亦趋、形影相随了。

在余氏长达四十余载的文学生涯之中，翻译与创作，就如两股坚韧不断的锦线，以梅花间竹的方式，在瑰丽斑斓的画面中，织出巧夺天工的双

---

① 1994 年台北举行"外国文学中译国际研讨会"，余光中出任主讲嘉宾，特撰《作者，学者，译者》一文作专题演讲。

② 见黄维樑编，《璀璨的五采笔》(台北：九歌出版社，1994 年)及《火浴的凤凰——余光中作品评论集》(台北：纯文学出版社，1986 年)两书，书中详列出"余光中著作编译目录"。

面绣。自1960年代初,余光中不但写诗吟诗,也论诗译诗,而他的译诗是双向进行的,不但外译中,也中译外。一般文学翻译多以外语译成母语为主流,理由很简单,文学翻译所要求于译者的,是对外语的充分理解,对母语的娴熟运用。对外语的了解,还涉及语言背后的文化精神,社会习俗,这是一个学者的工作;对母语的运用,则包括造句遣辞的推敲、各种文体的掌握,这就关乎作者的功力了。余光中固然是外译中的高手,但中译外也得心应手,应付裕如。这种左右逢源、两者兼能的本领,在当今译坛中,实不多见。究其原因,自然与其学问素养大有关系。余光中早岁毕业于台大外文系,然而中文造诣也极深,用他自己的话语——"在民族诗歌的接力赛中,我手里这一棒是远从李白和苏轼的那头传过来的",最可以看出他秉承中国传统的渊源。另一方面,他又说:"我出身于外文系,又教了二十多年英诗,从莎士比亚到丁尼生,从叶芝到佛洛斯特,那'抑扬五步格'的节奏,那倒装或穿插的句法,弥尔顿的功架,华兹华斯的旷远,济慈的精致,惠特曼的浩然,早已渗入了我的感性尤其是听觉的深处。"①因此,余光中译诗,可说是一种锻炼:"说得文些,好像是在临帖,说得武些,简直就是用中文作兵器,天天跟那些西方武士近身搏斗一般。"②如此经年累月浸淫砥砺,翻译之功,乃愈见深厚。

余光中所译名家诗,结集出版者外译中包括《英诗译注》(1960年)、《美国诗选》(1961年)、《英美现代诗选》(1968年)、《土耳其现代诗选》(1984年);中译英则有 New Chinese Poetry(《中国新诗选》)(1960年)、Acres of Barbed Wire(《满田的铁丝网》)(1971年)、The Night Watchman(《守夜人》)(1992年)等这些译著,时间上跨越三十余年,数量上更达数百首之多,这期间,余光中出版了十多本诗集,写了将近八百首诗,诗风亦迭经变迁,瑰丽多姿,由此可以想见译作与创作之间,彼此观照,互相辉映,

---

① 余光中. 先我而飞——诗歌选集自序 // 余光中. 余光中诗歌选集:第一辑. 长春:时代文艺出版社,1997:3.
② 余光中. 先我而飞——诗歌选集自序 // 余光中. 余光中诗歌选集:第一辑. 长春:时代文艺出版社,1997:3.

那种穿针引线、千丝万缕的关系与影响,是多么复杂、多么深刻!

除了译诗之外,余光中于 1972 年出版翻译小说《录事巴托比》(*Bartleby the Scrivener*),1977 年出版《梵谷传》重译本。1984 年更进入戏剧翻译的领域,出版了王尔德的《不可儿戏》(*The Importance of Being Earnest*),1992 年出版《温夫人的扇子》(*Lady Windermere's Fan*),1995年则出版《理想丈夫》(*An Ideal Husband*)。余光中写诗,写散文,但从未尝试过小说或戏剧的创作,这两种文类的翻译,多少在他文学版图上增添了两幅新拓的领土,使其开展的艺术天地,显得更加辽阔与宽广。

余光中的翻译经验是丰富而全面的。从纵的方面检说,其翻译生涯绵长而持久,绝非客串玩票式的浅尝辄止;从横的方面来看,余光中翻译的十多种作品之中,包括诗、小说、传记与戏剧等多种文类,而来自英国、美国、中国、印度、西班牙、土耳其的不同作者,又往往风格殊异,海明威的朴实简劲及王尔德的风雅精警,可说是两个最具代表性的极端。就如一幅庞大繁复的拼图,要使细致的小块一一就位,各安其所,若非译者具有高深的学养、卓越的文才,则绝难成事。因此,余光中译品的幅度之大,并非常人可及,而从如此丰富的翻译经验中归纳出来的理论,也就更显得字字珠玑,言出有据了。

## 二、翻译的态度与见解

余光中虽然一再谦称翻译只是自己"写作之余的别业",但是他从事"别业"的态度却是十分认真与审慎的。翻译,在这位文坛巨子的心目当中,绝非微不足道的小技,而是传播文化的大道。在写于 1985 年的《翻译乃大道》一文中,余先生曾经剖白过:"我这一生对翻译的态度,是认真追求,而非逢场作戏。迄今我已译过十本书……其实,我的'译绩'也不限于那十本书,因为在我的论文里,每逢引用英文的译文,几乎都是自己动手来译。"①由此可见,翻译之于余光中,是一种持之以恒的工作,全神贯注的经营。

以广义来说,余光中认为创作本身也是一种"翻译",因为"作者要'翻译'自己的经验成文字",这经历跟译者"翻译"时的心路历程相仿。不过,作家创作时,须全心捕捉虚无缥缈的感受,将一纵即逝的灵感定型落实,其过程是由"混沌趋向明确,由芜杂趋向清纯"②,换句话说,创作式的"翻译"可说是无中生有,化虚为实;而译者的"翻译",却早已有范本在侧,任凭一己才情卓越,也无法如天马行空,恣意发挥。"不过,译者动心运笔之际,也不无与创作相通之处。"③因为译者在原文的理解与译文的表达之间,在取舍辞藻、斟酌句序之际,还有极大的空间,足以调度驱遣,善加选择。因此,翻译与创作,在某一层意义上,是息息相关、彼此相通的。正因为如此,余光中认为翻译,尤其是文学翻译,是一门艺术,而非科学。

余光中的翻译艺术观,自然而然影响到他对翻译的认知与见解。他以为译事虽难,译程虽苦,但翻译本身仍然充满乐趣,妙处无穷。首先,从一个学者的立场来说,他认为要精读一部名著,翻译是最彻底的办法。这一点,许多学者兼译者都有同感。翻译《源氏物语》的林文月教授就说过:"翻译是我精读文章的最有效方法。经由翻译,我才能厘清懂得的部分与暧昧朦胧之处。因为必须在白纸上落下黑字,含混不得。"④不但如此,余光中认为翻译还可以解忧,因为一旦开始译书,就好比让原作者神灵附体,译者自此跟伟大的心灵日夜相对,朝夕与共,两者在精神上的契合,超越时空,到了合二为一、无分彼此的地步,这种感情,极其净化,极其纯挚。余光中初译《梵谷传》,三十多万字的巨著,前后译了 11 个月,那时的经

① 余光中. 翻译乃大道//余光中. 余光中散文选集:第四辑. 长春:时代文艺出版社,1997:7.

② 余光中. 作者,学者,译者——为"外国文学中译国际研讨会"而作. 外国文学研究, 1995(1):6.

③ 余光中. 作者,学者,译者——为"外国文学中译国际研讨会"而作. 外国文学研究, 1995(1):6.

④ 金圣华. 桥畔闲眺. 台北:月房子出版社,1995:32.

历,十分动人:"那是我青年时代遭受重大挫折的一段日子。动手译书之初,我身心俱疲,自觉像一条起锚远征的破船,能不能抵达彼岸,毫无把握。不久,梵谷附灵在我的身上,成了我的'第二自己'('alter ego')。我暂时抛开目前的烦恼,去担梵谷之忧,去陪他下煤矿,割耳朵,住疯人院,自杀。梵谷死了,我的'第二自己'不再附身,但是'第一自己'却解除了烦忧,恢复了宁静。那真是一大自涤,无比净化。"①这就是艺术上所谓感情抒发(catharsis)的最佳写照。有趣的是,在此处,余光中提到附在自己身上的是梵谷的灵魂,而非原作者史东(Irving Stone)的灵魂,可能是因为原著是本传记体的小说,或小说体的传记,梵谷是笼罩全书的主角,性格鲜明,形象突出,而操笔写传的作者,虽然文笔流畅,节奏明快,他的个性,反而隐而不显了。译王尔德当然是另外一回事,这一遭,译者与原作者直接对话,互相较量:"王尔德写得眉飞色舞,我也译得眉开眼笑"②,能令译者动容的,自然不是剧中的主角任真,而是才思敏捷、下笔成趣的戏剧家了。翻译对译者的影响,并不限于翻译期间,往往还点点滴滴渗入译者的思维深处。1978年夏,余光中往北欧一行,途经巴黎,虽则匆匆一日,仿如过客,但竟然浮想联翩,在心中泛起梵谷的种种行状——"我想起了《梵谷传》巴黎的那一章,怎么译者自己都到了五章里来了呢?"③这种身历其境、心神俱醉的代入感,发生于重译《梵谷传》的后一年,若非译者翻译时曾经全力以赴,形同创作,以作家敏锐的心灵、感性的笔触,捕捉洋溢原著的诗情,描绘含蕴其中的风貌,那书中的情景,又怎会如此触动心弦,重现眼前?

　　翻译固然可以令人解愁忘忧,乐在其中,但译者介于原著与译作之

① 余光中. 何以解忧//余光中. 余光中散文选集:第四辑. 长春:时代文艺出版社,1997:487-488。
② 余光中. 何以解忧//余光中. 余光中散文选集:第四辑. 长春:时代文艺出版社,1997:487-488.
③ 余光中. 北欧行//余光中. 余光中散文选集:第三辑. 长春:时代文艺出版社,1997:529.

间,进退两难、兼顾不暇的苦楚,余光中也深有体会。有关翻译,他的妙喻极多,往往以寥寥数字把翻译的真谛一语道破。首先,他认为大翻译家都是"文学的媒婆",道行高,能力强,可将"两种并非一见钟情,甚至是冤家的文字,配成情投意合的一对佳偶"①。其实,见诸坊间许多滥竽充数的劣译,这种禀赋特殊的"媒婆",恐怕少之又少。一般的"媒婆",只有乱点鸳鸯谱的能耐,手中撮合的尽是一对对同床异梦的怨偶、话不投机的冤家,真正能心意契合、灵犀相通的佳偶,简直是百中无一。因此,余光中又提出译者如巫师的比喻。他认为倘若原作者是神灵,那么译者就是巫师,"其任务是把神谕传给凡人。译者介于神人之间,既要通天意,又得说人话,真是'左右为巫难'"②。就因为如此,译者不免疲于奔命,虽竭尽己能,仍然落得个两面不讨好的地步!

怎样才能曲传"天意",尽道"人话"? 换言之,真正上佳的译品,应该看来像翻译? 抑或读来像创作? 这就涉及翻译理论中历时已久、争执不下的关键问题了。提倡"直译"的译者,认为应尽量保持原著的异国情调;倡导"意译"的译者,却认为译文应读来如创作一般自然流畅,不着痕迹。其实,"直译"或"意译"的二分法,未免把翻译的进退两难过分简化了。余光中提出鸠摩罗什"翻译为嚼饭喂人"的比喻,并转化为译文"生"与"烂"的问题。他说:"译文太迁就原文,可谓之'生',俗称直译;太迁就译文所属语言,可谓之'烂',俗称意译。"③他认为理想的译文,既不能生,也不必烂,够熟就好。但是这种恰到好处的火候,又岂是初译者就能掌握到家的? 观乎余光中,既有学者的尊严与自重,又有作家的才具与自信,因此,执笔翻译时,才不会顺从生硬刻板的直译,也不会仿效率性而为的意译。他更不屑如庞德一般,假翻译之名,行创作之实,把自己意欲抒发的诗情,改头换面,寄托在移植自异域的作品之中。余光中的翻译,一丝不苟,严

① 余光中. 翻译与批评//余光中. 余光中散文选集:第一辑. 长春:时代文艺出版社,1997:303.
② 金圣华. 桥畔闲眺. 台北:月房子出版社,1995:30-31.
③ 金圣华. 桥畔闲眺. 台北:月房子出版社,1995:7.

谨审慎,短如一首诗,长至三十万言的宏篇巨构,都在体现出自己服膺的原则与信念。在翻译的领域中,余光中可说是位贯彻始终的理论家、身体力行的实践者。

## 三、译作的特色与风格

余光中的翻译,蔚然成家,充满独有的风格与特色,举其要者,有下列各项。

首先,余光中的译品,自年轻时的少作,迄成名后的力作,数十年来,始终不脱"学者之译"的本色。所谓"学者之译",译者必然在翻译时,以传播文化、译介名著为己任。这样的译者,时常会在译文前后,加上序跋,或在译文每一章节或段落之后附系注解,有时译文之详尽严肃,竟"令人有阅读课本的感觉"①。余光中认为任何作品,译得再好,倘若没有"序言交代,总令人觉得唐突无凭。译者如果通不过学者这一关,终难服人"②。因此,他的译品,往往以前序后跋、附录注解衬托,而呈现出牡丹绿叶、相得益彰的风貌。举例来说,最早出版的《老人与大海》,译者曾在序中指出原著的错误:"据海明威自己说,他曾先后读此书达二百遍之多;所谓千锤百炼,炉火纯青,自不待言,不过其中至少有一个字——一个星的名字——恐怕是写错了。我是指本书 44 页中的'莱吉尔'('Rigel')一字。"译者接着提到这颗星中文叫作参宿七,继而再将"参宿七之不见于新大陆九月之晚空"的前因后果,以大段篇幅,仔细剖析。③ 余氏这种治学求真的态度,在《梵谷传》中也一再表现,例如梵谷重返巴黎,再遇画家罗特列克,提到

① 林文月译日本古典文学作品,以译笔优雅、治学严谨称著,所有译作,都附加大量注解,例如《枕草子》第 188 段至 191 段的文本只有一、二行,但注解共有 28 条。见:金圣华.《伊势物语》之翻译及其笺注//翻译学术会议:外交中译研究与探讨. 香港:香港中文大学翻译系,1998:90.

② 见:余光中. 作者,学者,译者——为"外国文学中译国际研讨会"而作. 外国文学研究,1995(1):3-7.

③ 见:海明威. 老人与大海. 余光中,译. 台北:重光文艺出版社,1958:3.

后者亦因精神失常而进过疯人院一段，译者在行中加注曰："按罗特列克曾因失恋酗酒而进过疯人院，他家里特派专人终日跟踪监护。但此时才1890 年，此事尚未发生，实系原作者史东之误。"①由此可见，一位严肃认真的译者，在翻译的过程中，绝不会给原作者牵着鼻子走。遇到原著有误时，余光中既不会把译文改头换面，大动手术；也不会眼开眼闭，以讹传讹，而是以审慎负责的态度，在注解中把谬误一一指出，妥为修正。

余光中的《英诗译注》本身就是译、注并行，翻译与解说兼备的作品。译者翻译之余，对原诗的内容、作者的生平以及诗作的背景都详加剖析，令读者大有裨益。《英美现代诗选》则更进一步，书前有译者长序，对译诗之道，多有阐发；而翻译每位诗人的原作之前，必定先介绍其生平事迹、思想脉络、创作渊源及作品特色，然后再涉及个别诗作，夹译夹叙，甚至还不时作出自我批评。例如译叶慈《为吾女祈祷》一诗时，译者指出"全诗十节，韵脚依次为 AABBCDDC。译文因之，惜未能工"②。这种躬身自省、力求完美的态度，的确尽显谦谦学者虚怀若谷的胸襟与气度。

余氏译品的前序后跋，往往可以独立成章，成为一篇淋漓大笔的论文或跌宕恣肆的散文。《梵谷传》新译本的长序——《从惨褐到灿黄》(1977年)可以跟《破画欲出的淋漓之气——梵谷逝世百周年祭》(1990 年)、《梵谷的向日葵》(1990 年)、《壮丽的祭典——梵谷逝世百年回顾大展记盛》(1990 年)等文，相提并论，先后呼应；王尔德的喜剧，虽然主要为剧院观众而译，但《不可儿戏》的序文《一跤绊到逻辑外》及译后《与王尔德拔河记》，加上附于《温夫人的扇子》译本中的《一笑百年扇底风》，以及《理想丈夫》译后——《百年的掌声》，却足以单独结集，成为论者研究王尔德喜剧的珍贵资料。余光中的译作，不论是诗、小说或戏剧，都不是仅仅译来供读者茶余饭后消遣之用的，他曾经说过，总要比"翻译做得多一点"。譬如《梵谷传》书后，还把书中提过的艺术一一列表说明，其目的在丁提倡艺术，因

---

① 见：史东. 梵谷传(下). 余光中，译. 台北：大地出版社，1995：633.
② 余光中. 英美现代诗选. 台北：时报文化出版公司，1980：66.

此,译著的对象,除了对文学有兴趣的读者之外,还扩大到艺术爱好者的层面了。①

对于原文风格的掌握与处理,余光中深切体会到"翻译不同文类,有不同诠释"的道理,因而采取了"分别对付,逐个击破"的战术。他认为译诗是相当感性的,一不留神,便易越轨。因此,他主张译诗应尽量注意原文的格式与音律之美,译文体裁以贴近原文为依归。凡是韵律诗译出来必然押韵,译自由诗则不然。② 不同诗人的风格,如爱伦·坡擅头韵,佛洛斯特爱用单音节的前置词和副词,艾略特喜复音节的名词等③,译者必须小心领会,细加分辨,这样,译者的风格就不会笼罩原文了。至于译小说,余光中对付海明威、梅尔维尔以及传记家史东的手法,都各有不同,但基本上却有一个共通之处,就是对原文句法的尊重。他说:"原文的一句,一定译成一句,不会断成两句。我的句子不会在原文的句号之前停顿,多出一个句号。至于长句切短,我最多加个分号,我是相当忠实于句法的。"④ 余光中的这番话,在《录事巴托比》的译本之中,最可以得到印证。《录事》一书由香港今日世界社出版,全书不见序跋,这是余译之中鲜有的情况,然而全书是以中、英双语形式出版的,最足以显示出译者对原著句法亦步亦趋的"贴近"程度。原文中有一段如下:

> He lives, then, on ginger-nuts, thought I; never eats a dinner, properly speaking; he must be a vegetarian then; but no; he never eats even vegetables, he eats nothing but ginger-nuts.

余氏中译如下:

> 那么他就靠姜饼为生了,我想;正确地说,从不用膳的;那他该是

---

① 本文作者于 1998 年 7 月 5 日曾在香港对余光中就翻译问题作一专访,详见 1998 年 10 月号《明报月刊》刊载之《余光中的"别业"——翻译》一文。
② 详见 1998 年 10 月号《明报月刊》刊载之《余光中的"别业"——翻译》一文。
③ 余光中. 英美现代诗选. 台北:时报文化出版公司,1980:205.
④ 余光中. 英美现代诗选. 台北:时报文化出版公司,1980:205.

个吃素的了；又不是的，他从不吃蔬菜，只吃姜饼。①

这段话译来既合乎中国语法，又贴近原文句法，余光中对自己提倡的翻译原则，倒的确是言出必行的。

尽管如此，原作者与译者的风格是否相近，对翻译的难易，也起了不少作用。余光中认为笔下风格多变、各种皆擅的译者，翻译起不同风格的原著来，自然最得心应手，更有调度回旋的余地；反之，则捉襟见肘，周转不灵。余氏自认 24 岁的少作《老人与大海》，译得过分文雅，译文之于原文，似乎在"水手的手上加了一副手套"；假如如今重译，年已 70 的译者，再战 63 岁的作者海明威，当可有所不同。② 余氏又觉得《梵谷传》，因原著风格明朗，较易对付；译梅尔维尔，则偶尔需"耐着性子，跟着他走"；至于译王尔德，就不必过分操心了。③

王尔德的翻译，其实是另外一个领域，即戏剧的翻译。在《不可儿戏》的译后，余光中讲得十分清楚："我译此书，不但是为中国的读者，也为中国的观众和演员。所以这一次我的翻译原则是：读者顺眼，观众入耳，演员上口……希望我的译本是活生生的舞台剧，不是死板板的书斋剧。"④这一"活生生"的要求，使译本也活泼灵动起来，原作的如珠妙语、犀利词锋、精警双关、对仗语法，都成为考验译者功力的重重关卡，译者在此不得不使出浑身解数，以便冲锋陷阵，过关斩将。所幸余光中向以文采斐然、才思敏捷见称，对付起王尔德来，也就如鱼得水，棋逢敌手。有时候，由于中文"对仗工整"的特性，译来甚至比原著更浑然天成。⑤

由于余光中是才气横溢、能诗擅文的大作家，翻译时，译者自身的风格，必然会展现在译作之中，而形成一种独特的余译体。余光中的译品，可以"声色俱全，神形兼备"来形容。所谓的"声色俱全"，是指余译之中特

① 梅尔维尔. 录事巴托比. 余光中，译. 香港：今日世界出版社，1972：31-32.
② 详见 1998 年 10 月号《明报月刊》刊载之《余光中的"别业"——翻译》一文.
③ 详见 1998 年 10 月号《明报月刊》刊载之《余光中的"别业"——翻译》一文.
④ 王尔德. 不可儿戏. 余光中，译. 香港：山边社，1984：134.
⑤ 详见 1998 年 10 月号《明报月刊》刊载之《余光中的"别业"——翻译》一文.

有的音律节奏之感、色彩变化之美。如所周知,余光中喜爱音乐,从古典乐到摇滚乐,无所不嗜。而余氏写诗,也最重音律。他曾经说过:"我和音乐之间的关系,还需要交代一下。……节奏感与音调感可能因人而有小异,但是诗人而缺乏一只敏感的耳朵,是不可思议的。音调之高低,节奏之舒疾,句法之长短,语气之正反顺逆,这些,都是诗人必须常加试验并且善为把握的。"①余氏译诗时,以诗人特有的语感与节奏来字斟句酌、反复诵吟,因此译出的成品,自然别具神韵。这一点,翻阅余氏所有翻译的诗作,必可有所体会,此处不赘。余光中与宋淇都曾经提到"译诗一如钓鱼"②,译诗而无诗才,钓起之鱼,必为皮肉皆无的残骸,而非骨肉俱全的佳品。余译诗作之音律铿锵、节奏分明,译者身兼作者之长,岂非无因。

余光中译品之"色彩变化",最能体现在《梵谷传》的重译本中。论者尝以为傅雷译品以"行文流畅、用字丰富、色彩变化"见称,其中"色彩变化"一项,喻其译法变化多端,同一词汇出现在不同语境之中,必然悉心处理,细辨歧义。余光中行文的"色彩变化",除上述意义之外,更表现在他散文创作的设色手法之中。余光中散文的设色可谓"百彩纷陈,瑰然大观"③。作家文字的璀璨雄奇,缤纷夺目,一旦化入译作之中,就出现了以下的句子:

> 可是使他伸手翼蔽自己愕视的双眼的,却是四野的色彩。天空蓝得如此强烈;蓝得硬朗,苛刻,深湛,简直不是蓝色,完全没有色彩了。展开在他脚下的这一片绿田,可谓绿色之精,且中了魔。燃烧的柠檬黄的阳光,血红的土地,蒙马茹山头那朵白得夺目的孤云,永远是一片鲜玫瑰红的果园……这种种彩色都令人难以置信。他怎么画

① 余光中.《白玉苦瓜》后记//余光中. 余光中诗歌选集:第二辑. 长春:时代文艺出版社,1997:302.
② 余光中. 英诗译注. 台北:文星书店,1965:1;林以亮. 美国诗选. 香港:今日世界出版社,1961:2。
③ 何杏枫. 论余光中散文的设色//问学初探. 香港:香港中文大学中国语言及文学系,1994:93.

得出来呢？就算他把这些移置到调色板上去，又怎能使人相信世上真有这些色彩呢？柠檬黄、蓝、绿、红、玫瑰红；大自然挟五种残酷的浓淡表现法暴动了起来。①

且看另一位译者的作品：

> 不过，促使他伸手去摸自己被迷惑的双眼的却是乡间的色彩。天空是如此浓烈的蓝色，那样凝重、深沉，竟至根本不是蓝色而全然成了黑色；在他下面伸展开去的田野是最纯粹的绿色，非常非常的绿；太阳那炽烈的柠檬黄色；土地的血红色；蒙特梅哲山上寂寞的浮云那耀眼的白色；果园里那永葆新鲜的玫瑰色⋯⋯这样的色彩是令人难以置信的。他如何能把它们画下来呢？即令他能把这些色彩搬到他的调色板上，他又怎能让人相信它们的存在呢？柠檬黄、蓝、绿、红、玫瑰，大自然信手把这五种颜色摆在一起，形成了这种使人难受的色彩情调。②

此处姑不论两译孰高孰低，然而余译对色彩的描绘，的确较为生动，较有气势，似乎把梵谷画中令人观之而"蠢蠢欲动、气蟠胸臆"③的感觉，如实勾画出来了。

翻译的"神形兼备"，当然是历来译者努力以赴的最高要求，毕生追求的最终目标。如前所述，余光中译诗则讲求原诗的格律，译文则恪守原文的句法，在"形"的保留上，的确竭尽己能，甚至远超过许多其他的名家。但是，余光中对"神"的要求，也十分严格。他说："我做译者一向守一个原则：要译原意，不要译原文。只顾表面的原文，不顾后面的原意，就会流于直译、硬译、死译，最理想的翻译当然是既达原意，又存原文。"④偶尔，也有

---

① 史东. 梵谷传（下）. 余光中，译. 台北：大地出版社，1995：505.

② 史东. 梵谷传. 常涛，译. 北京：北京出版社，1983：419.

③ 《梵谷传》中的译者按语，见：史东. 梵谷传（下）. 余光中，译. 台北：大地出版社，1995：525.

④ 王尔德. 不可儿戏. 余光中，译. 香港：山边社，1984：133.

力不从心、难以两全的时候,这关头,余光中"只好就径达原意,不顾原文表面的说法了"①。王尔德戏剧的翻译,为了顾及观众的现场反应,往往出现这种情况,余光中权衡之下,就时常作出舍形重神的选择。他在《不可儿戏》译后解释道:"因此本书的译笔和我译其他文体时大异其趣。读我译诗的人,本身可能就是诗人,或者是个小小学者。将来在台下看这戏的,却是大众,至少是小众了。我的译文必须调整到适度的口语化,听起来才像话。"②余光中曾谓译者如作者,手中必须有多把刷子,才能应付不同文体。观乎上述一番话,余氏挥动手中众刷时,是极有分寸的,完全以文本的特质、读者的类别,在神形取舍方面,作出适度合理的调整。

尽管如此,余氏的译文始终保持"中西相容、文白并存"的特色。余光中早期承受中国古典文学熏陶之余,曾经锐意革新,尝试"把中国的文字压缩,捶扁,拉长,磨利,把它拆开又拼拢,折来又叠去,为了试验它的速度、密度和弹性"③。不过,他更明白"株守传统最多成为孝子,一味西化,必然沦为浪子,不过浪子若能回头,就有希望调和古今,贯串中外,做一个真有出息的子孙。学了西方的冶金术,还得回来开自己的金矿"④。正因为如此,余光中的译文,从早期的"相当西化"已经演进为后期的"中西相容"了。余氏曾把欧式句法分为"良性"及"恶性"两种。对恶性西化,他口诛笔伐,深恶痛绝,在《中西文学之比较》(1967 年)、《翻译和创作》(1969年)、《变通的艺术——思果著〈翻译研究〉读后》(1973 年)、《哀中文之式微》(1976 年)、《论中文之西化》(1979 年)、《中文的常态与变态》(1987 年)等文中,曾把种种劣译典型,列举说明,并严加批评。然而这些译病,例如"们"字的滥用,副词词尾"然、地"的重复,抽象名词"化、度、性"的泛滥,被

① 王尔德. 不可儿戏. 余光中,译. 香港:山边社,1984:133.
② 王尔德. 不可儿戏. 余光中,译. 香港:山边社,1984:134-135.
③ 余光中.《逍遥游》后记//余光中. 余光中散文选集:第一辑. 长春:时代文艺出版社,1997:470.
④ 余光中. 先我而飞——诗歌选集自序//余光中. 余光中诗歌选集:第一辑. 长春:时代文艺出版社,1997:3.

动式"被"字的僵化,修饰语"的"字的堆砌①,等等,往往在《梵谷传》初译中频频出现,在重译本中却一一改善了。② 余光中初译《梵谷传》于 1957 年,重译于 1977 年,经过 20 年的磨炼,译笔自有不同,这跟译者创作的风格渐趋圆熟老练,大有关系。无独有偶,傅雷翻译《高老头》凡三次,依次为 1946 年、1951 年及 1963 年,在重译本中,也刻意把初译中"的的不休"或"它它不绝"的毛病,逐一克服。余氏重译《梵谷传》而耗时一年,修改万处;傅雷三改《高老头》而废寝忘食,呕心沥血,名家对自己译著精益求精、煞费苦心的态度,令人感动。

余译的另一特色,是"文白并存",这与译者的文风大有关系。余光中曾谓"在白话文的译文里,正如在白话文的创作里一样,遇到紧张关头,需要非常句法、压缩字词、工整对仗等等,则用文言来加强、扭紧、调配,当更具功效。这种白以为常、文以应变的综合语法,我自己在诗和散文的创作里,行之已久,而在翻译时也随机运用,以求逼近原文之老练浑成"③。余光中这种文白糅合的风格,在 40 年的翻译生涯中,十余本的译著里,持续出现,历久不衰,使余氏译文在处理原文冗长迂回的句法中,占尽下笔利落的优势。我们可以从早期到后期的各种译本中找到例证。先说《老人与大海》。这本海明威的名著,译作不少。余光中虽说自己当时年轻,在创作天地里见过的世面不多,因此译得太文,但是这部小说描写老人在大海中与巨鱼搏斗,过程充满动感,而动作词的翻译,向来被初学者视为畏途的难关,倘若译者完全以欧化语法加白话词汇来译海明威,则译文必然拉杂拖沓,累赘不堪,原本生动活泼的场面,也会变得疲弱乏力,了无生气。在余译本中,在在都发现如下的句子:"于是大鱼垂死奋斗,破水而

---

① 余光中对"的"字的累赘用法,曾著专文《的的不休》,发表于香港中文大学 1996 年主办的学术研讨会上。见:余光中. 的的不休//翻译学术会议:外交中译研究与探讨. 香港:香港中文大学翻译系,1998:1-13。

② 张嘉伦. 以余译《梵谷传》为例论白话文语法的欧化问题. 台中:台湾东海大学中国文学研究所硕士论文,1993.

③ 余光中. 的的不休//翻译学术会议:外交中译研究与探讨. 香港:香港中文大学翻译系,1998:1-13。

出,跃入半空"(译本页56),"他仰视天空、远眺大鱼,又熟视太阳"(页57),"它向上疾升,毫无忌惮,终于冲破蓝色的水面,暴露在阳光之下"(页59),"可是不久它已寻着,或者只追到一痕气息,它便顺着船迹,努力疾泳"(页60),"接着他系好帆脚索,使布帆盛满微风,把小船带上归路"(页66)。我们在译文中,明显见到对仗工整的痕迹、以文配白的句法。这种风格,文雅之余,却出奇地捕捉了原著中强烈的动感,再现出海明威明快的笔锋。《录事巴托比》一书,充满各式各类的抽象名词,不啻译林中随地蔓生的杂草,丛丛堆堆,阻挡前路。梅尔维尔的文风,跟海明威截然不同,长句连连,转弯抹角,叫译者无所适从。余光中处理的方法,往往借助文言徐疾有致的特色,来压缩长句,扭紧语气,使译文念来畅顺无阻。举例来说,原文"Like a very ghost, agreeably to the laws of magical invocation, at the third summons, he appeared at the entrance of his hermitage"(页35),余译为"应验了巫术招魂三呼始显的法则,他活像一个幽灵,出现在隐士居的入口"(页36)。换一个生手,翻译这样的原文,恐怕要搏斗良久,纠缠不清了。《梵谷传》是余光中下了苦功重译的作品,因此,不论写情写景,译来都舒畅自如,迹近创作。且看这样的句子:"傍晚此时,墓地无人,万籁俱寂"(页50),"次日垂暮之际,文生独立窗前,俯览全院"(页51),"又自问自答,把文生溺于滔滔不休的独白"(页642),"这种完美而幽静的宁静,已近乎身后的岑寂"(页643)。余光中译文的独特风格,在此彰显无遗。至于王尔德的喜剧,翻译时当然以口语为主,但原作的如珠妙语,似锦隽言,若非译者古典根基深厚,长于驱遣文字,擅于调配精句,则难竟全功。

## 四、译事的倡导与推动

余光中毕生在翻译上沉浸的时间与倾注的心血,不下于创作。40年来,他不但为译介名著而苦心孤诣,为培植后学而循循善诱,更在长年探索中积累了宝贵的经验,发展出一套清晰明确的译论。此外,他更著书立说,为提高翻译的地位而大声疾呼。

余先生认为翻译负有传播文化的重任,岂可小看,因此,他有这样的感慨:"大学教师申请升等,规定不得提交翻译。这规定当然有理,可是千万教师里面,对本行真有创见的人并不很多,结果所提论文往往东抄西袭,或改头换面,或移殖器官,对作者和审查者真是一大浪费。"①接着他又提出自己对翻译的见解:"其实踏踏实实的翻译远胜于拼拼凑凑的创作。如果玄奘、鸠摩罗什、圣吉洛姆、马丁·路得等译家来求教授之职,我会毫不考虑地优先录用,而把可疑的二流学者压在后面。"②

余光中由于深切体会到历来译者饱受漠视与奚落之苦,不惜挺身为译者请命。1972 年,他因希腊九位缪斯之中,无一司翻译而不平③;1985年,他质问在各类文学奖项充斥台湾之际,何以"译者独憔悴"? 他认为文化机构应设立一个翻译奖,对翻译家的成就予以肯定与重视。④ 到了1988 年,"梁实秋文学奖"正式设立,分散文与翻译两组,由余教授出掌翻译组选题及评审的工作。在第一届"评审委员的话"中,余先生特别阐明设奖的意义:"中华日报主办的这次翻译奖,是以梁实秋先生的名义为号召,意义更为深长。梁实秋是新文学运动以来有数的翻译大家,不但独立译出莎士比亚的全集,而且把其他西洋名著,诸如《沉思录》《西塞罗文录》《咆哮山庄》《百兽图》等 13 种,先后中译过来,更在晚年编译了厚逾两千六百页的《英国文学选》一巨册。以他的名义设立的这个翻译奖……可为文坛开一风气,并为译界提高士气。"⑤就为了要提高译界的士气,余教授

---

① 余光中. 译者独憔悴//余光中. 余光中散文选集:第四辑. 长春:时代文艺出版
　　社,1997:10.
② 余光中. 译者独憔悴//余光中. 余光中散文选集:第四辑. 长春:时代文艺出版
　　社,1997:10.
③ 余光中. 翻译和创作//余光中. 余光中散文选集:第二辑. 长春:时代文艺出版
　　社,1997:293.
④ 余光中. 译者独憔悴//余光中. 余光中散文选集:第四辑. 长春:时代文艺出版
　　社,1997:10.
⑤ 金合欢——梁实秋文学得奖作品集. 台北:中华日报,1988:122.

不辞劳苦,不畏艰辛,担下了繁重的任务。首先是选题,为了题目程度适中、深浅恰当,余教授往往以苦行僧的态度"整日沉吟,踟蹰再三"①。接着,向主办当局建议评审委员名单。委员必须要翻译界知名学者,且为推动翻译热心人士,余教授自设奖以来,年年筹划邀约同道中人,诚非易事。然后是审阅数百篇参赛稿件,沙中淘金、去芜存菁。最后一关,就是召开评审会议,由各委员闭门终日,埋头苦读,反复研究,再三审阅,终于选出名副其实的得奖佳作。余教授这种认真严肃、一丝不苟的态度,的确可说是译界楷模,其实本身早已应获得翻译终身成就奖了。

除了对翻译直接的推动之外,余先生还指出译圃足以终身耕耘、历久不痒的长处。第一,翻译可"少年译作中年改",正如余光中之重译《梵谷传》,傅雷之再译《约翰·克利斯朵夫》、三译《高老头》;第二,翻译不受年龄的限制,创作或有江郎才尽的时候,翻译却无文思枯涸的可能。文坛中勇闯译林、老当益壮的猛将,数之不尽,中外皆然。因此,余光中表明将来退休之后,有意完成"未竟之业",再译几部画家的传记,"其中必不可缺艾尔·格瑞科的一部"②。如所周知,余先生对格瑞科心向往之,为了译他的传记,更潜心学习西班牙文。③ 这种不惜一切、矢志从原文直接翻译,以求真存全的心意,跟杨绛当年翻译《堂吉诃德》的情况,有点相似。根据杨绛所述,当初接获译《堂吉诃德》的任务时,已年近五十,为了怕"摸不住原著的味儿",她拒从英文或法文转译,而决定从头学西班牙文,"但凭着一股拼劲硬啃了两年,总算掌握了这门外语"④。不过等到全书译完,却已经花了十多年宝贵光阴了。

余先生曾谓:"诗、散文、批评、翻译是我写作生命的四度空间。……

① 黄维樑. 璀璨的五采笔. 台北:九歌出版社,1994;437.

② 余光中.《从徐霞客到梵谷》自序//余光中. 余光中散文选集:第四辑. 长春:时代文艺出版社,1997;318.

③ 余光中. 何以解忧//余光中. 余光中散文选集:第三辑. 长春:时代文艺出版社,1997;486.

④ 田蕙兰,马光裕,陈珂玉. 钱锺书、杨绛研究资料集. 武汉:华中师范大学,1990;537-538.

我曾说自己以乐为诗,以诗为文,以文为批评,以创作为翻译。"①又说,退休之后,如有闲暇要译个痛快,除上述格瑞科传之外,还要译罗特列克、窦纳等画家的传记,以及缪尔的《自传》等。② 身为余译的忠实读者,且让我们拭目以待吧!

　　值此余光中先生欢庆七秩华诞之际,我们远在香港,临海遥祝,但愿他如松柏常青,永远沐受缪思的恩宠。像余先生这样一位运笔如椽、文思泉涌的大家,我们绝不愿他轻言退休;我们也深信,即使他当真决定告别学府,也必然难有闲暇余兴来专注翻译。我们只盼望学者精研之际,作家挥洒之余,能如往常一般,继续眷顾翻译的"别业",除了诗人的作品、画家的传记之外,为我们译出更多其他类型的经典名著,包括早已列入翻译名单的《白鲸记》,以及文学或译学专论。我们之所以盼望余先生能涉及理论的翻译,并结集出版,是为了使往后的学者,在撰写论文、引证西学之时,能有所依据,不再在文章中喋喋嚅嚅,絮絮聒聒,故弄玄虚,不知所云。目前的学术界已饱受恶性欧化及拙劣译文之害,久而久之,往往积非成是,为丑为美,中文的纯净与优雅,早已破坏殆尽了。我们需要的就是像余光中先生这般身兼学者与作者之长的翻译大家,在译著与译论中,现身说法,泽被后进,为学府与文坛作出巨大的贡献。

　　(选自苏其康主编《结网与诗风:余光中先生七十寿庆论文集》,台北:九歌出版社,1999 年 6 月)

---

①　余光中. 四窟小记//余光中. 余光中散文选集:第四辑. 长春:时代文艺出版社,1997:129.

②　余光中. 四窟小记//余光中. 余光中散文选集:第四辑. 长春:时代文艺出版社,1997:132.

# 余光中与第十位缪思的永恒之恋

文坛巨擘余光中以诗人兼学者的特殊身份,多年来除不断创作与研究之外,悉心从事翻译工作,毕生与第十位缪思(即余氏品题为专司翻译之灵感女神)展开了一场轰轰烈烈的永恒之恋。

这场恋爱,无论在学界、文坛、译坛都令人瞩目,闻名遐迩。以时间计,余光中与第十位缪思之间的交往超逾一个甲子①,可说从少年恋到皓首,从两小无猜爱到与子偕老,而此情不渝;以幅度计,诗人曾经翻译过的文类,涉及小说、传记、诗歌、戏剧、论文、书信等多种,因此对恋人的千姿百态,浓妆淡抹都一一细赏,了然于胸。诗人对恋情的执着,锲而不舍,历久弥新,曾自谓对翻译乃"认真追求,而非逢场作戏"②,与坊间一般文人闲来偶事翻译,聊作调剂的作风大不相同;对恋人的态度则尊而重之,爱慕有加,曾宣称"翻译乃大道"③,因此,诗人尊之为"第十位缪思",较诸其他九位专司灵感与创作之女神,其地位之尊崇,门第之显赫,毫不逊色。以下试从长度、幅度、深度与态度等方面来剖析诗人与第十位缪思之间的这场永恒之恋。

余光中的文学生涯悠久绵长④,早于 1949 年大学时期已经初试啼声,

---

① 陈芳明,余光中.台湾现当代作家研究资料汇编:34.台北:台湾文学馆,2013.
② 余光中.翻译乃大道//余光中集:第九卷.天津:百花文艺出版社,2004:189.
③ 余光中.翻译乃大道//余光中集:第九卷.天津:百花文艺出版社,2004:189.
④ 下列的余光中译著资料,主要参考《台湾现当代作家研究资料汇编》中所列的"文学年表",凡有缺漏处,则参阅多种其他资料填补之。

在厦门《星光》《江声》等报刊发表诗作;1952年在台湾大学外文系毕业,同年出版第一本诗集《舟子的悲歌》,及开始执笔翻译海明威(Ernest Hemingway)名著《老人与大海》(*The Old Man and the Sea*),在《大华晚报》连载,并以第一名考入"联勤陆海空军"编译人员训练班,由此可见,余光中的创作和翻译,几乎是同步发轫的。不但如此,诗人大学毕业后次年加入联络官室服役,出任少尉编译官,换言之,当时的正业是翻译,别业是创作,因此,诗人与第十位缪思的确邂逅相交于年少时,此后两情缱绻,历经悠悠六十载而恩爱逾恒。

细阅余光中的"文学年表",就会发现在诗人漫长的文学之旅中,创作和翻译可说是双刃出鞘,刀锋凌厉,互相辉映。二十世纪五十年代,余光中除了在诗坛上崭露头角之外,也翻译了上述的《老人与大海》,以及伊尔文·史东(Irving Stone)的《梵谷传》(*Lust For Life*)。六十年代,诗人继续发表诗作,撰写散文及文学评论,并开始从事诗歌的翻译,先出版《英诗译注》(1960),继而与梁实秋、张爱玲、宋淇等人合译《美国诗选》(1961),及出版中译英诗集 *New Chinese Poetry*(1961),再翻译出版《英美现代诗选》(1968),同时着力撰写有关翻译的论文如《翻译和批评》(1962)、《凤,鸦,鹑》(1963)、《梁翁传莎翁》(1967)、《翻译与创作》(1969)等。七十年代初,先出版中译英诗集 *Acres of Barbed Wire*(《满田的铁丝网》)(1971),再翻译出版梅尔维尔(Herman Melville)的小说《录事巴托比》(*Bartleby the Scrivener*);至七十年代后期,余光中重新修订《梵谷传》,由大地出版社改版推出(1978),并在《联合报》上发表新译本译者序《从惨褐到灿黄——〈梵谷传〉》。据悉翻译家重译此书,前后耗时一年,修改万处[①],终于实现了"少年译作中年改"的心愿[②]。在这十年间,余光中发表了不少脍炙人口的论文如《变通的艺术——思果著〈翻译研究〉读后》(1973)、《哀中文之式

---

① 史东. 梵谷传. 余光中,译. 台北:大地出版社,1978:17.
② 余光中认为"少年译作中年改,翻译是可以愈老愈好的"。见:金圣华. 认识翻译真面目. 香港:天地图书有限公司,2002:127.

微》(1976)、《论中文之西化》(1979)等,点出现代中文逐渐受恶性西化污染的种种问题。八十年代是收获丰硕的时期,翻译家开始进军一个崭新的领域——戏剧翻译。王尔德(Oscar Wilde)的《不可儿戏》(*The Importance of Being Earnest*)于 1983 年在台北出版,一年后该剧在香港由香港话剧团演出,大获好评;1984 年则出版《土耳其现代诗选》,并于 1987 年发表《中文的常态与变态》等文,对中文西化的问题继续探讨。九十年代,余光中出版《守夜人——中英对照诗集》(*The Night Watchman*)(1992),同年再下一城,翻译出版王尔德的名剧《温夫人的扇子》(*Lady Windermere's Fan*),又成为华文舞台上一出交口赞誉的绝妙好戏。1995年出版王尔德的《理想丈夫》(*An Ideal Husband*);1996 年应香港中文大学翻译系之邀出席"外文中译研究与探讨学术会议",发表主题演讲《论的的不休》,成为传颂全中国的译界名篇。1997 年再赴香港中大,出席"两岸翻译教学研讨会",发表主题演讲《翻译之教育与反教育》,针砭时弊,痛切要害。迈入二十一世纪之后,余光中教授以七旬高龄,仍灵感泉涌,著译不辍。2002 年 1 月《余光中谈翻译》在北京出版,同年 3 月《含英吐华——梁实秋翻译奖评语集》于台北出版,硕果累累。2008 年,翻译出版王尔德的《不要紧的女人》(*A Woman of No Importance*),至此,王尔德的四部喜剧,已在余光中手中全部译毕,成为翻译版图上四座前后呼应,耀目生辉的丰碑。2009 年再度细校《梵谷传》,增订版由九歌出版社隆重刊行。踏入二十一世纪的第二个十年,诗人再以两个暑假的光阴,倾力翻译出版了《济慈名著译述》一书,内容包括济慈的名诗(十四行诗、抒情诗、颂体、长诗)及书信,在文坛译坛引起了极大的回响。

余光中教授多年来的辉煌译绩,使人感悟到诗人与第十位缪思之间的恋情,恰似美酒佳酿,甘洌芬芳,越久越醇。余先生曾谓下一个计划是再翻译一部文学名著或画家评传,心仪的对象有西班牙画家葛雷柯(El

Greco)，英国画家泰纳（Turner）等人，华文世界有福的读者且拭目以待。①

余光中翻译的版图，幅员辽阔，景观多姿，主要分小说与传记、诗歌、戏剧等三大类。在这三大板块中，小说与传记的翻译起步最早，用力极深；诗歌是当行本色，不但译品数量最为可观，而且跟诗人本身的创作互补增益，息息相关；戏剧翻译则是译途中后期的尝试，译家倾情王尔德一人，不惜长年累月与之角力，拔河，以便在才情机智上一较高下。除此之外，余光中在历年撰写的大量论文及评论中，凡涉及西方文学理论或经典作品的片段时，往往自己动手翻译，不假外求，因此翻译与创作之间的关系，恰似千丝万缕，彼此牵引，难以分割。有关余光中翻译的经验与幅度，在拙文《余光中：三者合一的翻译家》（1998）中已经阐述，此处不赘。现仅就译家于二十一世纪发表出版的译作及旧译改版，剖析其翻译多姿多彩的面貌，及严谨认真的作风。

余光中虽然曾经谦称翻译是"写作之余的别业"，但是他对自己译品的要求却是一丝不苟，精益求精的。力作《梵谷传》从初译到一改再改至最后定本，竟逾半个世纪。这种面对翻译巍巍高岭而毫无惧色，不断鞭策自己以攀登巨峰的决心和努力，跟当行本色翻译家傅雷三改译著《高老头》的执着和勇气，实在不遑多让。② 余光中翻译的《梵谷传》之所以与其他译本不同，除了文笔精炼、忠实流畅之外，最主要的是在诗人译笔下，画家梵谷的形象鲜明灵动，呼之欲出。史东在原文中所描述梵谷画中的色彩，是极为浓郁强烈，既生气勃勃又骚动不安的，这是一股"淋漓元气"，观梵谷画与赏莫内画截然不同，而译者在译文中着意表现的也就是梵谷画中这种"腹内蠢蠢欲动""气蟠胸臆"的感觉③。余光中在翻译《梵谷传》时

---

① 2015 年初，余光中教授应香港中文大学新亚书院之邀，来港主持第二十八届"钱宾四先生学术文化讲座"，笔者有幸向余先生请教有关未来翻译计划的问题。

② 傅雷名译巴尔扎克（Honoré de Balzac）的《高老头》（*Le Père Goriot*）曾先后译过三次，即 1946 年初版，1951 年改译，1963 年重译。

③ 史东. 梵谷传. 余光中，译. 台北：九歌出版社，2009：484。

对于色彩的运用,到了出神入化的地步。译者的用心所在,是如何重现原著的神髓气韵、节奏情致,而不斤斤计较于字从意随的表象,以及直译或意译的手法。诗人曾经说过:"翻译到了更高的层次,不是讨论对错,而是在乎如何体现原著风格的问题。"①这固然是翻译家一向身体力行的主张,但是经历"少年译作中年改,中年译作晚年校"的历程,因常年砥砺,毕生磨炼,对此一说自当更有崭新的感悟和领会。

余光中翻译王尔德的戏剧,又是另一种尝试。翻译者的高才妙思与原作者的锦心绣口不相伯仲,余光中早在翻译《不可儿戏》时已经表明"希望我的译本是活生生的舞台剧,不是死板板的书斋剧"②,2008 年出版的《不要紧的女人》采取了前面三剧翻译的一贯方针,在紧扣原著的节奏和动律,把原文中的奇趣谐情、怪问妙答、双关语、抽象词等都一一化解,处理得丝丝入扣。余先生认为"旷代才子王尔德的灵感匪夷所思,一无拘束,像在高速公路上倒开飚车"③,诗翁一向热爱驾驶,如今以八旬高龄仍驾车上班,一路疾驰而逸兴遄飞,文思泉涌,因此跟原作者不但才情相若,且意气相投,故而在此"与王尔德再次拔河"的过程中,自然战绩彪炳,成就骄人了。

2012 年出版的《济慈名著译述》是余光中晚近的杰构。译者首先在序言中阐明选译的标准,即除了以十四行诗和颂体为主的名篇之外,也选择了济慈三个叙事长篇,以示其多才。译者接着表示:"译诗,是一件极不讨好的工作。天生英文,不是为给人中译而设的,反之亦然。但是既要译诗,就得像诗。"④为了与第十位缪思相处融洽,相濡以沫,译者不得不作出种种妥协:其一,在翻译专有名词时"酌情精简",甚至意译;其二,翻译某

---

① 余光中于 2014 年 11 月 30 日应邀出席于台北举行的"纪念严复诞生 160 周年文学翻译研讨会",这是他发表主题演讲中的论点。

② 余光中. 与王尔德拔河记——《不可儿戏》译后//金圣华,黄国彬. 因难见巧——名家翻译经验谈. 台北:书林出版社,1996:19.

③ 余光中. 不要紧的女人. 台北:九歌出版社,2008:140.

④ 余光中. 济慈名著译述. 台北:九歌出版社,2012:6.

些"衬托填空之用"的字眼时"断然舍去,以救句法";其三,翻译古典诗时,"在保持中文自然的句法下,尽量按照英文的顺势或倒装来译"①。《济慈名著译述》一书,共分五辑,每辑除了诗歌的译文,还包括各种诗类的综述,将原诗的体裁和变体、主题和特色,以及作者创作经过的来龙去脉等详加剖析,不但是评论济慈作品不可或缺的研究资料,更是文情并茂,理趣兼备的精彩论著。

余光中处理不同文类的翻译时,宛如在潜心细赏第十位缪思的浓妆淡抹,千姿百态,面对伊人的一颦一笑,或动之以情,或述之以理,或逗之以趣,总之不惜一切以达到两情相悦,融洽无间的境界。曾经询问余光中对所译的多种作品中,哪一种特别钟爱。诗人谓:"我译过的都喜欢,否则也不译了。"②在最近一次谈话中,再问诗人哪部作品译来最得心应手,诗人略事沉吟后明确表示:"《济慈名著译述》,我毕竟是个写诗的!"③

俄国知名小说家契诃夫在其文学创作备忘录《契诃夫手记》中,曾经说过一句名言:"伊凡虽然能够谈一套恋爱哲学,但不会恋爱。"(此处"伊凡"泛指俄国普通人)④这句话若转变一下语境,改放在翻译的范畴,倒是一针见血,一语中的! 在目前的中国译坛上,只会空谈理论不懂翻译,或只事翻译避开理论的偏执之士比比皆是,能够真正展示丰硕成果而又提出精湛理论的专家,却属凤毛麟角,而余光中就是其中的佼佼者! 诗人在与第十位缪思的恋情中,不啻是一位既懂恋爱哲学,又能付诸行动的实践家。

余光中之于翻译,的确是有实践有理论的,除了历年来出版过大量译著,即"做翻译"之外,还矢志于"论翻译,教翻译,评翻译,编译诗选集,提倡翻译",故论者称之为"六译"并进⑤。余光中的译论,与一般不事翻译的

---

① 余光中. 济慈名著译述. 台北:九歌出版社,2012:7-8.
② 金圣华. 认识翻译真面目. 香港:天地图书有限公司,2002:119.
③ 余光中2015年3月来港访问期间有关翻译的对话。
④ 契诃夫. 契诃夫手记. 贾植芳,译. 杭州:浙江文艺出版社,1983:4.
⑤ 单德兴. 余光中教授访谈录:翻译面面观. 编译论丛,2013,6(2):177.

理论家所言的不同之处,乃在于论者既能荷枪实弹,上阵迎敌;又能运筹帷幄,决胜于千里之外。由于身经百战,故而深谙敌情,对阵之时,自当善用兵法,逐个击破。余光中出身于外文系,并有多年教授英诗的经验,故对莎士比亚、弥尔顿、华兹华斯、济慈、丁尼生、惠特曼、叶芝、佛罗斯特等人的作品耳熟能详,各家的风格早已渗入诗人的"感性尤其是听觉的深处"①;而对中文的素养和浸淫,却是"远从李白和苏轼的那头传过来的"②,这种学贯中西、博古通今的背景,自然对翻译成品的素质产生莫大的影响。诗人早期的译文,与后期相较,在中文的运用方面,变化宛然可见。诗人提到修改《梵谷传》时的体会,曾谓:"二十年后回顾起来,毛病自然很多。但我动笔修改的地方毛病出在英文误解的不过十之三四,而出在中文欠妥的,却占了十之六七,因为二十多年来自己笔下的中文已经变了很多,不少复杂别扭的英文句法,终已有力化解了。"③作家在《中文的常态与变态》一文中,道出了中文生态的要诀:"中文发展了好几千年,从清通到高妙,自有千锤百炼的一套常态,谁要是不知常态为何物而贸然自诩为求变,其结果也许只是献拙,而非生巧。"④可惜此种求变生乱的中文,在坊间的译品中积非成是,泛滥成灾;而饱受欧化影响的译文体,又进而污染了中文的创作与发展,两者互为因果,恶性循环,终于造成了今日中文式微的可悲局面。余光中论翻译,不仅是为弘扬翻译之道发聋振聩,也是为维护纯净母语而大声疾呼——优雅的中文绝不能沦为英文的殖民地!⑤

---

① 余光中. 先我而飞——诗歌选集自序//余光中. 余光中诗歌选集:第一辑. 长春:时代文艺出版社,1997:3.
② 余光中. 先我而飞——诗歌选集自序//余光中. 余光中诗歌选集:第一辑. 长春:时代文艺出版社,1997:3.
③ 史东. 梵谷传. 余光中,译. 台北:大地出版社,1978:16-17.
④ 余光中. 翻译的常态与变态//余光中. 翻译乃大道. 北京:外语教学与研究出版社,2014:224.
⑤ 余光中. 变通的艺术——思果《翻译研究》读后//余光中. 余光中集:第五卷. 天津:百花文艺出版社,2004:238.

中文的生态既要执意维护,翻译的用语是否应尽量归化,使译文读来像中文的原创? 余光中对此颇有一番体会。首先,他认为"严格地说,翻译的心智活动过程之中,无法完全免于创作"①,但是译者的创作,既有原作在前,绝不可能如天马行空,肆意而行,因此翻译其实是一种妥协的艺术,就如婚姻和政治,双方在相处或对垒时,都得退让一步。② 这种以退为进、以柔克刚的智慧,其个中真昧,的确要经验老到的译家方能悉心体会。

在翻译的过程中,传统的直译和意译之争,并无实质的意义,余光中认为翻译时,对"原文的形式,应尽量贴近。这样译者的风格就不会笼罩原文了"③,这种"贴译"的理论,在实际操作的过程中,可起立竿见影的效用。翻译时尽量贴近原文,进而揣摩作者风格,从中回旋周转,当可在约束中得到发挥,而避免"过犹不及"的弊端。

余光中的翻译原则,可以"白以为常,文以应变"八字概括之。诗人说:"即使撰写论文,遇到需要引述经典名言,若径用白话译出,总不如文言那么简练浑成,一言九鼎。"④善用文言,在翻译中需要扭紧语气,衔接句法时,的确是功效卓著的不二法门,笔者在多年实践翻译的过程中,每每以此八字真言为圭臬,而在教授翻译的课堂上,也不时向学生郑重推介。

余光中的译论与译品,相辅相成,等量齐观,译者在与第十位缪思的交往过程中,对恋人不但照顾周全体贴入微,而且长年累月情深意挚。

最后谈到诗人对待翻译的态度。余光中曾宣称:"我这一生对翻译的态度,是认真追求,而非逢场作戏。"⑤由此可见,诗人除了对第十位缪思尊而重之、呵护备至之外,对身为译者的自我也期许甚高,要求甚严。这种肃穆庄重的宣言,与译者认真执着的作风,可说是彼此呼应,互相关照的。

---

① 余光中. 翻译与创作//余光中. 余光中集:第五卷. 天津:百花文艺出版社,2004:92.
② "余光中:翻译如婚姻必须妥协",见台湾记者林思宇访谈录:2012-04-28.
③ 见台湾记者林思宇访谈录:余光中:翻译如婚姻必须妥协,2012-04-28.
④ 余光中. 创作与翻译——淡江大学五十周年校庆演讲//余光中. 余光中集:第九卷. 天津:百花文艺出版社,2004:547.
⑤ 余光中. 翻译乃大道. 北京:外语教学与研究出版社,2014:195.

环顾我国译坛,名家甚多,但是尽管译著等身,影响深远,不少译家谈起翻译时却仍然自贬自抑,如杨宪益总是自嘲为"译匠"——"卅载辛勤真译匠,半生飘泊假洋人"①,或自谦没有什么译论——"我的思想从来逻辑性不强,自己也很怕谈理论,所以也说不出什么大道理"②;翻译《堂吉诃德》而闻名于世的杨绛也说:"我翻译的书很少,所涉面又很窄……但是我翻译的一字一句,往往左改右改,七改八改,总觉得难臻完善,因此累积了一些失败的经验。"③高克毅则谦称自己是个"爱美的"(amateur)④:"我不是名家,只是个莫'名'其'巧'的翻译者。"⑤至于其他偶事翻译的作家,如徐志摩创作之余翻译文友曼斯菲尔的作品,邵洵美家道中落后为糊口而勉强翻译等,则更不曾真心对第十位缪思予以青睐了。

在余光中的心目中,"翻译乃大道",绝非坊间误以为的雕虫小技,因此除了做翻译、论翻译、编译选集之外,还认真从事教翻译、评翻译、推动翻译的工作。在《论翻译的教育与反教育》一文中,作者指出:"为人师表者也应该时时反省……翻译教师的警惕应该更高,如果自己已习于烦琐语法,恶性西化而不自知,则一定误人。翻译教师若竟染上冗赘与生硬之病,那真像刑警贩毒,危害倍增。"⑥这也是如今余教授以八旬高龄,仍然孜孜矻矻,诲人不倦的因由。

余光中对推动翻译不遗余力,最为人津津乐道的是对"梁实秋文学奖"中翻译奖的支持与投入。1987年梁实秋先生在台逝世,为纪念他在文坛译坛的巨大贡献设立了该文学奖,余先生自始即参加翻译奖的出题和评审,迄今不断。一般奖项,往往经过初审、复审、决审三个阶段,至决审时稿件经淘汰已所剩不多,但是梁实秋翻译奖的来稿却不设三关,每一份

---

① 金圣华. 有缘。友缘. 香港:天地图书有限公司,2010:287.
② 金圣华,黄国彬. 因难见巧:名家翻译经验谈. 香港:三联书店,1996:109.
③ 金圣华,黄国彬. 因难见巧:名家翻译经验谈. 香港:三联书店,1996:93.
④ 金圣华. 有缘。友缘. 香港:天地图书有限公司,2010:63.
⑤ 金圣华,黄国彬. 因难见巧:名家翻译经验谈. 香港:三联书店,1996:75.
⑥ 余光中. 余光中集:第九卷. 天津:百花文艺出版社,2004:533.

稿件都直接交到决审委员手中,由委员自上午九时评审到黄昏日落,经反覆斟酌,再三沉吟,方才定案。不但如此,余教授更要求各位评委于评后为每篇得奖作品撰写详细报告:"我觉得要做到这地步才算功德圆满,也才算推行了翻译的'社会教育',把大学的翻译课推行到文坛、译界。"①余光中的《含英吐华——梁实秋翻译奖评语录》一书,就是积累多年评审经验的宝贵成果。余教授也是香港中文大学于 2000 年所创设"新纪元全球华文青年文学奖"的活水源头,参加第一届翻译奖的出题和评审,及其后数届的散文组决审评判迄今。此外,历年来余教授参与的各类文学与翻译评审,更不胜枚举。

回溯余光中在译坛上的辉煌业绩,当会发现译家之所以成就卓越,由来有自。希腊神话中专司灵感的女神共有九位,名曰缪思,乃宙斯之女,为恩待世人,特来到人间,以学问、艺术、文艺、音乐、雄辩等来教化人类。其中卡莱娥比(Calliope)为叙事诗女神,攸特尔普(Euterpe)为抒情诗女神,哀拉托(Erato)为恋爱诗女神,波丽姆尼雅(Polymnia)为赞美诗女神,美尔波马妮(Melpomene)为悲剧女神,塔丽雅(Thalia)为喜剧女神,克丽娥(Cleio)为历史女神,乌拉妮雅(Urania)为天文女神,特普西科丽(Terpsichore)为舞蹈女神②。其实,余光中与第十位女神邂逅之前,早已与其九位姐姐相熟稔知;与伊人相识相恋之时,更不时与九位缪思往返相交。余光中身为诗坛祭酒,兼擅抒情诗、恋爱诗、叙事诗等各种诗体,加以饱读历史,擅长戏剧,喜好音乐,酷爱天文,这种种禀赋,若非深受九位缪思恩宠眷顾,岂能唾手而得? 因此,诗人与第十位缪思的交往之途,既有九位长姊守护引导在前,自可畅顺无阻,长驱直入了。

余光中在 2004 年为诗集《守夜人》所撰的新版自序中谓:"感谢永远年轻的缪思,尚未弃一位老诗人而去。"③缪思既永远年轻,诗人又何以独

---

① 余光中. 余光中集:第九卷. 天津:百花文艺出版社,2004:531.
② 冯作民. 西洋神话全集. 台北:星光出版社,1980:172-174.
③ 余光中. 守夜人. 台北:九歌出版社,2004:17.

老？于是又写道："诗兴不绝则青春不逝,并使人有不朽的幻觉。"①观乎余光中教授的毕生成就,在诗歌、散文、评论、翻译等方面皆出类拔萃,是为作家创作的四度空间。其中仅以翻译一项,跟当行本色的翻译家相较,就已经有过之而无不及,足以流芳百世了。

余光中与第十位缪思之间的情谊,是永恒之恋,不朽之爱;诗人在灵感女神的眷顾下,创作不辍,青春不逝,而绝非幻觉。

2015 年 5 月 4 日

---

① 余光中. 守夜人. 台北:九歌出版社,2004:17.

# 从余光中的译论译品谈文学翻译的创作空间

## 一

常言道,翻译,尤其是文学翻译,就好比戴着镣铐起舞,不但如此,还得在斗室内起舞,尽管身负重荷,空间有限,舞者也必须举重若轻,挥洒自如,跳出翩翩舞姿——这就是行内对上乘译家的期许,也是对出色译作的要求。

然而,翻译毕竟不同于创作,创作时可以天马行空,恣意尽情;翻译时因有原文在侧,译者无论多么才情横溢,创意勃发,亦不能在过程中率性而为,自由发挥,而必须依照原文亦步亦趋,循规蹈矩。有说文学翻译是一种"再创造",然而这创作的空间究竟有多大,却成为历来学者探讨无尽的主题,争论不休的重点。

其实,镣铐之下,斗室之中,舞者虽受种种牵制,仍要舞出百态千姿,并随心所欲而不逾矩,这种能耐,端赖其功力之深厚、用心之所在,换言之,翻译之中创作空间的大小,实在与译者自身在文学上的修养、造诣与匠心息息相关。

本文旨在以文学巨擘余光中的译论为根据,译品为实例,对文学翻译的创作空间此一议题,作一实事求是、寻根究底的探讨,从而剖析历来坊间各种名著尽管译者众多,译作如林,一书多译,各师各法,然种种译品中创作空间的宽窄与大小,却何以高下立判、瑜瑕分明的原由。由于余教授的译论内容丰富,译品数量众多,本文只能择其要者,以为例证。

## 二

众所周知,余光中毕生的文学事业占有四度空间,即诗、散文、评论、翻译。历来论者对余光中的诗歌与散文钻研极多,对其翻译的评述却相对较少。余光中曾经为翻译作不平之鸣,认为希腊神话中有专司灵感的九位女神,遍及艺术、诗歌、音乐、舞蹈、戏剧、历史、天文等范畴,却偏偏独缺极其重要的翻译,因此,提倡把翻译尊奉为"第十位缪思",不仅如此,诗人毕生在创作之余,也的的确确曾跟"第十位缪思"展开过一场轰轰烈烈的永恒之恋。①

余光中早在学生时代已崭露头角,开始文学创作,1952 年从台湾大学外文系毕业,出版第一本诗集《舟子的悲歌》,当时已经开始海明威(Ernest Hemingway)名著《老人与大海》(*The Old Man and the Sea*)的翻译,以连载方式在《大华晚报》发表;同年以第一名考入"联勤海陆空军"编译人员训练班;次年,加入联络官室服役,出任少尉编译官。从这段早年的经历,可以得见余光中的创作与翻译,是并蒂莲开、同步发轫的;尽管诗人日后自谦"翻译乃别业",但是以最初的从业实况来说,反倒像是"以翻译为正业,以创作为别业"。不管如何,无论是正业或别业,翻译在余光中的文学生涯中,占有不容忽视的一席之地,则无可置疑。以下试将余光中与翻译千丝万缕的关系,逐一审视,以显其经纬与脉络。

## 三

要讨论余光中有关翻译的真知灼见,首先应从他对翻译的认知和看法着手。余先生身为蜚声国际的著名诗人,执教大学的文学教授,却对翻

---

① 金圣华. 余光中与第十位缪思的永恒之恋. 应用外语学报. 2015(24):107-118.

译情有独钟,认为"翻译乃大道",绝对不是为人轻忽的小技。"我这一生对翻译的态度,是认真追求,而非逢场作戏"①,他在文章里慎而重之地宣称。

由于这种认真的态度,促使他对翻译的本质,上下求索,反复思量。身为创作不断的文学家,努力不懈的翻译者,他在 1969 年发表了一篇重要的文章《创作与翻译》,剖析了两者之间微妙的关联和异同。诗人说,"流行观念的错误,在于视翻译为创作的反义词。事实上,创作的反义词是模仿,甚至抄袭,而不是翻译"。在他心目中,文学性质的翻译,"尤其是诗的翻译,不折不扣是一门艺术"②。要知道这时候,余光中不但早已翻译出版了《老人与大海》《梵谷传》,连《英美现代诗选》亦已于 1968 年问世,因此,作者所述的并非人云亦云的泛泛之词,而是现身说法的过来人语。"真有灵感的译文,像投胎重生的灵魂一般,令人觉得是一种'再创造'。直译,甚至硬译,死译,充其量只能成为剥制的标本:一根羽毛也不少,可惜是一只死鸟,徒有形貌,没有飞翔。"③由此看来,余光中的译论,从一开始,就非常着重于译文如何再现原著神髓、原作风格的问题。毕竟,在他心目中,翻译是一种艺术,而艺术的创造,往往是只可意会,而不能言传的。在这篇文章之中,余光中致力阐明自己既不认同上述的"直译",也不赞成"假李白之名,抒庞德之情"那种"意译",而坊间有关"意译"与"直译"的高下争论不休,译者下笔时到底该何去何从? 余光中明确指出,翻译之为艺术,是无可避免包含"创作"的成分的,他认为翻译与创作都是心智活动,两者相似之处,在于彼此于操作过程中都无法忽略匠心与抉择。翻译时"例如原文之中出现了一个含义暧昧但暗示性极强的字和词,一位有修养的译者,沉吟之际,常会想到两种或更多的可能译法,其中的一种以音

---

① 余光中. 翻译乃大道. 北京:外语教学与研究出版社,2014:195.

② 余光中. 翻译与创作//余光中. 翻译乃大道. 北京:外语教学与研究出版社,2014:38.

③ 余光中. 翻译与创作//余光中. 翻译乃大道. 北京:外语教学与研究出版社,2014:38-39.

调胜,另一种以意象胜,而偏偏第三种译法似乎在意义上更接近原文,可惜音调太低沉"。这时候,译者就必须斟前酌后,顾左盼右,煞费思量了! 这种情形,余光中认为"已经颇接近创作者的处境了"①。此外,翻译时,不但用字遣词要选择,字句次序的排列也得注意②,英文与中文,毕竟是两种截然不同的语文,相异之处,涉及内在与外在的因素,"内在的属于思想,属于文化背景;外在的属于语言文字"③。因此,余光中对一个称得上优秀认真的译者,要求甚严:"成就一位称职的译者,该有三个条件。首先当然是对于'施语'(source language)的体贴入微,还包括了解施语所属的文化与社会。同样必要的,是对于'受语'(target language)的运用自如,还得包括各种文体的掌握。这第一个条件近于学者,而第二个条件便近于作家了。至于第三个条件,则是在一般常识之外,对于'施语'原文所涉的学问,要有相当的熟悉,至少不能外行。这就更近于学者了。"④余光中本身就是这样一位"三者合一"的翻译家。尽管如此,在长年累月的创作生涯与翻译实践中,他深深体会到要做到译作和原文无论在形在神方面,都等量齐观,铢两悉称,又谈何容易! 因此,提出了"翻译如婚姻,是一种两相妥协的艺术"的看法。他认为原文和译文之间,必须慢慢磨合,相互妥协,以求"两全之计","至于妥协到什么程度,以及那一方应该多让一步,神而明之,变通之道,就要看每一位译者自己的修养了"⑤。在同一篇文章之中,他还提到译者与巫师的比喻,这个比喻,他在 1991 年为香港翻译学会

---

① 余光中. 翻译与创作//余光中. 翻译乃大道. 北京:外语教学与研究出版社,2014:39.

② 余光中. 翻译与创作//余光中. 翻译乃大道. 北京:外语教学与研究出版社,2014:41.

③ 余光中. 中西文学之比较//余光中. 翻译与创作//余光中. 翻译乃大道. 北京:外语教学与研究出版社,2014:15.

④ 余光中. 作者,学者,译者——"外国文学中译国际研讨会"主题演讲//余光中. 翻译乃大道. 北京:外语教学与研究出版社,2014:229.

⑤ 余光中. 变通的艺术//余光中. 翻译乃大道. 北京:外语教学与研究出版社,2014:71.

撰写的书签中,说得特别清楚:"如果原作者是神灵,则译者就是巫师,任务是把神谕传给凡人。译者介于神人之间,既要通天意,又得说人话,真是'左右为巫难'。"①此处值得注意的是"通天意,说人话",巫师倘若深谙天意,却向凡间重述得语无伦次,含混累赘,则完全失去了传达的意义,翻译亦然。然而这种功夫,毕竟很难,否则,也就不必大费笔墨去阐述了。因此,余光中认为翻译是一种"十分高明的仲裁艺术,颇有鲁仲连之风,排难解纷的结果,最好当然是两全其美,所谓'双赢',至少也得合理妥协,不落'双输'"②。他觉得"译文是旗,原文是风,旗随风而舞,是应该的,但不能被风吹去。这就要靠旗杆的定位了。旗杆,正是译文所属语文的常态底限,如果逾越过甚,势必杆摧旗扬"③。翻译在余光中心目中,因而是妥协,是仲裁,是一种兼顾两语双方的中庸之道。

## 四

余光中的翻译观,直接影响了他的翻译手法。由于翻译是一种妥协的艺术,那么,所谓的"直译"或"意译",在实践的层面上,根本就毫无意义。任何一位实战经验丰富的译者,都不会轻言自己的翻译是偏向于"直译"或"意译"的,因为在兑换双语字斟句酌的过程中,由于种种内在和外在的因素,译者需要考虑与抉择的问题太多了,怎么可能依从上述的其中一法,贯彻到底? 余光中曾经说过:"翻译的过程,一半知性,一半感性……原则上,译者应该是个'千面演员',演什么像什么,角色需要什么

---

① 1991 年,适逢香港翻译学会成立二十周年,笔者时任会长,为庆祝盛事,特邀请本会荣誉会士及执行委员撰写"翻译心得",并将之印制书签,以为纪念。余光中为本会荣誉会士,所撰书签,极为精辟。见:金圣华. 桥畔闲眺. 台北:月房子出版社,1995:30-31.

② 余光中. 作者,学者,译者——"外国文学中译国际研讨会"主题演讲//余光中. 翻译乃大道. 北京:外语教学与研究出版社,2014:234.

③ 余光中. 作者,学者,译者——"外国文学中译国际研讨会"主题演讲//余光中. 翻译乃大道. 北京:外语教学与研究出版社,2014:234-235.

就表现什么……我认为原文的形式应尽量贴近,这样,译者风格就不会笼罩原文了。"①余光中这种"贴译"的手法,在在表现于他的译品中,他说:"以译诗来说,我是想做到韵体诗译出来要押韵,很多人一译,就变成自由诗了,这就不合格了。反过来说,把自由诗译成工整的押韵的情况就比较少。我自己对这点一向都很自制。"②不仅如此,诗人翻译小说也特别严谨:"以译小说来说,我译《梵谷传》跟《录事巴托比》时,原文的一句,一定译成一句,不会断开两句。我的句子不会在原文的句号之前停顿,多出一个句号。至于长句切短,我最多加个分号,我是相当忠实于句法的。当然句序会改变,但我会尽量贴近原文的格式,这样就比较容易辨别原文的风格。"③

尽管如此,余光中深知到真正翻译的时候,"译者本身的风格,当然也有影响"④。2000 年底,他在淡江大学五十周年校庆演讲时,以"创作与翻译"为题,再次深入探讨创作与翻译两者的关系。"无论在诗里或散文里,无论在创作或翻译,我常在有意与无心之间融文于白,久之已成一种左右逢源的文体,自称之为'白以为常,文以应变'……即使撰写论文,遇到需要引述经典名句,若径用白话译出,总不如文言那么简练浑成,一言九鼎。"⑤于是,这"白以为常,文以应变"八字诀的原则,就成了翻译与创作时奉行的圭臬,也因此形成了余氏译品中拓展创作空间有力的利器。此外,余光中更重申创作与翻译之间不可分割的关系:"创作与翻译是会互相影

---

① 金圣华. 余光中的别业:翻译——余光中教授访谈录//金圣华. 认识翻译真面目. 香港:天地图书有限公司,2002:121.
② 金圣华. 余光中的别业:翻译——余光中教授访谈录//金圣华. 认识翻译真面目. 香港:天地图书有限公司,2002:121-122.
③ 金圣华. 余光中的别业:翻译——余光中教授访谈录//金圣华. 认识翻译真面目. 香港:天地图书有限公司,2002:122.
④ 金圣华. 余光中的别业:翻译——余光中教授访谈录//金圣华. 认识翻译真面目. 香港:天地图书有限公司,2002:121.
⑤ 余光中. 创作与翻译//余光中. 余光中集:第九卷. 天津:百花文艺出版社,2004:542-547.

响的。译文受原文影响,是天经地义。但在翻译的'海变'(sea change)之中,由于译者自身的性格、风格、功力的关系,译文也会回过头去,影响原文,赋原文以特殊的风貌。所以原文在译文中脱胎换骨、整容化妆的结果,不但取决于'受语'(target language)的民族性,而且受惠于(或受害于)译者的个性。"①余光中身为作家,兼为译者,深明创作与翻译之间如梅花间竹般的相互影响,"翻译有如临帖,王羲之的一勾一划久之终会变成临者的身段步伐"。翻译时,恰似面临种种考验和挑战,在对阵比武时,所练得的一招半式,时而打成平手,偶尔竟然"小赢一次"②,这也许就是译者在翻译的创作空间里发挥所长,施展所能的时刻吧!

# 五

余光中出身英文系,毕生以母语创作,历经数十载而诗心如初,笔耕不辍,因此对中英双语文化的差异,语法的不同,领悟最深,体会最切。他在几篇重要的论文,如《从西而不化到西而化之》(1979)、《中文的常态与变态》(1987)、《论的的不休》(1996)等文之中,对于拙劣的译文体大肆笔伐,并对这种非驴非马的译文体荼毒现代中文的现象迎头痛击。余光中与另一位翻译名家蔡思果惺惺相惜,两人对于翻译的认知亦相契相合。他们为彼此的翻译论著写序及写读后感。蔡思果为余光中的《翻译乃大道》作序时提到:"余兄说的话无不中肯……他本人中西学都扎实,不是空头文学家……他的英文修养很深,中文不用说,这种人才能翻译。外文理解有问题,中文表达情意不高明,就不必翻译了。"③余光中在为蔡思果的《翻译研究》撰写读后感时,更强调说:"译者追求'精确',原意是要译文更

---

① 余光中. 创作与翻译//余光中. 余光中集:第九卷. 天津:百花文艺出版社,2004:545-546.

② 余光中. 创作与翻译//余光中. 余光中集:第九卷. 天津:百花文艺出版社,2004:550.

③ 余光中. 翻译乃大道. 北京:外语教学与研究出版社,2014:2。

接近原文,可是不通顺的译文令人根本读不下去,怎能接近原文呢? 不'通顺'的'精确'在文法和修辞上已经是一种病态。要用病态的译文来表达常态的原文,是不可能的。理论上说来,好的译文给译文读者的感觉,应该像原文给原文读者的感觉。"①这段话言简意赅,对某些诟病翻译名家(如傅雷)的译品过于流畅通顺的论述,恰好予以当头棒喝!

余光中与蔡思果,正如本文笔者一般,多年来对于翻译中常见的译病不断口诛笔伐,大声疾呼,然而言者谆谆,听者藐藐,译文体对现代汉语荼毒的情况,越演越烈,已经到了泛滥成灾的地步。此处兹将余翁有关英译中的重要提示综述如下,以作为检验余译与他译之间风格异同以及创作空间宽窄的依归。

首先,且勿论文化底蕴和文字结构的差异,中文和英文在文法修辞和习惯用语方面,是截然不同的。英译中时,译者为求信实,往往会跟随原文的语法亦步亦趋,不敢越雷池半步,殊不知这种做法,时常"欲简得繁",立意在精确,结果得累赘。最常见的例子,就是译文中"代名词"泛滥成灾,"连接词"连绵不绝,"形容词"的的不休,"介系词"累赘不堪,"复数""们"不胜闷,"被动式""被"无可避,"抽象名词"比比皆是的现象。

再说"代名词"。英文使用代名词的机会很多,中文除非必要,不太多用代名词。余光中在《从西而不化到西而化之》一文中,从流行西化用语和句法中,举出一些典型例子,以探其病根。作者谦称自己只能"约略"探讨,"因为目前恶性西化的现象交茎牵藤,错节盘根,早已就成了一团,而索其来源,或为外文,或为劣译,或为译文体的中文,或则三者结为一体,浑沌沌而难分了"②。一般来说,中文里的代名词往往可以省略,例如写信时自述可以不用第一人称代名词;文章里第三人称代名词用作受词时,一般略而不提;代名词所有格在英文里连串出现时,译文里可免则免;等等。

---

① 余光中.变通的艺术——蔡思果《翻译研究》读后//余光中.翻译乃大道.北京:外语教学与研究出版社,2014:73.

② 余光中.从西而不化到西而化之//余光中.翻译乃大道.北京:外语教学与研究出版社,2014:143.

这些原为中文行文的惯例,譬如我们说"今日早起,一如往常,洗脸刷牙,穿衣看报",绝不会说成"我洗我的脸,我刷我的牙,我穿我的衣服……"可惜在拙劣译文的影响之余,恶性西化的催动之下,一般读者对这种译文体中文已习以为常,好坏不分了。

中文里使用"连接词"的习惯和英文并不相同,英文里如果并列连串词汇,不论是名词、形容词、动词、副词,或介系词,必然在最后一个词之前加以"and"一字,以示连贯。中文里说到"金木水火土"五行、"红黄蓝白黑"五色时,绝不会在最后一个字前加个"和"字。此外,纵然使用"连接词"时,也不应由一个"和"字去统筹解决。"目前的中文里,并列、对立的关系,渐有给'和'字去包办的危机,而表示更婉转更曲折的连接词如'而''又''且'等,反有良币见逐之虞。这当然是英文的 and 在作怪。"①诗翁这段话说得一针见血。

余光中有篇谈论翻译的名篇《论的的不休》,那是 1996 年应笔者邀请,来参加香港中文大学翻译系主办的"外文中译研究与探讨"学术会议时的主题发言。在这篇文章里,他把白话文中滥用"的"字的现象,剖析得淋漓尽致。"白话文的作文里,这小小'的'字诚不可缺,但要如何掌控,不任滥用成灾,却值得注意。"他接着表明"的"字如果"驱遣得当,它可以调剂文气,厘清文意,'小兵立大功'。若是不加节制,出现太频,则不但听来琐碎,看来纷繁,而且可能扰乱了文意。"②因此,诗人翻译时,颇为自制,"我早年的文章里,虚字用得较多,译文亦然,后来无论是写是译,都少用了。这也许是一种文化乡愁,有意在简洁老练上步武古典大师"③。

介系词的用法,翻译时也颇有讲究。"介系词用得太多,文句的关节

---

① 余光中. 从西而不化到西而化之//余光中. 翻译乃大道. 北京:外语教学与研究出版社,2014:144.

② 余光中. 论的的不休//金圣华. 外文中译研究与探讨. 香港:香港中文大学翻译系,1998:5.

③ 余光中. 论的的不休//金圣华. 外文中译研究与探讨. 香港:香港中文大学翻译系,1998:5-6。

就不灵活。'关于''有关'之类的介系词在中文里越来越活跃,都是 about,concerning,with regard to 等的阴影在搞鬼。"①此外,余光中对于翻译中滥用"作为"一词,颇不以为然,的确,"作为一个老师"这样的说法,为什么不可以用"身为老师"来表达呢?

诗人在多篇文章里提及翻译时乱用西化复数"们"的弊端。其实,中文里的复数,是不必一概以名词之后加个"们"字来表达的。当然,指称人物时,可以用"们",但也不能滥用,例如白先勇小说《永远的尹雪艳》中有一段:"尹雪艳总也不老。十几年前那一班在上海百乐门舞厅替她捧场的武陵少年,有些头上开了顶,有些两鬓添了霜;有些来台湾降成了铁厂、水泥厂、人造纤维厂的闲顾问,但也有少数却升成了银行的董事长,及机关里的大主管。"②这段文字里,说到"武陵少年,闲顾问,董事长,大主管"等等人物,其实都是复数,但作家既一个"们"字也没用,读者念来也不会混淆不清。然而这些字眼,一旦翻译成英文,却必须立即补上复数"s",连"铁厂、水泥厂、人造纤维厂、银行、机关"等也得加上"s",可见中英文的生态是完全不同的。迩来常见在坊间的译文中,每逢复数必加"们"字,不但在人物后如此,在其他事物后亦如此,譬如"石头们,汽车们",现代汉语西而不化至此,实在令人不忍卒读。余光中和林语堂意见相同,对"人们"一词也十分厌恶。林语堂曾说一辈子不用"人们";余光中则谓,"其实我们有的是'大家''众人''世人''人人''人群',不必用这舶来的'人们'"③。

翻译时,一见英语被动式,就在中文里毫不犹豫手起"被"落,实在是十分懒惰的做法,毫不足取。其实,英文多被动语气,中文却不然。譬如说"门前有株枣树,结了四颗枣子,两颗掉了,两颗采了",这句简单的话里,"两颗掉了"是主动式,"两颗采了"是被动式,这后面一半是不必强加

---

① 余光中. 从西而不化到西而化之//余光中. 翻译乃大道. 北京:外语教学与研究出版社,2014:145.
② 白先勇. 永远的尹雪艳//白先勇作品集:Ⅱ 台北人. 台北:天下文化,2008:30.
③ 余光中. 从西而不化到西而化之//余光中. 翻译乃大道. 北京:外语教学与研究出版社,2014:151.

"被"字来表达的。中文里万一真要表示被动语气时,除了"被",也有多姿多彩的说法,例如"为""经""受""遭""挨""给""教""让""任""由"等字,"目前中文的被动语气有两个毛病。一个是用生硬的被动语气来取代自然的主动语气。另一个是千篇一律只会用'被'字……却不解从'受难'到'遇害',从'挨打'到'遭殃',从'经人指点'到'为世所重',可用的字还有很多,不必套一个公式"①。然而目前流行的中文,无论名家或初手笔下,"被"字已经无所不在、避无可避了。此处再引用一段白先勇的小说,"左半边置着一堂软垫沙发,右半边置着一堂紫檀硬木桌椅,中间地板上却隔着一张两寸厚刷着二龙抢珠的大地毯"(《游园惊梦》)②,这段文字里一个"被"字不用,翻译成英文,"置着,隔着"却都变成了"were grouped, was covered"这样的被动式。

英文里的抽象名词,就如原野中随地蔓生的杂草,一丛丛,一堆堆,翻译时必须小心摸索,绕道而行,以免绊倒。余光中认为"抽象名词的'汉化'应有几个条件:一是好懂,二是简洁,三是必须;如果中文有现成说法,就不必弄得那么'学术化',因为不少字眼的'学术性'只是幻觉"③。他提出本来可说"很有名"时,不必造出一个"知名度";说书本"很好看""很动人",或"引人入胜"都可以,不必说"可读性很高";"更具前瞻性"也不见得比"更有远见"高雅。这种所谓的"学术化"抽象名词泛滥的结果,中文里出现了很多"性""元""度""值""化"那样的字眼,久而久之,"英文没有学好,中文却学坏了,或者可以说,带坏了"④。

余光中对于美丽的母语,念兹在兹,毕生守护,他是中华文化这座巍

① 余光中. 中文的常态与变态//余光中. 翻译乃大道. 北京:外语教学与研究出版社,2014:223.

② 白先勇. 游园惊梦//白先勇作品集. II 台北人. 台北:天下文化,2008:218.

③ 余光中. 从西而不化到西而化之//余光中. 翻译乃大道. 北京:外语教学与研究出版社,2014:151-152.

④ 余光中. 中文的常态与变态//余光中. 翻译乃大道. 北京:外语教学与研究出版社,2014:202.

巍巨厦勤勉不休的"守夜人"①。诗人不断为纯净优雅的中文受到恶劣译文体的影响而大声疾呼："对于这种化简为繁、以拙代巧的趋势，有心人如果不及时提出警告，我们的中文势必越变越差，而地道中文原有的那种美德，那种简洁而又灵活的语文生态，也必将面目全非。"②他更在另一篇文章中指出："美丽的中文，我们这民族最悠久也是最珍贵的一笔遗产，正遭受日渐严重的扭曲与污染……翻译教师正如国文教师，也正如一切作家与人文科学的教授，对于维护美丽的中文都负有重大的责任，对于强势外语不良影响的入侵，这该是另一种国防。"③

以上所述，不过是中文受到恶性西化的典型例子，其他恶劣的影响不胜枚举，难以尽述。这种西而不化的译文体，在余光中众多译品中，却绝对难以得见。这也是余译之所以脍炙人口、胜人一筹的重要原由。

# 六

上述种种，不过是英中翻译时应该避免的弊病，即如两阵对敌时不可轻犯的错误，而真正勇士上阵迎战、高手比武过招时，当然不止这些战术与招数。余光中的翻译王国，作品丰硕，版图辽阔，主要分为诗歌、小说（包括传记）、戏剧三大类。生平译诗数百首，除将英美名诗译成中文，六十首土耳其诗经英译转译，亦将中文诗译成英文；翻译出版《老人与大海》《录事巴托比》《梵谷传》；并翻译王尔德的四大名剧《不可儿戏》《温夫人的扇子》《理想丈夫》及《不要紧的女人》。这份业绩，比起当行本色的翻译家而言，无论分量和幅度，都有过之而无不及。余光中的翻译蔚然成家，特

---

① 余光中《守夜人》一诗中曰："最后的守夜人守最后一盏灯／只为撑一幢倾斜的巨影"，见：余光中. 守夜人. 3 版. 台北：九歌出版社，2017：141.
② 余光中. 中文的常态与变态//余光中. 翻译乃大道. 北京：外语教学与研究出版社，2014：201.
③ 余光中. 翻译之教育与反教育//余光中. 翻译乃大道. 北京：外语教学与研究出版社，2014：267-270.

色明显,举其要者,可以"声色俱全,神形兼备",以及"中西相容,文白并存"来概括之。① 换言之,余光中着重的是在译文里,如何再现原文中笼罩全局的气韵,含蕴其中的神髓。而他采取的方法,就是在译文中以"白以为常,文以应变"为原则,尽量剔除虚字冗词,使其流畅通顺、信实可读。这种要求,从其以下对四字词组或四字成语的看法,以及"上乘译文"的解析,可以再次得到印证。

坊间有不少论者认为汉语中的四字词组不宜多用,征文比赛的评判往往不时提点参赛者,作品里四字词组能省则省,否则会使文字僵化,缺乏创意。也有翻译家认为四字词组"如果过多使用或滥用,无益于再现原文精神,有时难免夸大其词,大而化之,造成词不达意,甚至有生搬硬套之嫌"②,此话固然不错,但是四字词组不是多用少用,而是如何用得恰如其分的问题。余光中认为,写文章要处处仰仗成语,固然不妥,但是反过来说,"写文章而不会使用成语,问题就更大了……目前的情况是,许多人写中文,已经不会用成语,至少会用的成语有限,显得捉襟见肘"③。诗人更说,"千万不要小看中文里四字词组或四字成语的用处。在新诗或散文里,它也许不宜多用,但在一般人的口头或演员的台词里,却听来响亮,入耳便化"④。余光中是善用四字词组的高手,目的在于令译文化繁为简,点烦去芜。

对于上乘的译作,余光中有其明确的看法:"一篇译文能称上乘,一定是译者功力高强,精通截长补短化淤解滞之道,所以能用无曲不达的中文去诱捕不肯就范的英文。这样的译文在中西之间折冲樽俎,能不辱中文的使命,且带回俯首就擒的西文,虽不能就称为创作,却是'西而化之'的

① 金圣华. 三者合一的翻译家//苏其康. 结网与诗风. 台北:九歌出版社,1999:15-42.
② 冯亦代. 一九九五年翻译界的一场人辩论. 外文中译研究与探讨,1998:42.
③ 余光中. 中文的常态与变态//余光中. 翻译乃大道. 北京:外语教学与研究出版社,2014:202.
④ 余光中. 与王尔德拔河记——《不可儿戏》译后//金圣华,黄国彬. 因难见巧——名家翻译经验谈. 北京:外语教学与研究出版社,2015:4.

好文章。其实上乘的译文远胜'西而不化'的无数创作。"①

## 七

在此,且看一下译者在翻译一篇原文之前,通常需要注意的步骤。

首先,必须从大处着眼,小处着手。即以宏观来说,涉及原文的文类,时代背景,文化底蕴,原著的神韵、氛围、气势、语调等;以微观来说,则涉及文章造句遣词的特殊用语、行文分段的独特方式等。译者落笔前,必须先吃透原文,再定调子,尽量尝试将通篇的语感、节奏、神韵、气势等重现在译文之中。

然后,应讲究书名、篇名的翻译。凡有经验的译者都明白一书一文的题目,最具画龙点睛之势,引人注目之功。原文的题目可以是一个隐喻,一句引言,出自典故,来自成语,也可以是作者别具匠心的创作,无论如何,书名篇名译得醒目,自有先声夺人的优势。历来译名成功而传颂一时的例子,有乔志高翻译的《大亨小传》(*The Great Gatsby*),以及汤新楣译的《战地春梦》(*A Farewell to Arms*),两个书名都翻译得传神而有内涵,堪称妙笔,可见译名的创作空间,大有发挥的余地。再举例来说,由香港中文大学主办的第六届全球华文青年文学奖翻译组提供的原文之中,有一题是 *A Flower for Your Window*,如此一个简单率直的题目,译成中文,居然呈现了林林种种的面貌。正因为原名朴实无华,翻译时反而令人无所适从,于是出现了"在窗边养花,窗边的一株花,窗前繁花,窗下之花,窗畔之花,窗台上的花,窗台小花,窗中花"等不同的译法,可惜大多缺乏文学意味,而且到底是"窗前,窗畔,窗上,窗中,窗下",也莫衷一是。原来这篇十九世纪的美文,内容涉及色香味以及触觉俱全的描绘,因此,有位参赛者在综观全局之后,译成了"一抹芳菲予窗台",这样的译法,既可避

---

① 余光中. 从西而不化到西而化之//余光中. 翻译乃大道. 北京:外语教学与研究出版社,2014:158.

免"前后上下"小花位置的困扰，又有典雅优美的感觉；既没有曲解原作望文生义，也在过程中拓展了文学翻译的创作空间。

现在且回顾一下余光中译作里有关译名的处理方式。首先要提到的就是海明威（Hemingway）的 *The Old Man and the Sea*（《老人与大海》），这本目前有十几二十本中译的名著，海明威出版于 1952 年 9 月，而余光中在同年 12 月就开始翻译，直至 1953 年 1 月，在台北《大华晚报》上一直连载。这本 1953 年获普利兹奖、1954 年获诺贝尔文学奖的经典名著，作者在大海彼端出版不久，译者于大海此端即拾起译笔，节节跟随，步步追踪，当时年轻的余光中可谓独具慧眼，洞悉先机。难怪智者歌德曾说，从某种意义，即以促进人类文明，提供精神食粮，传播多种文化的使命来看，"在一个民族里，翻译家能算得上是半个先知"①了。

余光中翻译的《老人与大海》，是此书最早的中译。值得注意的是此书的译名《老人与大海》，这是与坊间后来者十几本译作都不相同的。为什么当初要翻译成《老人与大海》呢？这就跟诗人原先对于语言中音律节奏的追求，以及中文里对仗工整的执着息息相关了。时隔五十三年，此译本再交由南京译林出版社出版，书名也顺从主流改为《老人与海》。

余光中另一个为人称道的译名，就是把王尔德（Wilde）的 *The Importance of Being Earnest*，翻译成《不可儿戏》。王尔德的这出三幕喜剧，首演时轰动伦敦，好评如潮；余光中的翻译也由杨世彭导演几度搬上舞台，大受欢迎。此剧的主角 Earnest，余光中翻译为"任真"，语带双关，隐含"认真"之意，而"认真"的反面，即为"儿戏"，戏名译为《不可儿戏》，言简意赅，一语中的。同剧张南峰译为《认真为上》②，意义虽相近，总有过于严肃之感，与原作氛围相去较远。

余光中翻译过数百首诗，其中他屡次提及的是叶慈（Yeats）的 *A Coat*，这首叶慈的名诗，原名十分普通，拙劣的译者或许会翻译成《一件外

---

① 李文俊. 尘缘未了. 深圳：海天出版社，2018：189.
② 王尔德. 王尔德喜剧选. 张南峰，译. 福州：海峡文艺出版社，1990：1.

套》《一件外衣》《一件大衣》这样的诗名,那就读来索然无味,沉闷不堪了,诗翁把诗名翻译成《华衣》,再以文言翻译内容,两者互相呼应,一气呵成。①

再次,谈到翻译时,译者应注意对原文句法的尊重,以及造句措辞的讲究。正如前文所述,余光中提倡"贴译",他对于原作者创作时的用心,是十分在意的,等闲不会随便改动,在翻译梅尔维尔的《录事巴托比》(*Bartleby the Scrivener*)一书时,特别明显。这本译作于 1972 年以中英双语形式,由香港今日世界出版社出版。且看以下的例句②:

1. He lives，then，on ginger-nuts，thought I；never eats a dinner，properly speaking；he must be a vegetarian then；but no；he never eats even vegetable，he eats nothing but ginger-nuts.(p. 31)

那么他就靠姜饼为生了,我想;正确地说,从不用膳的;那他该是个吃素的了;又不是的,他从不吃蔬菜,只吃姜饼。(p. 32)

这段译文跟原文十分贴近,连标点符号都亦步亦趋,可说是译者安于镣铐斗室、循规蹈矩的表现,那又怎么去开拓创作的空间呢?然而能者自有功力,可在有限的空间里调兵遣将,因为此处初译者大概会把"用膳"翻译成"吃晚餐";把"吃素的",翻译成"素食主义者"。

再看下面几段译文:

2.With any other man I should have flown outright into a dreadful passion，scorned all further words，and thrust him ignominiously from my presence.(p. 25)

换了另一个人,我早就大发雷霆,不屑再费口舌,把他赶得狼狈而逃了。(p. 26)

---

① 余光中. 析论我的四度空间//余光中. 从杜甫到达利. 台北:九歌出版社,2018:119.

② 梅尔维尔. 录事巴托比. 余光中,译. 香港:今日世界出版社,1972.以下例句均由此书列出,并注明页数。

3. As I walked home in a pensive mood，my vanity got the better of my pity. I could not but highly plume myself on my masterly management in getting rid of Bartleby. ... The beauty of my procedure seemed to consist in its perfect quietness. There was no vulgar bullying，no bravado of any sort，no choleric hectoring，no striding to and from across the apartment，jerking out vehement commands for Bartleby to bundle himself off with his beggarly traps.（p. 61）

等到我满怀哀思踏上归途，我的虚荣竟胜过了怜悯。把打发巴托比走路这件事处理得这么干净利落，我不由得十分沾沾自喜……我的动作做得漂亮，似乎就因为我做得不动声色，到了天衣无缝的程度。没有世俗的盛气凌人，没有任何形式的虚张声势，没有怒气冲冲的叫嚣谩骂，加上从房间这头昂首阔步到那头，猝然暴发命令，叫巴托比卷起他讨饭的铺盖快滚出去。（p. 62）

从以上 2、3 两例看来，梅尔维尔的原文充满了动作词和抽象名词，极不容易对付，但是余光中却善用四字词组和四字成语，如例 2 中的"大发雷霆，狼狈而逃"，例 3 中的"干净利落，沾沾自喜，不动声色，天衣无缝，盛气凌人，虚张声势，怒气冲冲，叫嚣谩骂，昂首阔步，暴发命令"等，把困难一一化解，使译文畅顺利落，仿如中文作品，而又严谨贴切，达到忠于英文原著的效果。

前文说过，翻译是一项妥协的艺术，在翻译的过程中，难免有意犹未尽的时候，由于两种语文在转换，两种文化在抗衡，必有所失，也有所得，只要得失互补，有所平衡，也就算是尽了翻译的能事了。通常，翻译高手必定善用译入语的优势，在译程天平的一端加码，以免失衡。举例来说，中文里的量词变化多端，姿采纷呈，这是英语里难以企及的特色。著名的诗人都是善用量词的，如徐志摩《再见康桥》里的"一船星辉"，余光中《乡愁》里的"一枚邮票，一张船票，一方坟墓，一湾海峡"等，都传颂一时。的确,把月亮形容为"一个明亮的月亮"或"一轮明月";把秋天的河道形容为"一条秋天的河流"或"一泓秋水",所引起的美感经验当截然不同。因此,仔细翻阅余光中的译品,就会发现他对于量词的翻译特别用心,典型的例子,俯拾皆是。请看以下一例:

> In the Borinage he had slaved for God; here he had a new and more tangible kind of God, a religion that could be expressed in one sentence: that the figure of a labourer, some furrows in a ploughed field, a bit of sand, sea and sky were serious subjects, so difficult, but at the same time so beautiful, that it was indeed worthwhile to devote his life to the task of expressing the poetry hidden in them.[①]

> 在矿区,他曾为上帝做过苦工;可是在这儿,他有了一个新的,比较具体的上帝,有了用一句话便能表现的宗教:那就是一个工人的身体,犁过的田间的几行畦沟,一带沙地,一片海水,一角天空都是很重要的主题,都很难画,但同时又如此宏美,即使要他贡献一生去表现其中隐隐的诗意,也确是值得的。[②]

这是在原文里相当重要的片段,涉及梵谷的新生,画家在此得到了对天地间万事万物崭新的感悟,以及萌生了此后一生献身绘画的决心。请注意原文里的量词,限于英文的表达方式,作者只用了"a, a bit of"来叙述,一翻译成中文,却变成了"一带沙地,一片海水,一角天空",不但在节奏或气势上超越原著,且再现了原著中"sand, sea and sky"所营造出头韵的效果。

以上所述,是英译汉过程中常见有关创作空间的一些现象,而所举的例子,也不过是从余光中译品中随手拈来,可以说是纵向的撷取。以下,且从余译中最为人称道的几部代表作,予以横向的梳理。

---

① Stone, I. *Lust for Life*. London: The Bodley Head Ltd., 1974: 228-229.
② 史东. 梵谷传. 余光中,译. 台北:九歌出版社,2009:286.

翻译到了最高的层次，所要谈及的就是"风格"。"决定风格的该是作家驱遣语言的特色，到了这个层次，就不是对错的问题，而是整篇作品给读者的总印象了。这综合印象又和该作品的文类(genre)有关。"①

以上这段话，出自余光中的《译无全功》，收编在大师的最后著作《从杜甫到达利》之中，可说是天鹅之歌，因此也就是余光中对翻译一锤定音的终极看法。

余光中对于小说，戏剧，诗歌所采取的翻译手法各擅胜场，他曾经说过，少年译作中年改，中年译作晚年改，由于"译无全功"，大可不断改进，因而以下所选的片段，都出自他经过一改再改，精益求精的最后版本。

# 八

余光中翻译的《老人与海》，初译于1952年，结集出版于1957年，后经重新修订，于2010年由南京译林出版社再次出版。译者为此抖擞精神，对原译大加修改，凡一千多处。当初翻译时，余光中还是一个二十出头的青年，自认阅历有限，经验不足，"我也颇有自知，曾语友人，说我的中译像是白手套，戴在老渔夫粗犷的手上"②，事隔五十多年，译者已是一位七十多岁的老手，创作成果丰硕，翻译经验丰富，再去应付六十三岁的海明威，情况自是不同。

《老人与海》原文是一部只有两万七千字的中篇小说，但是气势磅礴，格局恢宏，其中涉及人与人、人与兽、人与大海之间的种种关系，以及人与自然抗衡，即使力量微薄，也绝不认输、永不屈服的精神，因此诚为波澜壮阔、影响深远的传世杰构。

原作之中，老渔夫在海上漂流良久，一无所获之后，终于独力勇捕了十八英尺的马林大鱼，然囚遭受鲨鱼攻击，鱼获变得残缺不全，这时老人

---

① 余光中. 译无全功//余光中. 从杜甫到达利. 台北:九歌出版社,2018:80.
② 海明威. 老人与海. 余光中,译. 南京:译林出版社,2010:3-4.

说了一句发人深省的话,"But man is not made for defeat," he said. "A man can be destroyed but not defeated."①这句话,其实就是全书的点题隽言,充分表现出主人翁宁死不屈,抗争到底的硬汉精神。这句看似简单的独白,该如何翻译,才能把原作之中的铮铮风骨和凛然之气,重现在译文中? 且看下面的例子②:

1."可是人不能认输,"他说,"人可以毁灭,但不能屈服"。(余光中译,p.82)

2."但是人不是为失败而生的,"他说。"一个男子汉可以被消灭,但是不能被打败。"(1972,张爱玲译,p.78)

3."不过,人不是为挫败而生的,"他说,"人可以毁灭,却不能挫败。"(1978,宋碧云译,p.74)

4."可是人不是生来要给人家打败的,"他说。"人尽可被毁灭,可是不会肯吃败仗的。"(1981,海观,p.151)

5."不过,人不是生来就会被打败的,"他说,"人可以毁灭,却不能挫败。"(2002,赵一洲译,p.21)

6."可是人并不是注定要失败的,"他说,"人可以被毁灭,但不能被打败。"(2003,李毓昭译,p.109)

7."不过,人不是为失败而生的,"他说,"一个人可以被毁灭,但不能被打败。"(2006,王强译,p.148)

---

① 海明威. 老人与海. 海观,译. 北京:商务印书馆,1981:150.
② 此处所举例子,出自下列各译本:
海明威. 老人与海. 余光中,译. 南京:译林出版社,2010:82.
海明威. 老人与海. 张爱玲,译. 香港:今日世界出版社,1972.
海明威. 老人与海. 宋碧云,译. 台北:远景出版社,1978.
海明威. 老人与海. 海观,译. 北京:商务印书馆,1981.
海明威. 老人与海. 赵一洲,编译. 北京:北京燕山出版社,2002.
海明威. 老人与海. 李毓昭,译. 台中:晨星出版有限公司,2003.
海明威. 老人与海. 王强,译. 台北:汉宇国际文化有限公司,2006.
海明威. 老人与海. 杨照,译. 台北:麦田出版,2013.

8."不过人不是生来被打败的,"他说,"人可以被摧毁,不能被打败。"(2013,杨照译,p.109)

以上八种译文,是根据手头上可以找到的译本引述的,若是以最早的译文来说,则余光中的《老人与大海》刊载于1953年,张爱玲的译本出版于1955年,距离杨照2013年的译本,已经有一个甲子了;又八种译本的译者,更遍及全中国,因此,无论时间空间,都具有相当的代表性,然而,细观上述的译文,原文里的被动式,除了余光中的译文之外,只有例3宋碧云的译文,不用"被"字来表达,其他的译者一律译成"被被不绝"的格局。

需知,原文里的这句点题之作,是以独白形式道出的,中文里的口气,很少以"被"字来说出,此外,这句话颇有格言隽语的意味,而格言隽语的翻译,着重于简洁有力,铿锵可诵,使人朗朗上口,牢记在心。因此,八个例子中,唯有余译达到这个标准,其他译者全部受拘于原文的语法,以为被动式必须用"被"字转换,而使译文读来节奏松散,气势尽丧! 一个甲子前的张爱玲如此,是因为张虽为名小说家,但以翻译功力来说,其译本却谈不上成功之作;一个甲子后的译者如此,则因为目前流行的中文里已经"被"字横行,习以为常了。

海明威是极具风格的作家,如所周知,他的文字简短紧凑,干净利落,"海明威的句子往往是一个单行句后跟另一单行句,中间只用 and 来联系。"[1]无论是叙述,描绘或对话的处理,都体现了作者提倡的"冰山理论",即"小说应该像冰山,只有十分之一露出水面,让读者自己去想象寻索藏在寒冷水面下的十分之九"[2]。《老人与海》一书即是体现"冰山理论"的最佳典范。此外,书中"简洁准确的动作描写,语言洗练含蓄,富有韵味的内心独白,使整个小说像一幅油画,像一首诗,具有强烈的画面感和音乐感"[3]。原文这种种特点,由热爱音乐、精通绘画,而又下笔声色俱全、文白

---

① 海明威. 老人与海. 余光中,译. 南京:译林出版社,2010:2.

② 海明威. 老人与海. 杨照,译. 台北:麦田出版,2013:141-142.

③ 海明威. 老人与海. 赵一洲,编译. 北京:北京燕山出版社,2002:5.

交融的余光中来翻译,的确达到了相得益彰的效果。为了节省篇幅,以下试举既有色彩描绘,又有动作叙述的一例,以说明之:

> Just before it was dark, as they passed a great island of Sargasso weed... his small line was taken by a dolphin. He saw it first when it jumped in the air, true gold in the last of the sun and bending and flapping wildly in the air... When the fish was at the stern, plunging and cutting from side to side in desperation, the old man leaned over the stern and lifted the burnished gold fish with its purple spots over the stern. Its jaws were working convulsively in quick bites against the hook and it pounded the bottom of the skiff with its long flat body, its tail and its head until he clubbed it across the shining golden head until it shivered and was still. [①]

1. ……正在此时,他的小钓索钩住了一条鲯鳅。开始他看见它跃入空中,在落日的余辉里闪着金黄,在半空急剧扭身拍尾……等到鲯鳅拖到了船尾,正在拼命跳上跳下,又左右乱冲,老人便靠在船尾,把满身紫斑,闪着金光的鱼儿提进船来。它两颚痉挛张合,频咬钓钩,又长又扁平的身体和头尾猛拍船底,直到他用棍子乱打它那金闪闪的头,打得它索索发抖,寂然不动。(余光中译)[②]

2. 正在天黑之前,……这时候他那根小钩丝钩着一条鲯鳅。他第一次看见它,是它跳到空中,在最后的阳光中它是纯金色,曲着身子,疯狂地在空中煽动着……老人俯身凑到船尾上,把那鱼从船尾拾过来,那滑泽的金色的鱼,有紫色的斑点。它的嘴抽搐地一动一动,迅速地咬着钩子,它用它那长而扁平的身体和它那尾巴和头来敲打着船底,老人用木棒在那光亮的金色的头上打了一下,它方才颤抖着,不动

---

① 海明威. 老人与海. 海观,译. 北京:商务印书馆,1981:104.

② 海明威. 老人与海. 余光中,译. 南京:译林出版社,2010:55-56.

了。（张爱玲译）①

请看这两种译文，且不论张译某些地方用字的不妥，如"煽动着""拾过来"等，仅仅是形容词的"的的不休"，代名词的"不知省略，它它不断"，副词"地"字的"反复运用"，就已经把这段声色俱全，充满动感的原文翻译得气势全消，色彩黯然了。此处余译与张译，到底哪种译文更能传达原文简约精炼的风格，不言而喻。

# 九

伊尔文·史东著的《梵谷传》(Irving Stone, *Van Gogh, Lust for Life*)，是余光中翻译的另一部力作，在这部传记中，作者史东"以小说来还原梵谷破画而出的生命故事"②，因此，译者的首要之务，就是如何在译文里再现画家这种"腹内蠢蠢欲动""气蟠胸臆"的感觉。③

此书翻译之初，余光中和夫人范我存尚未共谐连理，情侣俩在一人翻译、一人誊写的紧密合作下，把全书译完，因此散文家张晓风称之为两人"婚前所生的孩子"④。然而随着余光中年事渐长，功力渐进，这本于1955年翻译的作品，在1957年由重光文艺出版社出版；1978年重新修订，由大地出版社出版；2009年再度仔细校订，交由九歌出版社隆重刊行。《梵谷传》由最初的版本到最后的定本，译程历时逾半个世纪，内容修改近万处，这种努力，堪与翻译名家傅雷三译《高老头》相比，因而此书不可不谓余光中在翻译版图上呕心沥血、千锤百炼的传世之作。

《梵谷传》最精彩的莫过于对于色彩的描绘。由于主人翁是梵谷，所以作者笔下形容的色彩也是浓烈激越，而非淡雅素净的，译者一不留神，

---

① 海明威. 老人与海. 张爱玲，译. 香港：今日世界出版社，1972：53.
② 史东. 梵谷传. 余光中，译. 台北：九歌出版社，2009：腰封.
③ 史东. 梵谷传. 余光中，译. 台北：九歌出版社，2009：484.
④ 张晓风. 护井的人——写范我存女士//史东. 梵谷传. 余光中，译. 台北：九歌出版社，2009：654.

就可以把梵谷翻译成莫内。且看以下的片段：

But it was the colour of the country-side that made him run a hand over his bewildered eyes. The sky was so intensely blue, such a hard, relentless, profound blue that is was not blue at all; it was utterly colourless. The green of the fields that stretched below him was the essence of the colour green, gone mad. The burning lemon-yellow of the sun, the blood-red of the soil, the crying whiteness of the lone cloud over Montmajour, the ever reborn rose of the orchards... such colourings were incredible. How could he paint them? How could he ever make anyone believe that they existed, even if he could transfer them to his palette? Lemon, blue, green, red, rose; nature run rampant in five torturing shades of expression.[①]

再看下面的几种译文：

1. 可是使他伸手翼蔽自己愕视的双眼的，却是四野的色彩。天空蓝得如此强烈，蓝得硬朗，苛刻，深湛，简直不是蓝色，完全是没有色彩了。展开在他脚下的这一片绿田，可谓绿中之精，且中了魔。燃烧的柠檬黄色的太阳，血红的土地，蒙马茹山头那朵白得夺目的孤云，永远是一片鲜玫瑰红的果园……这种种彩色都令人难以置信。他怎么画得出来呢？就算他能把这些移置到调色板上去，又怎能使人相信世上真有这些色彩呢？柠檬黄，蓝，绿，红，玫瑰红；大自然挟五种残酷的浓淡表现法暴动了起来。（余光中译，p.465）[②]

2. 郊外风光颜色缤纷，把他弄到目眩神迷。蔚蓝天空是一片酷蓝，蓝至无底，令人不见其为蓝，而变为柠色。平原绿地是一种绿色，

---

① Stone, I. *Lust for Life*. London: The Bodley Head Ltd., 1974: 392-393.
② 史东. 梵谷传. 余光中，译. 台北：九歌出版社，2009：465.

成为惨绿。太阳的柠檬黄，焦土的血红，芒马苏岗上片云盖顶，化为奇白，花圃中有常开的玫瑰花……各色呈现，真是不可思议。教他如何下笔呢？纵使他能够入画，又有谁相信呢？柠黄，蓝青，碧绿，血红，玫瑰；大自然在怒吼了，表现着五种悲昂的色调。（林继庸译，1955）①

3. 不过，促使他伸手去摸自己被迷惑的双眼的却是乡间的色彩。天空是如此浓烈的蓝色，那样凝重，深沉，竟至根本不是蓝色而全然成了黑色；在他下面伸展开去的田野是最纯粹的绿色，非常非常的绿；太阳那炽烈的柠檬黄色；土地的血红色；蒙特梅哲山上寂寞的浮云那耀眼的白色，果园里那永葆新鲜的玫瑰色……这样的色彩是令人难以置信的。他如何能把它们画下来呢？即使他能把这些色彩搬到他的调色板上，他又怎么能让人相信它们的存在呢？柠檬黄，蓝，绿，红，玫瑰，大自然信手把这五种颜色摆在一起，形成了这种使人难受的色彩情调。（常涛译，1983）②

从上述三个例子，可以看到译者的翻译手法大有分别。这是原著第六章"阿罗"（Arles）中的一段，话说梵谷来到了法国南部小镇，准备潜心创作。该处风景如画，阳光炽热，使画家创意勃发，精力旺盛。作家此处描绘的郊野，并非只是彩色绚烂，花团锦簇，而是生气勃勃，动态毕呈的。原文中形容色彩而采取的一些特殊词汇，如"intensely blue, hard, relentless, mad, rampant, torturing"等，余光中都紧贴原文，如实翻译成"强烈，硬朗，苛刻，中了魔，暴动，残酷"，因此形成了一种骚动不安的情绪，跟画家内心蠢蠢欲动的感觉里应外合，互相关联。

例2的译文，由于成文颇早（1955年），所以并没有太多目前恶性西化的译文腔，然而把"蔚蓝"形容为"酷蓝"，再转而为"柠色"，把"torturing shades of expression"翻译为"悲昂的色调"，实在跟原文相去太远，再说，

① 史东. 生之欲. 林继庸，译. 台北：正中书局，1955：374.
② 史东. 梵高传. 常涛，译. 北京：北京出版社，1983：419.

"郊外风光颜色缤纷,把他弄得目眩神迷"一句,也太流于笼统,无法传达出原著意欲表现的风格。

例 3 出版于 1983 年,凡是余光中执意避免的译文腔,几乎都罗列齐全。例文一开始长句中的"的的不休"和被动句法;代名词的重复使用,如"它们"的一再出现;句法的冗长;选词的不当,如"令人难受的色彩情调"等,都使这段描写色彩的译文念来冗长累赘,毫无生气。

一个称职的译者,必须能挣脱原文句法的箝制,就如杨绛所说,翻完跟斗,要立起身来;而翻译的过程中,面对原文,何者重要,何者次要,要能知所选择,从而紧贴文气,在译文中从容道出,如原文长句中的"the crying whiteness of the lone cloud",余译把"lone cloud"译为"孤云",而不是如例 3 的"寂寞的浮云"。译文中面对原文,何时拉长,何时缩短,这松紧得宜,舒展自如的手法,正是营造创作空间的妙方。

十

翻译戏剧,又是另一番境界。余光中对王尔德情有独钟,先后翻译出版了王氏《不可儿戏》《温夫人的扇子》《理想丈夫》《不要紧的女人》四部喜剧。翻译王尔德,余光中自认为这是一场译者与作者之间的"拔河比赛"。的确,一为妙思泉涌、锦心绣口的戏剧大师;一为高才敏思、幽默机智的文坛巨匠,两者相遇,文采旗鼓相当,功力不相伯仲,可说是译坛难得一见的佳话。

余光中深谙翻译要根据文类,各据特点,逐个击破,"不同的文类需要不同的'译笔'"[①]。他明确指出:"小说的对话是给人看的,看不懂可以再看一遍。戏剧的对话却是给人听的,听不懂就过去了,没有第二次的机会。"因此,他翻译戏剧时坚守的原则就是"读者顺眼,公众入耳,演员上

---

① 余光中. 分析我的四度空间//余光中. 从杜甫到达利. 台北:九歌出版社,2018:
127.

口"。他冀希自己翻译的剧本"是活生生的舞台剧，不是死板板的书斋剧"①。一部翻译的喜剧，在剧院上演时，要确保听到满场赞叹，盈耳笑声，绝非易事。译者必须在台词方面调整语气，下足功夫，令每字每句，"现说，现听，现懂"②，观众方可有所反应，增加互动。

余光中翻译王尔德所用的技巧，林林总总，不一而足，例如以四字词组或四字成语化解原文的抽象名词；以拆开重组，首尾易位来对付冗长句子；以归化用语来取代专有名词；以叠韵换双声；以变通办法应对文字游戏等，可说是层出不穷。他在翻译最后一部《不要紧的女人》时，曾说："像其他的三本喜剧一样，这本《不要紧的女人》也因台词奇趣无穷，呼应紧凑，正话可以反说，怪问而有妙答，令人觉得旷代才子王尔德的灵感匪夷所思，一无拘束，像在高速公路上倒开飚车。"③四部作品，译者从"拔河"，到"飚车"，所花的无穷精力与无比心血，实在令人动容。

由于坊间讨论《不可儿戏》的论文颇多④，此处只举《不要紧的女人》中一些有关的例子，以展现余光中译品中文学翻译的创作空间。

《不要紧的女人》描述一群上流社会的男男女女，闲来无事，相聚打情骂俏，说长道短，最爱讨论两性关系，且看以下一段文字：

> Lord Illingworth：Don't you know that I always succeed in whatever I try?
>
> Mrs. Allonby：I am sorry to hear that. We women adore failures. They lean on us.
>
> Lord Illingworth：You worship successes. You cling to them.

---

① 余光中. 与王尔德拔河记//金圣华，黄国彬. 因难见巧——名家翻译经验谈. 台北：书林出版社，1996：4.

② 余光中. 分析我的四度空间//余光中. 从杜甫到达利. 台北：九歌出版社，2018：128.

③ 余光中. 不要紧的女人. 台北：九歌出版社，2008：140.

④ 如梁绯，肖芬. 从戏剧台词的动作性及人物性看余光中的戏剧翻译，以《不可儿戏》为例. 应用外语学报，2015(24)：255-277.

Mrs. Allonby：We are the laurels to hide their baldness. ①

这段文字虽然貌似简单,但是充满了抽象名词如"failures, successes, laurels, boldness"等,再加上一堆代名词"you, I, it, we, they, us, them, their"等,翻译起来也不容易处理。且看以下两种译文的不同：

1.易大人:你不知道我要做的事都做得成吗?

艾太太:听你这么说,真是遗憾。我们女人爱的是输家。输家才会依赖我们。

易大人:你们崇拜赢家。你们攀附的是赢家。

艾太太:我们是掩饰赢家秃头的桂冠。②

2.易：你知道吗? 我做事从来没有不成功的。

何:那是你运气不好。女人喜欢失败者。他们依赖女人。

易:你们崇拜成功者,女人依附他们。

何:女人是成功者头上的桂冠,用来遮掩他们的秃顶。③

此处例 1 是余光中译本,例 2 是张南峰译本。余译把原剧中的抽象名词一一化解,把代名词有的用名词还原,有的换序调整,务使观众一听就明白来龙去脉。要是"你们,他们"等代名词与名词在同一句里反复出现,如"你们崇拜成功者,女人依附他们",虽然精确,但在剧场里念出来就会显得缠夹不清。

该剧通篇充满隽言妙语,奇趣谐情,譬如另一位贵妇庞夫人为理想男士下定义"As far as I can see, he is to do nothing but pays bills and compliments"④。这一句,余光中翻译为"依我看哪,只要有钱付账有嘴恭维,就是理想男人了"⑤。此处原文以一个动词"pay"带出两个宾词"bills

---

① Wilde，O. *Plays*. London：Collins, 1954：141.

② 余光中. 不要紧的女人. 台北:九歌出版社,2008:35-36.

③ 王尔德. 王尔德喜剧选. 张南峰,译. 福州:海峡文艺出版社,1990:322.

④ Wilde，O. *Plays*. London：Collins, 1954：147.

⑤ 余光中. 不要紧的女人. 台北:九歌出版社,2008:51.

and compliments"，一般译者恐怕会翻译成"他只要付账及恭维就行了"，这样听来，语气就平平无奇，余光中加上"有钱"和"有嘴"四个字，就使整个句子变得灵动鲜活起来。

类似的例子，不胜枚举，此处只能约略涉及，以冀见微知著而已。

# 十一

余光中翻译的版图，幅员辽阔，其中最多的文类是诗，十四本译著之中，共占六本，其中不但有外译中的作品，还有诗人把自己作品翻成英文的《守夜人》。历来讨论余光中译诗的论文，最为丰硕，仅仅以 2015 年高雄第一科技大学举办的国际会议上提交的论文来算，已有七篇之多。因此，此处不欲赘言，只借助一些例子，以审视英译中、中译英双向过程中创作空间宽窄收放的实况。

余光中对于自己译诗的要求是下笔必须综观全局，形义兼顾。以他晚年的力作《济慈名著译述》来说，这本他自认为最满意的作品，对于书中所收的各种诗体，从十四行诗、抒情诗、颂体到长诗，都按其特色，悉心应对。尽管如此，诗人明白"相对于'诗无达诂'，我们甚至可说'译无全功'。文学的翻译，尤其是难有达诂的诗文，翻译要求竟其全功，实在是可遇而不可求"[1]。这一点，在《守夜人》一书中表现得最为明显。"诗人明白自译作品，好处是完全了解原文，绝不可能'误解'。苦楚也就在这里，因为自知最深，换了一种文字，无论如何翻译，都难以尽达原意，所以每一落笔都成了歪曲。"由于中英两种文化的隔阂实在太大，不管如何悉力以赴，都不能尽达原意。为了弥补这先天的缺陷，诗人翻译时，"不得不看开一点，遣其面貌，保其精神"[2]，这大概是所有认真的译者，在翻译过程中都感同身受的体会吧！

---

[1]　余光中. 译无全功//余光中. 从杜甫到达利. 台北：九歌出版社，2018：68.
[2]　余光中. 守夜人. 台北：九歌出版社，2004：15.

正因为中英两种语文之间的差别极其巨大,诗人为了要填其鸿沟,跨其距离,就不得不格外用心。余光中诗里常用叠词,如《车过枋寮》一诗中"雨是一首湿湿的牧歌/路是一把瘦瘦的牧笛",这样宛如歌谣的诗句,一翻成英文,就改为用头韵(alliteration)"The rain is a swishing shepherd's song/The road is a slender shepherd's flute"来处理了①;至于复杂多变的称谓,如原诗中的题目《冰姑,雪姨》,一用英文表达,却只好变成了"Aunt Ice,Aunt Snow",而不再有"姑,姨"之分了②。此处翻译的创作空间明显收窄,难怪翻译家赖恬昌曾经感叹:"当我以英文翻译中诗时,我总有点'无可奈何'的感觉,而所得的结果,亦只不过'似曾相识'而已!"③

余光中译诗,不仅仅是翻译原文,而对每首诗的体例、缘起、特色、神韵等,都详尽分析,例如济慈的《秋之颂》(*To Autumn*),诗人在译文前就阐述:"我教英诗半世纪,每次教授到这首《秋之颂》,都非常享受,因为它的天籁直接来自造化,并不依赖神话、宗教、历史、文化等等背景……对中国的读者,除了赏析的美感之外,可谓一无障碍。"④然而一首翻译的英诗,真要中国读者悉心欣赏,读起来"一无障碍",又谈何容易!读者假如有幸看到余光中的手稿,就可以窥见他在稿纸上密密麻麻的蓝字红批,以及孜孜矻矻的斑斑心血!仅仅第一、二句,就可以看到诗人一遍又一遍的修改痕迹。"Season of mists and mellow fruitfulness/Close bosom-friend of the maturing sun",这"fruitfulness"是个抽象名词,要译成中文,通常须以四字词组来对付,然而这四字该如何排列成句,却很有讲究,于是诗人就从"瓜果饱孕",改译为"瓜果饱满",再改为"瓜满果饱",最后定本为"多雾的季节,瓜盈果饱/和成熟的太阳交情最深"⑤。由此可见,诗翁译诗时,对于原文的含义、文气、节奏、音韵等特色,字字斟酌,反复推敲,拿捏得十分

---

① 余光中. 守夜人. 台北:九歌出版社,2004:130-131.
② 余光中. 守夜人. 台北:九歌出版社,2004:306-307.
③ 金圣华. 桥畔闲眺. 台北:月房子出版社,1995:32.
④ 余光中. 济慈名著译述. 台北:九歌出版社,2012:91.
⑤ 2018 年 8 月,承蒙余光中夫人范我存女士惠示余光中教授译诗手稿,特此致谢。

细致。

余光中在许多重要的文章如《的的不休》《译无全功》里，都提到自己翻译的叶慈短诗《华衣》(*A Coat*)。于 2014 年在台北召开的严复 160 年诞辰纪念文学翻译研讨会上，余先生以主讲嘉宾身份发表论文《翻译至境见风格》，更在会上特别宣读了《华衣》一诗，可见他对此译的重视。以下列出《华衣》的中英文本，以为对照。

> A Coat
>
> I made my song a coat
> Covered with embroideries
> Out of old mythologies
> From heel to throat；
> But the fools caught it，
> Wore it in the world's eyes
> As though they'd wrought it.
> Song，let them take it，
> For there's more enterprise
> In walking naked.

> 华衣
>
> 为吾歌织华衣，
> 刺图复绣花，
> 绣古之神话，
> 自领至裾；
> 但为愚者攫去，
> 且衣之以炫人，
> 若亲手所纫。
> 歌乎，且任之！
> 盖更高之壮志

在赤体而行。①

这首短诗,余光中是以古体诗来翻译的。诗人在此要体现的,是原诗那种典雅而又朴素的风格,因此用的是文言的语调。全诗读来简洁明快,没有一个冗字赘词,充分展示了译者多年来强调"白以为常,文以应变"的原则。余光中认为外国文学的经典作品,"为了在语感或语境上相应,我们也不妨酌用一些文言的语汇或句法"②。他的这种主张,许多翻译名家都很认同,例如罗新璋当年翻译法国经典文学作品《特利斯当与伊瑟》(*Roman de Tristan et Iseut*),采用的就是文言句法。③ 即使中译英,也有相同的道理,翻译名家高克毅先生当年翻译元曲大家关汉卿的作品《赵盼儿风月救风尘》一剧时,由于原作是古典作品,他把书名译为 *A Sister Courtesan Comes to Rescue*,而非如哈佛大学中文教授 Steven Owen 般,翻译成 *Rescuing One of the Girls*.④

# 十二

从以上对于余光中译论译文品的讨论可以见到,文坛巨擘之于翻译,虽然只是一生经营的四度空间之一,然而其悉心投入与认真追求的态度,却毫不含糊。余光中除了"做翻译"之外,还矢志于"论翻译,教翻译,评翻译,编译诗选集,提倡翻译",因而论者称之为"六译"并进。⑤

余光中对于自己翻译与创作的关系,不断内省,反复探讨,在他最后的论著中,曾经做一个总结:"然而我自己的英译,究竟只能算翻译呢还是

① 余光中.翻译至境见风格//彭镜禧.文学翻译自由谈.台北:书林出版社,2016:4-5.
② 余光中.译无全功//余光中.从杜甫到达利.台北:九歌出版社,2018:80.
③ 金圣华.傅译传人——罗新璋先生访谈录//金圣华.认识翻译真面目.香港:天地图书有限公司,2002:113.
④ 金圣华.冬园里的五月花——高克毅(乔志高)先生访谈录//金圣华.认识翻译真面目.香港:天地图书有限公司,2002:87.
⑤ 单德兴.余光中教授访谈录——翻译面面观.编译论丛,2013,6(2):177.

变相的创作呢？当然是翻译。其实创作也是一种翻译：将作者内心的美感经验翻译成语言……译者与作家的差别在于译者一开始就面对一篇眉目清楚的原文。他无须去澄清、提炼，却必须把原文带入另一'语境'的世界，必须入境问俗，才能一路过关，顺利'到位'，成为快乐的'移民'。"①

请注意此处"入境问俗"的说法，即表示任何生吞活剥，西而不化的译文，都不可取，甚至可以由此衍生一种称谓，即为"非法移民"。

余光中接着说："在这过程中，译者仍有相当的自由，可以选择最恰当的字眼，安排最有效的顺序，营造最自然的组合。同一原文，而译文妍媸互异，成败各殊。就全看译者的修养与功力了。"②

这段话，正好成为本文的总结。的确，一个出色的译者，译出上乘的作品，外译中像是中文创作，那是一种功力，一种张力，一种创造力的表现，而非惹人诟病的缺憾！

假如说，翻译就如婚姻，尤其是异国通婚，那么，一段琴瑟和鸣的情缘，就是其中一方既可以亲近配偶，耳鬓厮磨，体贴入微；又因其自身的学养、知识、历练、能力，不仅能把另一半的原貌尽情阐述，译介国人，更可使之倍添姿彩，尽显美态。

观乎余光中的译论译品，就知道善译者即使人处斗室，身负镣铐，亦能不受拘束，神游物外，在匠心独运中挥洒自如，于翩翩舞姿里，画出联系东西贯穿长空的彩虹！③

2018 年 8 月 22 日初稿

2018 年 8 月 26 日修订

---

① 余光中. 唯诗人足以译诗？//余光中. 从杜甫到达利. 台北：九歌出版社，2018：44.

② 余光中. 唯诗人足以译诗？//余光中. 从杜甫到达利. 台北：九歌出版社，2018：44.

③ 金圣华. 永恒的彩虹//金圣华. 荣誉的造象. 香港：天地图书有限公司，2005：71.

第三辑

# 翻译家访谈录

# 冬园里的五月花

## ——高克毅（乔志高）先生访谈录

一

日期：一九九九年五月十九日（星期三）

时间：早上十时四十五分

地点：美国佛州冬园高宅

访问者：金圣华

冬园（Winter Park）是个小镇，位于佛罗里达州中南部。佛州四季如春，冬园景色宜人，邻近都市奥兰多和远近闻名、游人如织的"狄斯耐世界"。笔名"乔志高"的名翻译家高克毅先生就住在这个地方。他已高龄八七，九秩在望，可是看上去神采奕奕，腰板笔挺，红润的脸上，找不到一点老斑或一丝深纹。高先生平易近人，和蔼可亲，与之相交，无论旧雨新知、男女老少，都有如沐春风之感。

高克毅虽已退休，但乔志高笔耕不辍，勤读如故，翻译与创作两忙。过去有好长一段时期，他与梅卿夫人就如候鸟一般冬临佛州，夏返马州，往来马里兰与佛罗里达之间，也常来香港台湾叙旧，并多次返回大陆，寻访故居，缅怀半个世纪前燕园的大学生活。两三年前，老当益壮、永不言倦的高克毅先生，寻寻觅觅，终于找到了冬园镇的一个住宅区"五月花"——Mayflower，与夫人定居下来。

"五月花"这个名称在美国富有历史意义,原指一艘帆船,一六二〇年英国一伙清教徒曾乘此船漂洋过海,到美洲创立麻省普里茅斯的殖民地。他们在惊涛骇浪中航行了六十六天,终于抵达新大陆,在新旧文化冲激之下,开创出一番崭新的局面,拓展出一片辽阔的天地。"五月花"代表的是冒险犯难的精神,是离乡背井、远走他方,在彼邦安身立命、扎根萌芽,而终于开花结果、展现新貌的勇气与机遇。

我这次也远涉重洋,用了一天一夜工夫,从香港来到佛州。出了奥兰多国际机场,半小时的车程把我送到冬园镇上。在往来便利的通衢大道旁,往里拐去不远,就进入"五月花"这个环境清幽、闹中取静的理想社区。这里有座公寓式的高楼,再往前绕着人工湖四周有二三十幢红瓦白垩的小洋房,其中之一就是我的目的地。

恰好在五月,恰好是百花盛放的季节,我拜访了"冬园"里挺拔如松的高克毅先生。坐在他的书斋里,四壁有于右任、叶公超、梁实秋、余英时等人题赠的字,也有美国漫画家替他作的速写和他的自画像,一切都反映出主人温文尔雅的性格与情操。

金:今天我很幸运从香港来到美国佛罗里达州的 Winter Park,来访问翻译名家高克毅先生。高先生一生从事新闻工作,在老前辈面前做访问,实在有点班门弄斧。Winter Park——"冬园"——这地名很有意思。可是这儿四季如春,一点冬天的景象也没有啊!

高:不错,"冬园",冬天的花园,是有点费解。不是天寒地冻的园林,是北部的人冬天来避寒的地方。我住的这里是个 Retirement Community,可以美其名曰"休闲社区"。美国人时兴说委婉语,什么事都说得好听一点。上了年纪不说老头老太婆,而叫 senior citizens(高龄公民)。事实上,根据统计,老年人口的比数每年有增无减,形成一股势力。商业方面也买他们的账,于是专为"高龄公民"居住的"休闲社区"就成为美国最近几年发展的大企业——他们真把它叫作 industry 呢!冬园镇原先就是避寒养老的胜地,现在此地一带有好几处这样的小区,"五月花"算是比较出名的。

**金**：啊！真有意思。这篇访问记就叫"冬园里的五月花"吧！

**高**：您好像很喜欢"五月花"这个名字。让我先讲一个笑话吧。我们是这里唯一的一对中国夫妇。这里原先住的都是白人，除了我的妹妹，她一开始就住在这里，到现在已经十年了。大家都以为是我妹妹介绍来的。我跟他们说：非也。多年前我去台湾开会，招待方面在几天忙碌的会议之后，要慰劳各国来的广播界人士，临别晚上的余兴节目就是请我们去当地的酒家，开开眼界。还记得那酒家在南京东路，霓虹灯亮出的招牌就是"五月花"。我当年见识了台北的"五月花"，现在来到这里，又是一个"五月花"，兜了一个大圈子，一个 full cycle，这才是我们定居"五月花"的渊源。

**金**：妙得很！您的记忆力真好，您在文章中提到从前的事，都记得清清楚楚。

**高**：不见得。是 selective memory，想记的就记得。我喜欢轻轻松松，说说笑话，不然人生就太苦闷了。

**金**：您有许多不同种类的著作，除了翻译，还写散文。您的散文集常用所住地的地名为集名，如果现在再写一本，会不会叫作《冬园集》？

**高**：下一本书的题目已经想好了。叫作《一言难尽——我的双语生涯》。一方面，我的一生为双语所困，单用中文或单用英文都说不清；另一方面，人生的事太多，千言万语，一句话也说不完。

**金**：原来这个书名有一语双关的意思！您是出名爱"喷"（pun）的。常写中英文音同字不同的妙文，可说是个"喷"专家。我觉得中译外、外译中是两种不同的才具，我所认识的朋友之中，像您这么中英皆能，左右逢源，翻译时能入能出，收放自如的人实在不多。那么，可否就请您谈谈您的"双语生涯"？

**高**：双语生涯是我一生的矛盾！不但是中、英语文之间，也是中国、美国之间的矛盾。我父母是早期的留学生，父亲在清朝末年考取官费留美。我是民国元年在密歇根州的 Ann Arbor 市出世的，三岁就给带回中国，在中国长大、读书,十岁上学堂才正式学英文,一直到大学毕业才到美国,可是后来大半生都在美国念书、工作、生活。我的一生是个矛盾,说来有好处,也有坏处。中国和美国有许多相同或相异之处:中国有古老传统,有道德观念,儒教修身齐家之说,美国则是个年轻的国家,前进、自由,可是也有许多地方不知人生的道理,这里面有矛盾。我处于中美两种文化之间,首当其冲。先不谈个人,中美两国之间总是有一种"爱憎情意结"(love-hate complex),因为这缘故,在近代史上,中美人民彼此结交往往很投契、很融洽,可是两国之间,一到政府立场却有时会发生冲突。从前清到民国到现在都是如此。据我看来(这也是我的希望,因为我有两种文化的背景),我们如能彼此学习对方的好处就好了。站在中国人的立场,中国当然向往现代化的科技,要向美国学习,但不要赶时髦,学他们的坏处。美国的社会常有很多问题,如一味以为这是现代化的情况,没选择地努力赶上,就很不幸。我们应该保留中国文化的好处,转过来让美国人欣赏、学习;这样,矛盾才会慢慢消除,双方都有好处。

金:这看法带到文学语言方面,就会发现现在的中文也受到欧化的影响,我们来谈谈"语言冲激"的问题吧!"语言冲激"是否也像现代化一般是无可避免的?您的看法如何?是否应该有所选择?

高:我因为有双语背景,所以觉得中文跟美式英文有很多相像之处。两国语言文字都很活泼,有活力,很会改变以迎合潮流,这是双方共有的现象。而中国人学外来文化,语言当然是其中一部分。但我认为中国文字、语言有那么悠久的历史,那么丰富的文学文化遗产,我们绝不能轻易放弃。在字词方面(尤其科技方面)尽管应该输入新东西,但文法、语法跟修辞许多固有的好处,却不能受西方影响,弄得自己的文字失去本来的面目。我因为二十一二岁就到美国定居,我的中文虽然可以写作、发表,但现在可能落伍了,修辞和造句方面跟国内报章杂志所用的文字有点脱了节(我当然应努力赶上,每天看看国内的报章杂志),不过我还是认为把中文语法变得太西化不必要,而且并不好。根本,文字是反映、记录语言的;把写作弄得不像人说的话,那种文艺腔,有什么好?所以大体上我宁愿守住我年轻时在中学、大学念的文字。

金：我认为您太谦虚了。这问题是我跟许多名家如余光中、蔡思果先生都有同一看法。中文实在已经西化到某一程度，正像余先生所说，英文没学好，中文却给带坏了。但是如果在中学、大学里有扎实的语言基本功夫那就带不坏。现代中文里的译文体太糟了。现代中文是否受译文体污染？您是双语人，最有资格评论这问题，您的意见可给年轻人一些启发。

高：思果、光中他们都是我最钦佩的文友，他们对于写作，不但以身作则，而且发表过精辟的见解。要我说，也没有什么新意。我看美语的结构是有机体(organic)，有主词、受词等，线索相当清楚。中文是很有诗意的。不一定每个关节都一个字一个字表现出来，很多地方是很含蓄的，要一节一节一段一段的看，每个词、每句话的意味要去摸索，美感就在那里。例如，现在不但翻译，青年作家连写作时也喜用"被"字。"我被人利用"是好的中文，"被停在路上的汽车"很合逻辑、很科学，坏在不像中国话。很多长句前面、后面、中间放许多"被"字，实在不需要，破坏了中文的特点，读者往往看不懂。大陆、台湾、香港都有这种过分西化的情况，对文字内容，一点好处都没有。像刚才说的，文字代表语言。我们说话，用那么多"被"字吗？再举个例：写白话文，仿效英文的代名词it，用许多"它"字代表事物也很别扭，不是中国口语的习惯。

金：对呀！比方现在一看到"share"，就翻成"分享"，好坏都不分。说"分享痛苦的经验"，绝对不是中文！很高兴听到老前辈也这么说，您是《美语新诠》的专家，也这么说，真有意思。

高：两国文字不同。人类的思维、情感是一样的。西方人说什么话，中文里一定有相同或相等的说法，我们做翻译的要尽量去找，但最好是两种语文都有训练，才可以找到妥帖、对称的语言。

金：但有些概念是没有的，譬如说到"孝道"，西方人的感觉完全不同，这种概念该怎么处理？

高：我认为有必要用文字去表达这个概念。美国社会不看重孝道，因为美国奉行个人主义，对家庭、父母的观念淡薄。中国人的传统跟美国拓荒的精神很不同,家庭是最主要的社会单位,家庭观念重,应该保持这种观念。虽然社会进步,我们要学西方潮流思想、科技,但社会人生的基本观念还是应尊重自己的传统。

金:你意思是说观念是传统的,但总可以用另一种语言表达出来。

高:我相信是的。

金:您的双语能力,我相信有先天的环境,也有后天的培养。您从三岁到大学是处于中文的环境吧!

高:不错!所以我才有这种矛盾。我成长年代完全是中国的教育,处于中国的文化背景。我父母虽是早期留学生,但我们的家庭并不洋化,不是所谓的"洋派",当然也不古老。我常觉得自己有矛盾,但也有好处,一方面可避免旧的包袱,一方面也很清楚看到美国文化中的坏处,而不受影响。再谈一个个人的故事。

我二十五岁那年,发现有点从前肺结核留下的伤痕,得进疗养院去医治。西方人最喜欢动外科手术,一来可以尽快解决医学问题,二来不想病人赖着不走,这也是一种经济上的考虑。好几位医生会诊,说要开刀,我当时听了大为吃惊,自觉毛病很轻微,不需要动手术,折断了两根肋骨令身体局部残废,终生受累,于是就跟他们说,孔子曰:"身体发肤,受之于父母,不敢损伤。"他们听了都非常惊奇,包括那个德国肺病专家在内。他听了,觉得这说法异想天开,可又不是没道理,于是就把我放过了。我住了几个月就康复了,以后再没发过病,这是六十多年前的事,现在回想起来,当时虽很迂,用孔子的话对付他们,但结果不错,对他们来说也是闻所未闻的。

金:我想你在大学是念英国文学的吧!

高:不完全是,我最初在中学时代对文学很爱好,进大学时相当踌躇,也想到未来工作前途和谋生的问题,那时的折中办法是去主修新闻学。燕京是中国最早设立新闻学系的大学。我从上海转学到燕京去,我在上海沪江大学大一、大二,念的课程倾向于英国或美国文学,然后转学。现在我老了,有点懊悔,不容易回到文学的园地来。文学在人类文化中是主要的表现，新闻不能算学问，只不过是一种技术，当然是一种与文字有关的技术，是实际工作，就如我对翻译的看法一样。香港各大学很多对翻译课程很注重，开办了学系，当然有其学术上的价值，但如果从小对双语有爱好和兴趣，努力学习，也可成为一个好的翻译人才。在另一方面，如学了很多理论，尤其是跟语言学接近的理论，对学术上有贡献，但不一定能成为好的翻译人才。我不敢批评翻译学这门学问，我与新闻学、翻译学，性情不近，虽然一辈子在工作上，不是用中文就是用英文，不是英译中就是中译英。对文学翻译，我是个 amateur，是业余的，也可说是"爱美"的、"玩票"的。到现在为止，我只翻译了三本美国现代文学著作，这三本文学翻译是我认为在自己所有工作中比较有价值的。

第一本是 *The Great Gatsby*（《大亨小传》），书名是我的好友宋淇先生用过的，这也是意译中的妙笔。书里主人翁 Gatsby 的形象是"大亨"，用这个词来表出小说的关键所在，精神所在。一九九八年，美国一家公司 Random House（蓝登书屋）出版 Modern Library（现代文库），他们举办了"二十世纪一百种最佳英文小说创作选举"，请一批文学界有名的批评家来评选，结果 James Joyce 的 *Ulysses* 第一名，第二名就是 *The Great Gatsby*，我很高兴。这是他们评判的见解，不一定人人同意，说不定还有点商业意味，但也表示了一般的看法。在二十世纪现代英美文学之中，*The Great Gatsby* 是相当有地位的。

我刚才说，我翻译这书是业余的工作，完全基于爱好，译时觉得很自然；也可以说作为一名文学翻译者，我是个 "primitive"（原始派）。用美术方面的例子来解释，我像是个 Grandma Moses（摩西婆婆），她的作品带有一种原始气息，没经过客观训练，一切源于自然爱好，自然流露，如儿童画。有些成名的画家太过修饰，反而脱离了原始意味。法国有个原始派画家亨利·卢梭（Henri Rousseau），当税务员出身，他的作品独创一格。我喜欢画画、看画，我做翻译也喜欢自然的流露。《大亨小传》中时代、地方的背景我都经历过，故事主要说年轻人如何追求名门淑女，最后没成功，有种种幻想，我自己也从小就跟每个人一样，有那一点点幻想。我在纽约住了很久,费滋杰罗所经过的时代事物,我都知道,翻起来很不费力,有小错,但小错容易改,这是我翻这本书成功的地方。原著的精神、气氛我都尽量掌握。

**金**:接着你还有两本书,你也说很喜欢,那么这三本译作之间有什么异同之处?

**高**:《大亨小传》的故事很亲切,我年轻时不知道追求过多少女孩,感同身受。至于另外两本,当然,因为第一本成功,是出版社鼓励我再译的。第二本是 O'Neill 的晚期重要作品,*Long Day's Journey Into Night* 我译为《长夜漫漫路迢迢》,这书名也需要解释,很多人乍看,感到跟原文不符。原文说 Long Day's Journey,我把它变成"长夜",把"地"与"时"颠倒过来。《楚辞》里现成的"路漫漫",我这里作"路迢迢",却用上了"长夜漫漫"。我感到全书的情调感觉由明趋暗,终于黑夜笼罩了整个家庭,一天漫长的"旅程"不过是个隐喻。别的译名如《长路漫漫》《路遥途穷》等,我觉得中文说起来似乎不大顺。还有一本叫 *Look Homeward, Angel*《天使,望故乡》,是 Thomas Wolfe 的自传小说。我翻译这两本书,其中有一个主要原因是书中讲到兄弟之爱,跟我亲身经历很相像。我从小到大,从小学到大学,都跟哥哥形影不离,彼此一起生活,一起学习,连写作也一起开始,后来才渐渐分开。我哥哥后来的境遇很不幸,一生不如我幸运,现在他不在了,所以我念了这两部作品,一部戏剧,一本长篇小说,很感动,不论中外古今,都逃不了人生经验。为了这缘故,翻译工作不是创作,是一种解脱。我不是一个 creative writer,所以我做翻译,来介绍原作,有如报道新闻,同时自己从上面得到解脱、安慰。因为这种动机,有时译来比较深入。

**金**:虽然你不是一个创作者,但翻译是再创造,你有否在翻译上得到满足?

**高**:这叫作不得已而求其次,我这么说得向翻译界道歉。我总觉得翻译是 the art of the possible,是一种可能范围之内的 compromise,一种妥协。这并不是小看翻译工作。翻译可以沟通文化、促进交流,实际功用比纯文学还大,但在艺术观点来看,到底是一种技术,不是天才的表现。

**金**：这技术是可以培养的吗？

**高**：这就是翻译教学有用之处，当然可培养。

**金**：很多人如宋淇说翻译不可以教，但可以学。这是什么意思？

**高**：假如一个人没有文字方面的爱好和触觉，你再怎么教，教四年大学专门翻译课，也教不出一个好的译者。年轻人开始时先要有条件，自己要想学、爱学，把本国文字搞好，然后多看多念外语，再经种种训练，了解理论，那么，才更容易成为一个较好的翻译者。所以说，可以学，但不能借重教授来造就翻译者。

**金**：我认为真正的双语人才难求。你认为母语不好，外语好，做翻译可以吗？

**高**：这就比较困难，做翻译涉及两种文字，大体而言，外语差一点，还不要紧，能了解欣赏就行，但发表起来，自己的母语就是百分之百的重要了。如不能掌握母语，往往受外文影响，译出来的东西就没有理想的效果。

**金**：你自己的大部分译作，都是外译中，反而实用方面的文件才中译外。文学作品的翻译，世界的主流是外语译成母语，你的看法如何？

**高**：是这样说，可以进一步解说，我这一辈子贡献很少，三本文学译作，希望可以有一点长远的价值。我这一生只能算是一名译匠，而不是翻译家。我在密苏里（Missouri）新闻学院毕业后，刚好碰到七七事变，我就在美国做起抗日宣传工作来。在此解释一句，在外国的中国人，爱国心会自然而然流露，尤其是国内有灾难时，华侨、学生一个个都发挥自己的力量，作为一个海外的中国人，只看到国家，不计较国内政治危机的裂痕。当年做抗日宣传工作，要把资料译成英文，给美国人知道中国抗日战争的情况。我们把国内发来的资料，利用各种媒体传给盟邦人士，我当时主要做编辑工作，包括文字上的修改和加工。

我一生的双语工作，可分三个阶段，也可说是三个层次。因为其中有不少重叠的地方。

第一阶段——自己写作：一九三四年起在上海《西风》《宇宙风》等刊

物上发表散文。

第二阶段——翻译:从抗战宣传到一九五〇年在旧金山办一份英文周报,干的是英文写作或中译英的工作。后来不能回国学以致用,我当了"美国之音"的编辑,倒过来,把英文新闻稿翻成中文或编修别人的翻译。

第三阶段——编辑:我的朋友李卓敏校长和他的助理宋淇先生对翻译有兴趣,问我喜不喜欢来香港中文大学客座帮忙。我一九七二至一九七五年去了香港,又回到中国语言文字的环境。我出主意,利用双语经验,并且给我自己学习中国文学作品的机会,创办了 *Renditions*(《译丛》)杂志。开始我自己译一两篇,后来慢慢投稿的人多了,自己就不用再做翻译工作了,只负责编辑。

**金**:现在还编吗?

**高**:一九七三年创办开始,一直到一九八一年都是做编辑,这段时期前三年在香港,后来在美国编。一九八一年后,第三次退休了。现在《译丛》由中大继续出版,在国际"中国学"界有点名气。我在两年前还译了元曲大家关汉卿的作品《赵盼儿风月救风尘》,我把它译作 *A Sister Courtesan Comes to the Rescue*,发表出来。从这个剧本可见中国十三世纪就有妇女运动的概念,关汉卿的思想很开明,主角是个很有作为的女性,将坏男人压倒。我译的书名也是个自由的翻译。我当时不知道哈佛大学中文文学教授 Steven Owen 差不多同时出版了一本中国文选,里面也翻译这个剧本,剧名译作 *Rescuing One of the Girls*。如果将这两个版本比较一下,或者会对翻译这份见仁见智的工作,有所领悟。我认为翻译时如何抉择是个很重要的问题。不论中译英或英译中,要迁就译文读者,还是要保留原文精神? 理想当然是两者并重。要是过分迁就读者,翻出来后,原文的文化背景就不能保留,受到损伤;要是尽量保留原文词序、精神,弄出来不三不四,有点像杂碎中文,或"洋泾浜"英文(pidgin English),令人读不下去。这两者轻重的问题实在很重要。

**金**:很多人都是被迫翻译的。译文固然要像原文,但你认为中译英、英译中的不同到底在什么地方? 除了语法外,精神面貌有何不同?

高：基本上作为一个译者，对外文读者要设身处地，对他们的语言背景要了解，要多看多听多读外语，不仅是重要的文学作品，普通的报纸杂志也得留意。如果能到外国留学，增进自己的外语能力当然最好，懂了以后，才能知道其中奥妙，根据俗语、成语等抓住要点，去发现中文里有否接近的巧妙之处，能运用自如。这里面像走钢索，要注意轻重分寸种种问题，是很难的一回事。还记得抗战末年，我与赛珍珠（Pearl Buck）讨论过翻译问题。那时赛珍珠已大名鼎鼎，拿了诺贝尔文学奖。她觉得还有更进一步的作为，自己没写过戏剧，但想帮助中国戏剧界到百老汇去上演中国戏。她选了老舍在重庆写的一部戏，叫《桃李春风》，是跟女作家赵清阁合作的。这部戏是说抗战期间中国一位教师怎样爱国，又怎样培养子弟之事。赛珍珠请我译这出戏，我用通俗美语译台词。她后来说我译得很好，但里面有些台词太美国化了；我自己觉得译得还不错，如完全用书面语就不像台词了。后来我们书信来往讨论翻译，她认为介绍中国故事，英文里要带点中国味，可是我觉得这样一来中国人看了就不顺眼。我当时认为翻译固然要千方百计运用外文来保留原文的特点，但也不能太过矫揉做作，写出"半调子"的中国话来。记得我还引了美国剧评家 Stark Young 新译俄国契诃夫的名剧 *The Sea gull*《海鸥》为例，里面就是用些美国口语作台词。不过现在想想，赛珍珠的话也不无道理。比方读英译《救风尘》读到 bar girl 或 Heh，baby 等词汇，总不免有点不舒服，好像有点不伦不类。

金：这是非常令人困扰的事情，过犹不及，就像在急流中坐皮筏，一左一右，要保持平衡，这是功力问题。

高：功力由浅入深，一开始选一个作品来翻，不能选太深的课题，贸贸然去译一本文字不能控制的书，那就不容易应付了。

金：刚才提到的三本译作，你自己最喜欢哪一本？

高：三本我都喜欢。不过，不管内容、故事以至文字方面来说，Fitzgerald 跟我自己写稿，有一点相似，就是倾向于简洁精炼，像一块玉，要经雕刻琢磨。我对文字喜欢短，不喜啰嗦。Fitzgerald 跟 Wolfe 是同时代的作家。他们通信时，Fitzgerald 说 Wolfe 的句子太长，要删。Wolfe 对 Fitzgerald 说，你是个 taker-outer，我是个 putter-inner；你喜欢删除，我喜欢放入。我自己比较倾向于 Fitzgerald。写文章常改了又改，不求其长。有时写短文章还比较难。我做编辑做得久，有点这种习惯，改人家的文章，也改自己的文章。

**金**：译 Wolfe 在风格方面如何处理？

**高**：我尊重原文，我译 Wolfe 时，译文不免比较啰嗦。我翻译时一字不删不漏，但如果太堆砌，就不是好的中文，要能把他啰嗦的地方顺一下，成为好的中文。

**金**：那是对的。虽啰嗦，他的原文还是好的英文，否则也不能成名了。译者不能把行文啰嗦，说成要表达原文风格。

# 二

日期：一九九九年五月二十日（星期四）

时间：上午十时四十五分

**金**：现在我们来继续访谈。首先请你讲一讲关于您自己的著作。

**高**：我一生都是做中、英文两方面的工作，到现在为止，出了几本书，可以分成三大类：一部分是翻译的，一部分是编纂的，也有一部分是自己写的，一共有十七本书。

最早是用英文写的，共有五本——一九三九年在纽约做记者，替上海 *China Press*，*China Weekly Review* 做通讯员。纽约有个组织叫 Foreign Press Association（外国记者协会），是各国派到纽约的记者组成的，我是十五名成员中唯一的中国记者。我们一起写了一本书——*You Americans*。那时候，林语堂刚出版了《吾国与吾民》，我喜欢这本书，我写的那一章就套用他的书名，叫作"Your Country and My People"。后来过几年我又编了一本《中国幽默文选》，用英文在纽约出版。书中收罗了自古至今的许多幽默文章,如诸子百家的寓言片段,《孟子》《列子》《韩非子》等里面的有趣故事,都翻成英文,最末一部分就是现代幽默文章,如林语堂主编的《论语》《宇宙风》《人间世》里面都有当年很新潮的幽默散文,老舍等都投稿,我也在美国投稿,那些文章也译成英文,完成集子。

以后长时期都以中文写作,英文较少,我在做留学生时,已开始写美国通讯了。新闻界讲究"时效"(time element),我常说我写的东西有"地效",因为早年国内很少派职业记者到美国,而我以业余学生身份写通讯文字,供给国内读者阅读,后来集起来出版第一本叫《纽约客谈》。那时有本杂志叫 The New Yorker,派记者访问我,我说我也写纽约的报道,我虽不是纽约人,但是纽约的客人,叫纽约客,英文也是 New Yorker,一语双关,记者听了不断点头。我后来在 San Francisco(旧金山)住过几年,旧金山是中国华侨发源地,那里的 Chinatown(唐人街)是全世界最大、最先进的中国社团。我不是其中一员,但用同胞旁观者身份,看了觉得很有意思,值得记载,于是就用英文写一系列专栏,总题叫 Cathay by the Bay,多年后结集成书再把书译成中文。这本书的书名也有出典,那时金山报纸有个有名的美国专栏,栏名叫作 Bagdad by the Bay,是根据 O'Henry 写的纽约故事——Bagdad on Wheels(指纽约的车辆多,交通方便)衍生而成。我又改了一下,叫作 Cathay by the Bay,中文书名是《湾区华夏》,华夏是中文古老的名称,很多华侨光绪年间到美国来,于是就用湾区华夏代表他们。

还有值得一提的是白先勇的小说集《台北人》。这本书经过多年努力,有人帮他译成英文,可是找不到出版社。他们觉得译的效果不够出版水准,于是白先勇就很虚心地来找我帮忙编英译本,我当时认为《台北人》用英文说不方便。英文可说成 Taipei People,但他小说内容并不是写台湾本省人,而是写大陆在一九四九年以后迁往台湾的许多人物和故事,故用 Taipei People 译并不合适。其次是读者的问题。许多年来美国人对台北并不熟悉,而且多少有点成见,我就避免用这题目。刚好这集子原先有个版本叫《游园惊梦》,译成 Wandering in the Garden, Waking form a

*Dream* 较有诗意。英译本由 Indiana University Press(印第安纳大学出版社)在一九八二年出版,最近中大出版社准备出中英对照本,此书在国内国外都很有名,已是当代的经典作品,中英对照版本对翻译系学生可能有些帮助。为了存真,书名返回原名《台北人》,英文 *Taipei People*。

最后想一提我写的中文散文,有很多是关于美语、美国的风俗语言的,其中有许多与标准英文不同,在书本不易学到。我写了《美语新诠》《听其言也》等,其他散文集中也常提到美语的问题。后来香港读者文摘出版社叫我编一本美语辞典,我年纪大了,就请舍弟高克永一起合编。这本辞典内容丰富,把以前资料收集起来再加上新资料,按字母编成五百多页,其中搜罗五六千条字和词,但不是标准英文辞典。因为正式的美语跟英语大体相同,我没资格编包罗万象的辞典,只收口头话、俗语、成语等,用中文加以注解。这本书用读者文摘推销方式函购,市面上很少见到,加以广告不多,本来不应畅销,但出版以来销出了两万多本,已经第二次印刷了。我希望这书的读者,如想到美国来,想认识当地的社会、文化现象,不妨多多参考,对了解美国人情风俗,不无小补。

金:现在,已带到第二个问题,学习美语的要诀。我想一定有一些不为人知的诀窍,可以告诉大家吧!

高:跟我个人的背景有关系,以前说过,学一种语言要多看各种书,多看普通的美国杂志,可学到如何用通俗语言。除此以外,我母亲喜爱音乐,有许多当年美国流行歌曲的琴谱,当年上海良友书局翻印很多美国的流行曲,词句流利,对我学美文大有帮助,喜爱歌曲可以学到歌词。这一类学习资料,就是耳濡目染,一天到晚习惯了,就自然而然把外国语言学好了。不一定是很严肃的,跟中国成语一样,没什么规矩,约定俗成,弄熟了,就可丰富语汇。

金:现代年轻人该如何学习?

高:这是课余的问题,上课是重要的,但上课干燥无味,应多点接触社会,跟英美人做朋友。现在机会多,比我年轻时多很多,多看电影、电视、媒体媒介,空闲时多注意,沉浸其中,便自然而然进步,而且学习还带娱乐性。

金：可是现在媒体的中文很不好，课余看多听多了，有时反而学坏了。英文有没有这种情况呢？

高：也有这种情况。这问题很重要，而且跟时代有关系。我认为语言是活的东西，跟时代、社会一同演变。现在是二十世纪九十年代，有一种称呼，叫作"科技革命"（Technological Revolution），关于大众传播方面有很多新的科学媒体，如利用人造通信卫星、电脑、电视等等。利用人造卫星，美国重要的电视节目，在港台甚至大陆都可收看，科技革命也带来"信息革命"（Information Revolution），有那么多硬体（硬件）工具来传播消息、资料、娱乐节目。资料增广扩散，可以帮助收听者多方面接触外语，可以学，但也要认清新名词、语言，在了解后吸引到自己的文字中去。举例来说，去年有机会到大陆旅游，有人告诉我，大陆学生爱用"酷"字，我当时很诧异，酷的发音，代表美俚语 cool，仿佛中国青年人口中的"帅"，又是一语双关，本来是凉快的意思。后来我才知道，"酷"字这样用法，始作俑者是台湾，香港也流行。我诠释美语，说过一个笑话，有一个很美的女孩，夏天时有人说"Oh! You look cool!"，女孩很高兴，这话是"凉快"跟"帅"双关，衣服凉快，打扮得很帅，看起来很舒服。不论是原意或俚语都是赞美。另一人说"You don't look so hot."，女孩听了就不高兴，虽然也是衣服薄、看来不热，但俚语意思是说"你的样子看上去没什么了不得"，意思大有出入，难怪听者不悦。这故事虽然好玩，但反映出用中文介绍美语，在发音方面模仿，不是最好的方法。早年中文也常把英文字词用中国字来音译，如把"democracy"译成"德谟克拉西"。这办法早已改变了。听说在日文中还有很多这类依音译的外来语，这对处理本国文字不是理想的方法。举个正面的例子来说，美国常用"bottom-line"一词，意思是数字底下最末一行，如投资公司利润的总计数目，又如吃饭时"埋单"看看总数，引伸起来，也可代表一事的真相到底如何。中文译成"底线"，我认为译得很好，不但忠于原文，中文一看也明白。这样介绍原文，不但可丰富自己的文字，久了还可成为自己的词汇，以前也常有这些例子。

**金**：我看到"扮演角色"这个说法，就很反对，说克林顿扮演总统的角色不对，他根本就担当总统的任务呀。

**高**：这也是采用外语形式要小心的地方，不一定能正确表达意思。好的如"冰山的一角"这个譬喻，看了上、下文就不至于有误会，一件事刚露出端倪而非全貌，这就是很好的例子。

**金**：最重要的是想请教您翻译的过程和翻译的方法。

**高**：还是要分两类的。翻译可分为两种文类：一类是当翻译匠，译新闻性质的突发事件，即所谓 breaking news。我有很多同事，首当其冲，没时间找参考书。翻译有些词汇要当机立断，要费尽巧思，充分了解上、下文，发明一个新词。再举一个例子，新发明不一定当时人人都接受，如 generation gap，译成中文是"两代之间的鸿沟"，太啰嗦，这是个问题。后来有人用"代沟"，当时也许有人不赞同，可是如没有别的办法来代替，久而久之，约定俗成，大家也接受了。这类翻译是很实际的。

另一种是文学翻译，我自己的经验不是很多。我已说过我自己的习惯，我译的都是自己爱好的书，对原文熟悉，很喜欢，才动脑筋去翻。首先，翻译时不能斤斤计较去注意细节，就如画画该先画轮廓。我爱画画，画人像不能先画眼睛鼻子，描了又描，以为这样就可以成功。画画要注意轮廓、精神面貌，光注意局部面貌结果会走样。翻译也一样，先去查一个字，追究辞源，想达到完美的程度，忘了全节全章全书的精神，就会走样。最好先快快地阅读原文，得到整个的、正确的印象，下笔翻译才可以细读、精读。查字典最好不是因为不懂原文，而是在多种中文同义词中选用最合适的一个，或根本抛开单字，用中文的词句和语法来表达。译稿完成后放置一旁，过几天再看。到誊清时，第三次看时会豁然开朗，一切问题迎刃而解。多看，可看出毛病，译文最好让程度相当的第三者也看一遍。

**金**：现在，请你谈一谈最后的总结，就是对二十一世纪的展望。

**高**：现在不过半年多时间，我们就将进入二十一世纪，不久，就将面临大时代的转变。我们都很幸运，要思考一下二十世纪最后十年资讯年代的种种变化。一方面，我们当然要迎头赶上，接收新的资讯，注意新的科技,以及硬件跟传递的办法。但是传达的内容,软件等方面也是很重要的。要问传什么内容？有好的、坏的影响,要问我们是否要这么多、这么快,如果答案是否定的,那就要小心了。现在电脑流行,美国青年人用惯了,有时学到不良的技能和习惯,后患无穷。就算不会到坏的程度,至少也是白费光阴,这是大家都知道的问题。

**金**:今天访问就到此结束,谢谢您提供了这么多宝贵的意见,实在令人受益无穷。

（原载《明报月刊》2000 年 5 月号及 6 月号）

# 傅译的传人

## ——罗新璋先生访谈录

时间：一九九八年十一月三日，晚上八时二十分
地点：北京西郊宾馆
访问者：金圣华

罗新璋先生为我国著名翻译家，专长法国文学及翻译理论，由于师承翻译大家傅雷，故译风严谨，译笔精炼。其译作《特利斯当与伊瑟》《列那狐的故事》《红与黑》《栗树下的晚餐》等，均传诵一时，脍炙人口；而所编之《翻译论集》，更成为译界人士必读之参考书。一九九八年十一月初，趁赴京参加中国译协第四届全国理事会之便，特专访罗新璋先生，与之畅谈三小时，讨论有关翻译之种种问题。今年五月初，罗氏应邀前来香港中文大学翻译系讲学，再次得聆高见，获益良多。特将专访内容整理如下，以飨读者。

**金**：今天很高兴，有这个难得的机会跟你来谈翻译问题。我在《中国翻译家辞典》中，看到在你名下只有短短数行，其实你很有成就，这样介绍自己，实在太谦虚了。

**罗**：（笑）有几行就行了。大家一大篇，小家三两行。

**金**：我倒是有很多事想知道。先谈谈你的学习过程吧！你是北大法语系毕业的吧！

**罗**：确切说，是西语系法语专业。

**金**：当初为什么决定念法文呢？

**罗**：我中学是在上海圣方济念的。大学念法语，是想多学一种外语。一九五三年统考考进北大西语系。一九五二年全国院系调整，文理科统统并到北大，清华变成理工大学。那时是全国统一考试，完全是硬碰硬，凭成绩录取。

**金**：念大学时，有没有开始对翻译发生兴趣？

**罗**：当时发觉上大学跟念中学很不一样。各地的优等生汇集一起，刚刚进校，"新生"可畏，一些同学已很有抱负，这个写诗，那个写剧本，大部分目标明确，知道自己将来的大任。我当时没明确想法，不知将来要做什么，在班上很"一般"。

**金**：到底怎么开始接触翻译的呢？

**罗**：大学二年级时，教材选 *Jean Christophe*（《约翰·克利斯朵夫》）中的一段"Mère et fils"（"母与子"），讲到 Christophe 家穷，兄弟几个以土豆当饭。课后去找译文，第一次接触傅雷译文，发觉竟能翻得这么好。二年级寒假没回上海，就找了 *Jean Christophe* 第一卷 *L'Aube*（《清晨》）的原著，再拿译文来对读，觉得译笔高明，令人击节叹赏。原来翻译大有讲究，引发对翻译的兴趣。

**金**：这样说来，你的翻译生涯，一开始就受到傅雷的影响了。这里，想提一个问题。《约翰·克利斯朵夫》头几卷原文比较简单，单独抽出来当作少年读物的，但是一译成中文，就大不相同了。换言之，傅雷的译本好像是原创文学似的，有人认为没有把原著纯朴的面貌表现出来，就是不忠实，以你的意见，这种说法对吗？

**罗**：原著前面几卷从法文来说不深，傅雷的翻译，把原文的意思都翻出来了，中文又很优雅，童年少年的清纯气息也传达得很好。傅雷主张传神，他的文字里很少忠实的提法，当然不是说他置忠实于不顾。

**金**：你认为好的译本可以超过原著吗？

**罗**：为什么不可以？完全对等的很少，技有工拙，格有高下，趣有深浅,才有大小,往往过犹不及。大多是不及,能过是一种本事,一种功力,并不是想过就过得了的。

**金**:傅译本有没有加油加醋的地方?

**罗**:傅的信实是不成问题的。他的翻译一丝不苟,反复推敲,绝少漏字漏句。人民文学出版社出《巴尔扎克全集》,凡傅雷译的,请一批中青年译人全部校核一遍,结果发现在所有译著中,比较起来,傅雷的错最少。人文找我校《幻灭》,一共五十万字,只发觉有一个句子处理不太理想,是个长句,我照"傅雷笔法"改动了一下。

**金**:我知道你有个感人的故事,就是在原文的字里行间把傅雷的译文,一句句抄进去,以便对照阅读,可不可以说说这事的经过情形?

**罗**:大二看了《约翰·克利斯朵夫》第一卷原文,接着从中文看全书,这样一部好书,相见恨晚。我的性格偏弱,克利斯朵夫雄强的个性,对我是很大的激励,尤其在青年时代,宜于培养一种崇尚坚忍的斯多噶精神。大学毕业时,正遇上一九五七年"反右",系主任冯至先生宣读的分配名单,我去人民文学出版社;后因学德文的樊益佑①成了右派,出版单位他不能去,上头草草了事,就把两人一起给派去国际书店,主要管进口图书工作。就是汇集全国各地的订书定单,核对定单上作者、书名、定价、出版社、出版年月等项是否写对,再统一寄去外国。

**金**:抄录傅译是哪一年开始的?

**罗**:毕业后,到了国际书店,可以说没有进修的条件。现在外国文学界大名鼎鼎的柳鸣九是我同班同学,他到文学研究所。"反右"后,强调要服从分配。毕业分配,也是当年所谓右派攻击的一项,中文系学生分配到物理所,所谓屈原弟子去做牛顿秘书云云。到文化部报到时,说我分配至下属的国际书店,人民文学出版社和国际书店当时同属文化部领导;我回

---

① 他走一步倒运,只能怪家里给他名字取得不好;犯得着么,益人家的什么右! 以学养言,樊益佑国学根底深厚,旧体诗写得极好,在书店耽了十几年,为学最好年华虚耗,后辗转去了银川大学中文系,以笔名樊修章译有《浮士德》,译林出版社一九九三年出版。此是后话。——罗新璋注

北大问冯先生,冯先生说这情况他也不清楚,劝我服从分配,先去报到,然后再想办法。系里随后出过一封信给国际书店,说明情况,希望调整一下;教研室主任郭麟阁先生曾推荐我去商务,商务要,但单位不肯放。在这种情况下,柳鸣九说,只好靠自己努力,将来叫社会承认吧!同班同学或留北大,或去中大、兰大、外交学会,"大道如青天,我独不得出",真有荆棘载途,走投无路之感。那时候,与樊益佑及两个发货工人,四人住一间房。每天从早上八点上班,到下午五六点,就跟定单发票打交道。

**金**:做了多久?

**罗**:五年零三个月。一九五八年碰上"大跃进",天天加班,加班到晚上八点,甚至十点,星期天也加班半天或一天,春节法定有三天,一革命化,就只一两天假。自修时间很少,经过一段时间摸索,定出一张作息表,保证一星期四十小时纯学习时间。那时国际书店在东单侯位胡同,前院办公,后院就是宿舍。即使加班再晚,每晚十到十二点,总可学习两小时;早上五点起床到八点,学习三小时,一天合五小时,五六得三十,星期天则保持十小时学习。严格遵守,刻苦自励,四年不看电影不看戏。有所为就只能有所不为。那时还没电视。

**金**:那你看些什么书呢?

**罗**:刚开始是泛看,读点哲学书籍,学习在困境中何以自处,克服颓丧情绪,先精神上振作起来。毕业分配出了个意外,从人文变为国际书店,无端开始了我人生的苦难历程。挫折成了人生学堂的第一课,逼得自己坚强起来,鞭策自己孤军奋斗。天天定单发票,但专业不能丢,别的没条件发展,一个好译本就是一位好导师,就朝翻译方面努力吧。慢慢比较集中,专看傅雷的翻译。每天看若干页,开始时把傅雷译得好的字句记在法文书上,有一天,回过头一看,发现差不多大部分已记下,只差几个字,倒不如全文抄上。这时《高老头》,已看了一半,后半本开始全文抄录,抄完,又去买一本原著,把前半本补抄上,觉得翻阅方便,是很好的学习方法。初战告捷,便想扩大战果,干桩"大事"。等整部《约翰·克利斯朵夫》,两篇梅里美,五本巴尔扎克抄毕,我当时列了一张表,今天带来了,你看!傅雷在一九四九年后(至我抄书的一九六〇年),共译有二百七十四万八千字,我抄了二百五十四万八千字,服尔德的二十万字,因没有行距较宽的原著,只好作罢。当时下班后,只要有一点空,就一边读,一边抄,足足抄了九个月。例如 *Le Cousin Pons*(《邦斯舅舅》),全书二十几万字,一共抄了十九天,没片刻休闲,抄完后,在书后写道:"睡眠较少,日睡五时,体力尚佳,唯视力坏下来。"不仅是体力,毅力也是一大磨炼。苏东坡说,"古之立大事者,不惟有超世之才,亦必有坚忍不拔之志"。不要说大事,遇到任何阻难,都需要坚忍不拔的意志。更重要的是,于迷途失津之际跨出了坚实的一步,找到了努力的方向,看到了,如卡莱尔所说,"即使最低处也有一条通往顶峰的道路"。

**金**:大功告成之后,是否觉得学业大进?

**罗**:是大不一样。还记得那时候,要抄傅译,首先要有原著。如 *Jean Christophe* 这版本,是从东安市场旧书店淘来的。这部书,十卷本,还加烫金,开价三十五元,当时三十五元是个数目了,买不起,请书店暂保留。那时月薪是五十六元,我是家里老大,要养家,但智力投资没商量,省了两个月伙食费,才买了这部书。① 如这第一册,我从买来那天,一九六〇年四月三十日,晚九时抄起,至五月七日晨七点十五分抄毕,用了一周业余时间(记于书末)。整部《约翰·克利斯朵夫》,共一百多万字,抄了七十二天。那时候不兴留长发,我在抄 Christophe 前理了个发,下个决心,"灭此朝食",等全书抄毕,两个半月,头发已长得像个囚犯。说得悲壮点,抄傅译是在节衣缩食废寝忘食中完成的。真有点发奋图强、艰苦卓绝的劲头,相信只要自己努力,哪有不成之事。当然,全凭年轻。前途虽然很渺茫,但觉得只有振奋、只有坚强一途,才能开辟人生的道路,即使不成功,也虽败犹荣。命运的力量有时非人力所能抗拒,尤其在逆境中,感到确有实实在在的命运在,因已给套牢,否认也否认不了,这是每天需要面对的现实。

---

① 　当年罗新璋购买的精装本共分十卷,版本为:Sociéte d'Editions Littéraires et Artistiques Librairie Paul Ollendorff,50 Chaussée d'Antin.

悲叹只能排遣于一时，不能解困以长久。要么消沉下去，静以待变，但旷日持久，不知变能否等到，不然，只有磨砺志气，积极抗争，即使失败，至少自己已努力、已竭尽所能，也有失败的光荣在，可以无悔，可以自慰！

金：你这么一说，显得意义重大。毅力可佩，精神可嘉！抄写傅雷译文，前后共花九个月，可你在书店耽了五年多？

罗：中间下放过一年。当时我是文弱书生，下放江苏高邮，大忙季节，男劳力挑秧，一连五十多天，天一亮就下田，到晚上天黑了才收工。而热天天不肯黑，有时八九点钟还亮着。下工后到河埠头去洗腿。下放十个月，体力上得到极大锻炼，成个粗坯，至今顽躯还尚健！现在看五六十年代的知识分子，能上天揽月，能下田插秧，经过脱胎换骨的锻炼，似缺少点斯文儒雅之概。

金：那时候真是得挤出时间来才能学习吧！

罗：那时候正值"大跃进"，要学习只得从休息和睡眠里挤时间，累一点，犹小事。学的是西方文学，搞的是定单发票，不安心工作，简直可以成为一条罪名。那时候政治环境，不像现在宽松，大陆与港台不是有近三十年不相往来？走上工作岗位，碰上"大跃进""反右"、三年困难时期，除人事部门和我知道分配工作中的阴差阳错，周围人就批评你不安心工作，白专道路，每走一步，都遇阻力，很有点精神压力。所以在书店工作，格外谨慎。知道不能出一点点错，以保平安。这种情况下，能挤出一点点读书时间就非常宝贵，得用在最有实效的课目上。具体说，就是集中精神，四年读一经，专心攻傅译。专一则精，我当时是逼得作专一之学。年轻，记性好，可说是看得滚瓜烂熟，了然于胸。抄写期间，《世界文学》杂志约我翻一篇八千字的小说，三晚就完成了。以钟点计，就是十几小时。今天看来，译得还可以，有新锐之气。那时日抄万言，精熟于"傅雷笔法"，可惜没人叫我译。日后，我之所以能从那环境跳出来，全靠学了翻译这点小本领。李健吾的《包法利夫人》、杨绛的《吉尔·布拉斯》，都是大家手笔，我也看。但傅雷的量最大，各种词法句法都出现了，多而全，杂而广，反而好。诚然，抄书是笨办法，我人较笨，笨办法正好适用于笨人。

金：这可是有点愚公移山的精神。

罗：九个月，二百七十天，抄二百五十多万字；山不会再高了，抄一万字少一万字，积小胜为大胜。抄时看一句抄一句，一时里全部心思都专注于法译中，有时看了下一句法文，回头看傅雷的译法，好像是从自己脑子里迸出来一般。姚鼐说："技之精者近乎道。"傅雷虽然论道不论术，我从他具体的技法着手，慢慢悟出点傅译之妙，翻译之道。庄子说：可以言论者，物之粗也；能以意致之者，才是物之精也。到底何谓得其神，也把握不大准，后来给傅雷先生写了封信。

金：是哪一年呢？

罗：一九六三年初。家父早死，那时我微薄的薪水，要养六个人，为节省京沪两地开支，我申请调回上海，从科处层层上去，最终书店领导不批，按当时城市最低生活标准，本人十二元，家属八元，证明我五十六元月薪养六个人，还绰绰有余，理论上说，还可积余四元钱！并说，你还可搞点翻译，挣点稿费，这完全是欺人之谈。而且，欺人太甚！书店人事处早已通知有关出版部门嘱勿发表我的译稿。来调，不放；翻译，不让发表，直欲将人封杀！至此，我只得写信给对外文委（国际书店前归文化部领导，后属对外文化交流委员会），上级机关两天后电告信已收到，意思叫书店放人。经手此事的文委副主任周而复召我去谈话，对外文化交流，主要是口译，文委似想留我，但我比较喜欢文学，周说斯当达（Stendhal）是文学家，但也当过大使，年轻时扩大生活面有好处，便建议我去外文出版社（后升级为外文局）。外文出版社是文委下属单位，大学毕业生学用不一致的，在本部委内能调整的就不外调。周引斯当达例以增加说服力，想不到后来倒跟斯当达结了不解之缘。①

金：结果去了哪里？

罗：那时对外刊物《中国文学》筹备出法文版，周叫我去外文出版社，去搞中译外！外译中非中译外，虽然都是翻译，虽然都是文学。后来得

---

① 罗新璋后来曾花两年时间译出斯当达名著《红与黑》（*Le rouge et le noir*）。

知,《中国文学》之所以要我,是主持工作的何路向《世界文学》的陈敬容打听,陈美言了一句,说我是年轻人中(法译中)翻得较好的一个。何路虽然叫我搞中译法,但她相信一种理论:一个人的外语不可能超过母语水平;母语可以,外文估计也就差不到哪里去。——这种理论,当是针对解放后关在国内受外语教育的人而言。这样,好不容易,一九六二年十二月二十八日离开国际书店,当即把翻译上的疑难困惑,拟了一封信向傅雷先生请教,一九六三年一月三日去外文局报到,回家后把信誊清寄出,傅雷先生一月六日就回了信。

**金**:写信给他的心情如何?

**罗**:一九五七年上大学时,寄过一篇翻译习作,承傅雷先生仔仔细细指出毛病所在。一九六三年再写信给他,北京上海信走二三天,他一月六日大概收到信当天就回了。拆开信来看,他的字体都变了,原先修长潇洒,作右派后,韬光养晦,一变而为扁平古拙,有魏晋楷书风貌。尤其信的内容,提出"重神似不重形似"的主张,译文以"行文流畅,用字丰富,色彩变化"为目标,经验之谈,非常宝贵。并给了我不少忠告,让我得益匪浅。

**金**:你有没有见过他?

**罗**:一九六四年七八月间,到《中国文学》杂志社后,曾去上海出差一星期,原本可以挤出时间去拜访的,但我怕见名人,没敢去,结果与傅雷先生缘悭一面。

**金**:这就可惜了。你在《中国文学》工作了多久?

**罗**:十七年。从事中译法,也有好处,外文笔头来得,语言才谈得上过关,只是只能暂时告别傅雷,转向如何中译外的问题。一换单位,重新开始学法文。不像以前重理解,现在重运用,要会 manier la langue(舞文弄墨),讲究文字意趣。头六年很努力,较扎实,有进步;六年后,就上不去了。先天不足,毕竟在长大后才开始学法语,晚了,不是母语。

**金**:文学作品一般都是从外语译成母语的,这是世界译坛的主流。

**罗**:这是有道理的。我后来发现自己再努力也跨不过去,译出来的都是中国法文;法文改稿只动几处,就变地道法文了。于是想转,离开《中国文学》,去社科院,虽然在《中国文学》很受器重,任法文组组长,编委会委员,进社的领导班子。

金:哪一年去的社科院?

罗:一九八〇年去的。

金:这是你理想的工作单位了?

罗:几经周折:国际书店五年零三个月,外文局十七年。但是,喜欢文学,不一定能搞文学研究。到外国文学研究所,实际上有点一厢情愿。三十不立,四十而惑,已是强弩之末,犹且从头开始,当时读到黄景仁的两句诗:"汝辈何知吾自悔,枉抛心力作诗人",深有感触。到外文所不久,一次去拜访钱锺书先生,说搞了十七年翻译,结果走得还很不愉快(因外文局不肯放);钱先生说,他也搞了十七年翻译(指"文革"前十七年)。根据我的情况,他建议,就自己喜欢的书,好好翻几本,说国内的外国文学研究水平,相当于英美中学教师的学识。——这当然是指八十年代初的外国文学研究情况。

金:请问你翻译以来,最喜欢的是哪一本作品?

罗:《列那狐的故事》,能放开来翻。《管锥编》中讲"以文为戏",经子古籍中也有修辞机趣。这本书翻得最愉快,其中也有点文字游戏,例如第六十八页,以佛经四字一语的句法,译修道院长长老的教诲口气。

金:你写过钱锺书研究吧!

罗:那是谈钱锺书对翻译的看法。钱批评袁枚论韩愈,"不读其全集",所以我写钱,从第一个字看起,花三个月工夫,把他全部著作再看一遍,才敢动手。说句大话,我可说,前学傅雷后学钱。可惜只学到点皮毛。钱先生对古今中外的译论,可谓博览群言而匠心独运,融化百花以自成一味,他的翻译论说和翻译实践,值得我们认真总结和好好学习。

金:还是请你把翻译的心路历程,以《红与黑》为例,约略谈一下吧!

罗:我搞翻译是笨办法。东坡所谓学者须精熟一部书,是"学然后译",先打基本功,然后才动笔;自己翻时,卡住了,"译然后知不足",再看傅译取经。译《红与黑》时,每天看点傅雷;斯当达说,他写作每天看三四页民法,定定调子,或许是英雄欺人之语,但我看傅译,的确很有启发。他有些处理很聪明,到底是大家手笔,举重若轻。他译的过程我们不知道,但从结果看,可谓游刃有余。每部书中都有不少段落译得很精彩。我曾说"精确未必精彩",方平先生写过一篇文章,认为"精彩是翻译唯一的追求"。这话当然不错,精彩不是唯一的追求,但可以是一种追求;唯其精彩才难以超越,唯其精彩才不可磨灭。傅雷不为精彩而精彩,有些句子看来平平,但他译来显得出手不凡。举例说,伏尔泰(Voltaire)有一句话"Il y a du divin dans une puce";傅雷译成"一虱之微,亦有神明",这"之微"两字加得好。这就是他高明之处,若译成"连一个跳虱中也有神明",当然也可以,但不大好懂,跳虱怎么会有神明,而且意味大减。

我只是"偷得其法",用傅雷的三两招而已。我译《红与黑》,是傅译的学以致用。傅译二百五十四万字是个宝库,很多人没去开发。《红与黑》开头,市长盯了太太一眼,我以傅雷笔法译成"瑞那先生一副老谋深算的神情,瞟了他夫人一眼"(en regardant sa femme d'un air diplomatique),而不像有的译者译成"以外交家的眼光看他老婆"。这不是我高明,是学来的,抄来的,抄傅译 *Eugénie Grandet*(《欧也妮·葛朗台》)里的译法。傅雷翻译吃透原文,把字里行间的意思也译出来。他照顾上下文,把文气理顺,有时同样的字重复出现,译时用字避复,"一字两译",相互阐发,翻译大有讲究,也需修辞。

**金**:文学作品翻译是奥妙无穷的。

**罗**:文学翻译奥妙无穷,但有些文学作品的翻译,像白开水,字当句对,无甚奥妙!荀子说"真积力久,则入";真心实学,铢积寸累,久久为功,才能入门。有的人搞了一辈子,并没入门!

**金**:入门到精通,也不可以道里计。

**罗**:我奉行实学,"学然后译",所谓读千赋,则善赋;观千剑,则晓剑。看到了什么是好翻译,自己译时就有个准绳。尼采认为,为学开始如沙漠跋涉,是骆驼阶段,艰苦备尝;我很珍视这个阶段,缺了一个苦学阶段,不具相应知识结构,可能一切都谈不上。之后,就要像狮子吼出自己的声音。我的吼声是借傅雷之力。有个大学生说我译得好,我告诉她,下如此苦功,译得好,没什么稀奇;译不好,倒才奇怪!

**金**:你真风趣。你有没有推陈出新,脱离傅雷的地方?

**罗**:我这方面比较保守,不以规矩,无以成方圆,最多也是有所法乃大。一次与傅聪谈到师法问题,他认为,无法之法乃大。

**金**:那是大家气象。

**罗**:傅译,严谨而又灵活,自具规矩,故可学。傅雷翻译的巴尔扎克,值得借鉴,他译笔之妙,远远没给大家学到。傅雷目前还不应是打倒的对象,而是学习的榜样。我译《红与黑》的第一句,就是偷得傅译《邦斯舅舅》之法。①

**金**:翻译的成功方法是应该注意的。

**罗**:翻译有许多技巧性的东西,自己摸索半天也不知是否对头,毛泽东说过,"把别人的经验变成自己的,他的本事就大了"。现成的东西很多人不去学,真可惜。罗玉君译的《红与黑》,有文学色彩,不失为文学译本。有些译本不讲技巧,字对字,句对句,不求工于技,当然不尽当于道,只能算是文字翻译。

**金**:赵瑞蕻认为《红与黑》的原文文字比较平实,不华丽,因此自己以前的译法不适当,要全部用口语来重译。你对这个看法如何?

**罗**:小说里有叙事,有对话,叙事可文一点,对话宜白;全用口语,一家译法,当然可以尝试。固然斯当达不追求华丽,但 Julien 第一次去市长

---

① 见 *Le Cousin Pons*,Chapitre XVII "Un Homme de loi"。罗新璋根据傅译《邦斯舅舅》第二三四页第一句长句切短的译法 "L'avilissement des mots est une de ces bizarrerie des moeurs qui, pour être expliquée, voudrait des volumes.——社会上的风俗往往很古怪,某些字的降级就是一个例子;要解释这个问题,简直得写上几本书",化出《红与黑》的第一句:La petite ville de Vemieres peut passer pour l'une des plus jolies de la Franche-Comte.——弗朗什-孔泰地区有不少城镇,风物秀丽,维璃叶这座小城可算得是其中之一。(直译:维璃叶这座小城可算得上是弗朗什-孔泰地区风光秀美的城镇之一。)——《红与黑》在内地已译出二十几个版本,笔者随手翻到十几本,第一句俱为直译长句,切短变通者唯罗氏一人而已。

家,见到 Madame de Rénal 这个片段,就有文字之美。文学作品总有文学性的东西,质朴也有质朴之美。

**金**:对啊!中文有中文的层次,法文有法文的层次。文字的层次感,是很难表达的。例如以前港督发表的文告,用的英文很浅白,但译成中文后,由于习惯使然,不能用"你你我我"的大白话。目前有些论者认为现代中文里不应用四字结构,其实,四字结构应分为四字成语及四字句法两种才对。

**罗**:四字结构很精炼,比如法文 Ai-je plongé les mains dans une caisse qui m'était confidée?(难道我把手伸进人家托我保管的钱柜里了吗?)傅雷用"监守自盗"(见《贝姨》人民文学出版社,一九五四年版 521 页)四字就把意思说清楚了。这种四字一语,钱基博称之为"研炼而出以简化"。关键是用得恰当不恰当,而不是用不用的问题。

**金**:请你讲一下翻译《红与黑》的过程好吗?

**罗**:最紧张时,每天四点起床,译到七点。清晨,平旦之气,精神好,没有杂事干扰,七点以后就维持不住了,一早就把定量(Pléiade 七星丛书版一页半)约一千字译好。然后白天忙白天的,中间有时间再修改、查书。长篇是长途跋涉,每天得保持定额,四十万字译四百天,一年多完初稿,第二年再修改,还是这四十万字,前后两年,平均下来,一天只译得五百字。

**金**:你翻译时的手法是怎么样的?

**罗**:初稿我是撒开来译,不受拘约,到修改时才拉回来。译初稿,凭感受印象,常有些 Fantaisie(纵逸逞臆的东西)。《红与黑》翻到半中间,知道有其他人也在译,不敢掉以轻心,请出版社宽限半年,延长至两年,稍求放心。

**金**:两年从初稿到定稿,一共改几遍?

**罗**:以前翻东西,改一遍抄一遍,会抄三四遍。《红与黑》稿子太长,时间太紧,就只三稿。上卷从初稿到一稿,再到二稿,就发稿;下卷,时间来不及了,就在初稿上反复改,请人抄一稿,抄毕,再从头到尾看三四遍,卷面不干净的,重抄一部分,这样说来,从初稿到定稿,前后也看六七遍。本来笼统说一九九三年春节前交稿,以为是二月份,哪知这年春节在一月份,这一个月出入很大,请求顺延到二月底。一九九二年九月三十日交上卷,一九九三年二月二十八日交下卷,因错过了春节前,也就错过了一九九三年,出版社说要推到一九九四年才排上出书。因此,交稿后,在副本上再把上下卷合起来,从从容容从头到尾连贯看一遍,时间在一九九三年三月到五月,看后专程去杭州,因书尚未发排,誊改在发稿本上。这一道改,最大的收获是稿费的减少,多余的字尽给我删去,求其简洁,这样,文字就干净多了。文字一般总是越改越好,当然,钱锺书也说不能"过改"。

**金**:傅雷翻《高老头》,前后译过三次,每次都大事修改,有的地方,第三次翻译时又把第二次译文改回第一次的模样。基本上,读者都喜欢干净利落的文字,现在的译文时常啰啰嗦嗦,正如余光中所说,英文没学好,却把中文给带坏了。

**罗**:那是因为中文本来不过硬。

**金**:对呀! 正如一个小孩子,禀性善良的,是学不坏的。

**罗**:文字应该讲究。傅雷的翻译,译来妥帖,而且时有警句妙语,读来有韵味。

**金**:句子不稳,有如三脚凳,摇摇晃晃。中文每句句子的结尾要有分量。

**罗**:否则就顿不住。

**金**:你的风格是受傅雷影响的。

**罗**:不错,只恨学不到! 我的译笔、文风,都受他影响。傅雷足不出户,但在他,一室之中自有千秋之业,整天在书房里琢磨,所以文字经得起推敲。翻译不能根据外文的长短来翻,如慧皎所说,要"依义莫依语";译文宜加处理,善于变通,否则是方块字写的外国文。傅雷整日为传神煞费苦心,正如傅聪每天练琴十小时,与琴打成一片,提纯出乐音,而摒除乐器。一九五六年傅聪自国外得奖归来,在京汇报演出,文化部邀请傅雷出席,那时还没有民航,考虑到从上海一来一回要一个礼拜,影响翻译进程,权衡之下不动心,决定不去,稳坐冷板凳,以事业为重,我们都做不到。

**金**：现在的概念不同了。傅雷像个隐士，但他的精神领域很宽广。说起来，你译的书我都很喜欢，你自己认为用力最深的是哪一部？

**罗**：花时间最多的是 *Roman de Tristan et Iseut*（《特利斯当与伊瑟》）。刚到外文局时，为学法文，泛读一些文学作品。看了这书很喜欢，"文革"后，文学复生，才动笔翻。"文化大革命"中，短期去了次法国，编译了本《巴黎公社公告集》。这是公文体，《特利斯当》则不同，是文学。

**金**："文化大革命"中，你怎么去了法国？

**罗**：基辛格第一次访华，点名要看故宫。国内随后在故宫办了个"文化大革命"中出土文物展，《中国文学》上有篇介绍文章是我译的。一九七三年出土文物展，到法国去，需要翻译，就找了我。展览在 Petit Palais（小宫殿）展出，展团成员有空就到法国国立图书馆查阅有关的敦煌写卷。一天，我名下那部分敦煌文物查毕，便想看看值得一看的典籍。"巴黎公社公告"，类乎"文革"中的通告通令。差不多有大半年时间跟文物界朋友在一起，耳濡目染，以观赏真品为贵，表示想看看公告原件，自己没找到书号，求助于图书管理员，他翻了卡，查了编目本，也没找到，便打电话到里面去问，里面说二十分钟后再告知。结果借到的是完整的一套公告原件，拿出来两大厚本，是个宝藏，可谓世界上独一无二。这部公告藏品，说不定连法国人都没发现，因为他们自己会查目录，查得到公告图书。我原意在看原件，看几张真品，过过文物瘾，不想图书管理员不怕麻烦，真把原件书号找了出来，这批原件几乎包括全部公告，是手稿部（Cabinet des manuscrits）的藏品，还注明 A la réserve（特藏）！公告编号，从第五号开始，编到三百九十八号，共存三百六十多件，其他地方还散有多件。这些公告，有的是原件，有的是校样，有的是从墙上揭下的，还留有硝烟弹痕呢！翻阅之下，原件，实物，好像接触到了真实的历史，字里行间风云激荡，使人感奋，作为文献，觉得非常有价值，决定副录下来。抄书是我的看家本领（当时，拍照要两万法郎，哪里有这笔经费）！上次是抄中文，这次是抄法文。一天抄十件，一个多月即可抄完。抄，核，再加上展会文案一摊事，每天只睡五小时，也跟十三年前在侯位胡同抄傅译一样。出国时定做的两件衬衫,有一个纸盒,回国时正好装了六厘米厚的抄稿。我们是九月十三日回国。在巴黎一共五个月,这套藏品到后期才发现,一个多月没怎么睡。走的当天,还在 Rue de Richelieu(黎塞留街)的国立图书馆核对到下午一点多,再匆匆吃中饭,拜会外交部官员,到使馆文化处告别,等等,下午五点,一上飞机,就一觉睡到北京。

金:是回来后再译的吗?

罗:我选了几份,写了一篇介绍文章,登在《人民日报》。另,选译两百多件,寄给上海人民出版社。出版社意思,资料以全为好,就把搜集到的三百八十九件全译出,到一九七八年才出版,印了三万多本。这是一本资料集成,平装,精装,能售出三万多本,在今天不可想象。

金:你很看重这本书,当时反响如何?

罗:历史研究所曾著文推荐此书,称其中二百多件系国内第一次翻译,是重现公社光辉业绩的珍贵文献。还有一件想不到的事:公告集出版后几个月,一天,在《中国文学》上班时,突然接到北大张芝联教授一个电话,给此书以很高评价,并邀我参加不久将在上海举行的法国史研究会成立大会;会上请我作了一专题发言。对我来说,也算一种殊荣。二十年后,遇到一人,说早知道我的"大名";自知没几本译作,我说不可能,他说他读我的第一部译作是《巴黎公社公告集》,而且从头看到尾,还写有一篇文章。一个非专业人士能读得这么专业,听了让人高兴。

金:你对翻译理论,以及理论与实践的关系,有什么看法?

罗:搞翻译的,应该关心翻译理论,知道理论,尤其是从翻译经验提升而来的理论,对自己下笔有好处。一部分理论,可以很高深,作学理的、形而上的探索。中国不是多了,而是少了。但一般理论,要切合实际,能指导实践才好。有人说中国的"信、达、雅"不够严密,还不能成为"学";但以适于用,我认为也够了。有很多理论很空很玄,西方的一套理论对评定译文定下量化标准,但有时失之烦琐。我翻译时并不想什么理论,一个是读懂、理解,一个是体会、领悟,这就译了。悟很重要,悟则通,打破外文与中文之间的语言隔阂、语言屏障。

**金**：你对目前翻译界有何看法？

**罗**：介绍外国译论，最好能结合中国的翻译实际和翻译传统。目前是引进多于建树。近期翻译刊物有不少关于建立翻译学的文章，比较可行的，是把中国翻译学搞好。切忌把中国翻译学搞成外国翻译学的翻版。我国翻译家对翻译有自己的思考，有自己的一套话语。我们讲"信"，外国人讲"忠实"："信"与"忠实"，并不等值。"信"，从人言；但"信"，与"伸"通，多出"忠实"所不具的含意。依信而译，任兴而行。翻译（translating）先须严谨，行文（rewriting）不妨放开；也即穷达辞旨，妙得言外。有所羁束又不受羁束，原作客体与译者主体兼容并包，他者（other）与自我（self）两全其美。其中，他者的原作，是第一义的，有羁束力的，但译者的自我，凭情兴所会，时或脱略羁束。当然，外国翻译理论要重视，但不应重视到长洋大人之志气，减自家人之威风。研究外国翻译理论，不是使自己变成中国的外国翻译理论家，而应能推进我国传统译论的现代解读，发展我国当代的翻译理论。

**金**：目前翻译界有些学者认为中国文学评论或翻译理论是感性的，主观的，零星的，但他们把外国理论引进，为什么介绍 A 不介绍 B，不也是很主观吗？

**罗**：介绍难免主观，各人随性之所近、学之所近。能参以自己的翻译实践，翻译经验，则更好，理论重要，但一点一滴的翻译经验也很宝贵。

**金**：你目前在从事什么研究工作？

**罗**：研究谈不上，现在在看蒙田，看钱锺书借阅过的那本 Pléiade 版，凡重要有价值处，钱先生在书页的边上用铅笔画一竖道，方便后学！我的正业是法国文学呀！前几年为写鸠摩罗什的文章，看了点鸠译，看了点佛经，佛经有深度的智慧，鸠摩罗什的翻译也大有智慧。翻译需要技艺、聪明、巧思、智慧。李义山诗云"独有巧思传千古"；两种语言通兑时，要善于发现相通之处，"巧"度过去。而智慧更是超越时代的。我们的翻译事业里，积累了前人许多智慧。如本世纪初，碰到 humour 一词；就难为煞人，想不出贴切译法，今天随手就可写出"幽默"两字，而且音义兼译。须知翻译也是一种智慧（sagesse）啊！

1999 年 5 月 10 日整理定稿

（原载香港《大公报》1999 年 6 月 16 日及 23 日）

# 明月来相照

## ——林文月教授访谈录

日期：一九九四年十月十三日（星期四）
地点：香港中文大学会友楼 3B
时间：下午两点至四点半
访问者：金圣华

> 独坐幽篁里，弹琴复长啸。
>
> 深林人不知，明月来相照。
>
> ——王维《竹里馆》

林文月的老师台静农先生当年要赠送墨宝给他这位得意门生时，曾经提醒女弟子说："你要我写什么？告诉我你最喜欢哪首诗吧！"

于是，林文月就选了王维的《竹里馆》。除了因为诗中有"林"有"月"之外，当然也因为这首五言绝句所表现出来的意境，空灵绝俗，隐逸淡泊，深深符合爱诗者含蓄的个性与高雅的品味。

与文月相识于十年之前，当时她已经完成日本经典名著《源氏物语》的译注，洋洋一百万言，前后历经五年半漫长的岁月。译完这部巨著之后，她在繁忙的教学生涯中，除致力于学术研究之外，再接再励，又分别于一九八九年与一九九三年出版了与《源氏物语》鼎足而立的另外两部重要作品《枕草子》及《和泉式部日记》的译注。她在翻译日本古典文学方面的卓越成就，获得海内外学术界一致的推崇与赞扬。

今年夏天,林文月教授获得"台湾地区第十九届文艺奖、第二届翻译成就奖"。九月中旬,林教授更荣获"日本东亚同文书院大学纪念中心赏",以表彰她对促进中日文化的贡献。

林教授去年自台湾大学中文系退休后,即定居美国,担任加州史坦福大学及柏克莱大学客座教授,继续着退而不休、极其繁忙的学术生涯。这次趁她前来远东领奖之便,特邀请她抽暇前来中文大学新亚书院访问讲学,使译界后进能有机会亲聆教诲,并一睹大翻译家的风采。

在林教授访港期间,跟她做了一次访问。与其说"访问",不如借用林教授一辑散文集的书名——"交谈",更为恰当。

正如文月在事后说:"那天根本不像在接受访问,谈得很投机,就像平常闲聊一般。"慵懒的午后,窗外波光潋滟,白帆点点,吐露港静静地躺着,八仙岭在一旁峙立,透过窗棂,从远处凝望着我们。室内,暂住"会友楼"的女主人,泡一杯清香的柠檬茶,加两匙蜜糖,她说:"初秋干燥,润一润喉。"身在客途,仍然一本温婉诚恳的作风,不忘殷勤待客之道。

与文月认识越久,相知越深。我们走的是同一条路,她出发得早,沿途锲而不舍,努力向上,如今身在高处,发出恒久明亮的清辉。在曲径深林中,我曾经彷徨过、困倦过,以为在学术圈中,身为女性,路途并不平坦。与文月一番交谈,方知道登高望远,那处风光好! 不由得提起疲累的脚步,重拾信心,再上征途。

不错,"深林人不知,明月来相照"!

**金**:这次能邀请你到香港中文大学新亚书院来访问讲学,实在很高兴;更难得的是承蒙你答应接受访问,我想,我们还是从你的学术生涯讲起吧!

**林**:说起学术生涯,其实很顺利。我这一辈子都在很单纯的环境中度过。在台大中文系毕业后,留校教书,一直到退休,在母校一教就教了三十四年。这期间,从一九六九到一九七〇当副教授的时候,受台湾科技部门的推荐,到日本京都留学一年,这一年,可说是生命中的转折点,使我在写作与学术研究方面,都起了很大的变化。

金:你就是在那段时间开始接触到《源氏物语》的吗?

林:我本来是去做比较文学研究的,题目是"唐代文学对日本平安文坛的影响"。冥冥之中因为某种机缘,接触到《源氏物语》。记得那年在京都,我曾经到处游览,足迹遍布许多名胜古迹,正好是《源氏物语》一书中曾描绘过的场景。一年后,我参加了"国际笔会"的一次学术研讨会,当时提交的论文,是用日文写的《长恨歌对〈源氏物语〉桐壶的影响》,回台湾以后,把文章还原成中文,为了要使读者进一步了解论文的内容,我把第一帖翻译出来,就这样,开始了《源氏物语》的翻译。谁知一译就是六年,欲罢不能。这本书很长,最初杂志社的人说能译多少就多少,但是我做事的原则是凡应该做的就尽量去做,硬着头皮,既开始译了,就不知不觉译下去。唉!京都那一年完全改变了我。

金:你去留学那一年,孩子有多大了?

林:儿子念小学一年级,女儿才进幼儿园。我走的时候,心里觉得很对不起他们。外边的人,尤其是日本人,总认为我怎么事业心这么强,其实我是很被动的,机会来了,当时这奖学金在中文系只有我一个合适的人,于是我就去了。

金:你当时已经成了家、为人母,这样去留学,你先生是否给你很大的支持?

林:我们家有个可靠的老佣人,像长辈似的,我先生认为才出国一年而已。他说:"有机会你就去吧!"不然我也不会放心上路的。

金:到了京都以后,有什么感觉?

林:开始时,周日好过,周末难捱,即使出去玩,一看到别人的孩子,心就很酸,后来,我想这样一直悲伤下去也不成,正好答应了林海音女士写文章,恰可填补周末的空白,我本来就是个好奇的人,为了写文章更到处去发掘材料,例如要写京都的庭园,就去寻幽探胜,无形之中就生出一样副产品来,即《京都一年》。

金:这一本书是你第一本散文集。请你说说,在你写作的三个方向:

学术论文、散文、翻译之中,你自己最喜爱的是哪一样?

**林**:三样轮流在我心中,三者合一,才能最均衡概括我的学术表现,否则,我就会很焦虑。我是慢慢走上这三个方向的,现在这三样已经无法分开了。

**金**:就像一个母亲有三个孩子,你到底有没有特别疼爱哪一个?

**林**:人家常谈到我的翻译,认为翻译是我的偏爱,这么说,我也没有办法。

**金**:在你的翻译作品中,你自己最喜爱哪一部?

**林**:我每一次翻译,都全力以赴。为什么董桥说《枕草子》最好呢?可能他说得对。因为《枕草子》是散文,没有故事性,倘若不能保持原文的特色,译歪了,也就失败了。虽然是我译的第二部日本经典名著,篇幅较短,但我译起来特别小心谨慎,因为文字本身就是关键。

**金**:你译完《枕草子》之后,对自己的散文风格,有没有产生影响?

**林**:很难说,不知是谁影响谁。看朋友的文章,有时可能有意无意地去学。例如我的散文集《拟古》中第一篇《香港八日游》,就是有意去学的。因为那次的感觉零零星星的,正好《枕草子》的内容体裁可长可短,前后没有一定的连贯性,这就给了我很大的启发。我的创作与翻译可以彼此影响。

**金**:你以"拟古"来写自己的文章,这是一种经过长期思虑的写作形式,还是一时兴起的文字游戏?

**林**:前后有几年时间,在思考写作方法的问题。拟古如临书,古是指"作古"之人,是古是今,可中可西,是否可做到拟人而不失自己,先模拟,而后从中摆脱,写下来是一种很大的负担与挑战,要"若即若离",但不能被罩住。我这本散文集出版时,故意把模拟的原文放在一起,让读者去参照。其实,当时另有一本散文集叫作《作品》,几乎是同时出版的。写文章不能篇篇拟古,要内容感情相近的才行,有时要写一篇东西,根本来不及找模拟的对象。

**金**:我认为你的文风朴素与华丽兼而有之。你的风格是自然而然地发展出来的吗？

**林**：年轻时的文风比较华丽，现在则比较枯淡、含蓄、隐约，让读者自己去体会。

**金**：我认为你的文字淡雅，但感情很深，是不是性格使然？

**林**：有人说我很矜持，其实是我不善于表达而已，有一大群人的时候，我会比较沉默。

**金**：世界上的事往往很奇妙，你含蓄、低调，不喜欢炫耀夸张，却赢得了很大的盛名。你对于自己得到的盛名感觉如何？

**林**：所谓的"盛名"，也是后来别人转述给我听的。年轻时，别人不说；年长后，别人才说给我听。我从来没有去意识过是怎么回事，我没有做过别人，不知道别人该怎么样做。

**金**：你认为今天拥有的一切，是怎么得来的？

**林**：努力！付出很多，都是我自己努力的结果。

**金**：对！别人只看到表面上的成就，看不到背后付出的努力。作为一个现代职业女性，上有父母，下有子女，在繁忙的家庭生活与事业之间，如何调配时间？如何取得平衡？这一大段路，是怎样走过来的啊？

**林**：别的有成就的女性，因为身兼好几个角色，要当妻子、女儿、母亲，的确很辛苦。我这个人有一个不同的地方，就是常常把责任、工作弄到后来变成一种享受。做家务清洁工作，我当作运动，把家变得可爱，就很有成就感。看到子女长大，变成真正有为的年轻人，就很感安慰。教学生时很用心，看到学生能增进学问，以及其他方面的事，都很感安慰。

每个人每天都只有二十四小时，所以要有计划好好利用。宴客时，等朋友上门，我会在书房里，就算多译一行也好，在书房中五分钟、十分钟，就像赚到了时间似的。我出门一趟，该办些什么事，预先想好，变成了习惯，也很好玩，回家后想想也会有成就感。

**金**：你做这么多事，难道有时不会感到累吗？

**林**：我很喜欢请客，但每次都会做笔记，把那一天请了谁，做什么菜都记下来，下次做菜时翻一翻，就不会重复。学生说怎么我请客都像在做学问似的。其实只是举手之劳,用一点心,凡事不拖延。

金:你做每一件事,事无大小,都这么细心周到,井井有条,你到底有没有心思飘浮,做白日梦的时候?

林:我住在会友楼,早晚看山看水,也会做白日梦呀!

金:我觉得你对周围的一切,观察入微,这是不是身为一个作家,与生俱来的本能?

林:我天生好奇心重,又爱美,所以对四周的一切比较注意。

金:说起爱美,我听过许多对你恭维的话,例如你是当年台大的校花等,其实,你是一个 legend(传奇),你对这些传闻,有什么感受?

林:说到"校花",其实是个"笑话"。你知道,我们那个年代是个保守的年代,当时并没有什么选举,所以人人都是校花。对我的这些传闻,可能是因为我比较得宠而来的。我一向害羞、低调,不知为何时常给人提到。这些我都不相信的。或许每个时代都需要制造一些话题使大家自认为是属于那个时代的吧。我自己并没有这个想法。大家这样讲,讲多了,慢慢有人就不考虑你真是什么人,而以别人的说法来判断你。谣言长了翅膀,就由它去飞吧!说起来,今天到这个阶段,我的所得,每一步都是我自己走出来的。

金:以一个侧身学术界的女性来说,"才貌双全"这类老掉了牙的说法,有时候还挺拖累的,在学术生涯中,真不知是一种"阻力",还一种"助力"?

林:不管别人怎么说,我自己喜欢整洁、喜欢美,让自己看了舒服。假如一个女性生来不是很难看,也不是一种罪过。为什么要假定一个女的好看就一定没才呢?人家越说,我就越要去证明。我个性之中,有一份好强,要证明给自己看,也给别人看,我不是徒有外表而已。因为外表较为过得去,写一篇东西出来,到底人家会因此而给你加分或减分,两者都有可能。

很多时候,人有先入为主的观念。我们已经过了中年、盛年,再用这种眼光来看我们,很累人!很辛苦!我喜欢很努力地过一辈子,很充实地经历各种阶段,然后很尊严地老去。我希望如此。假如别人的希望与你不一样,也就管不了。

**金**:作为一个事业女性,除了刚才所说的感受之外,对子女的教养方面,不能像一般母亲般殷殷照拂,有没有遗憾的感觉?

**林**:我想,人与人之间,不论是夫妻、子女、朋友,彼此的关系是重质不重量的。可以相处很久,只谈一些无聊的话;也可以在一段短短的时间内,互相沟通、了解。因为我们的工作必须不断充实自己,不会因为老了就停顿下来,所以比较能够跟子女分享经验。我们所学不同,但在追求完美、充实自己的层面上,还是能了解沟通的,反而比一般的情况更好。自己的孩子成熟后,亲情就成为友情,子女像朋友,两代之间,彼此学习,有所共鸣,很幸福!

**金**:因此你觉得现代事业女性,事业与家庭之间的矛盾与冲突是可以解决的,是吗?

**林**:我基本上是先做一个人,再做一个学人。做人是综合性的,在各方面都做到最起码的要求。我可能不是一个典型的贤妻良母,但是一个女性把自己困在家中,努力把孩子带大,孩子有成就了,却跟父母一无沟通,是否更好些? 其实,孩子越大,应该话题越多。跟丈夫之间,也不能天天都是柴米油盐,而必须要开拓胸襟才对。我先生是学艺术的,与文学有共通之处,我们可以谈心得。要在家庭中沟通,也是必须付出代价的。

**金**:说起艺术,你本来也考取师大艺术系的,为什么选修了文学?

**林**:主要是我同时考取台大和师大,也许是一种偏见,当年我父母认为台大比师大好。我的绘画老师说把艺术当嗜好会比较幸福,这是他自己的经验。

**金**:这样的选择,后悔过吗?

**林**:绘画的世界很广,在世上有成就很难,但爱艺术,至少可以调剂我的文学生活。有人说我文章中视觉的效果很强,不经意间会注意周围的事物。

**金**:你离开上海时才十岁左右吧! 那篇《江湾路忆往》却把每一个房

间的细节都记得清清楚楚。

**林**：一拿起笔，记忆就随着笔端涓涓流出。

**金**：你的文章，常写身边人、身边物，看似平平淡淡，但真情流露，只要用心看，就会发现真实程度比自传体小说有过之而无不及。你为什么不尝试写小说呢？

**林**：可能跟我从小到现在生活的环境有关吧！我这一辈子的生活太单纯了，交游也不算广阔，要体会不同世界的人，除非我特别用心。像我这样子单纯的人，写来写去，等于写我自己。我年轻时曾经写过小说，但比较失败。念书时，写过一对农村老夫老妻苦难而含蓄的爱情，写出来后，我的一位老师说他们的对话像大学生，一点也不像"村夫野老"的样子。这是我的弱点，我不敢写我不熟悉的事物。

**金**：现在你退了休，其实是退而不休，以后会不会打算再尝试写小说？

**林**：将来有可能。目前要准备在 Berkerley 研究所教"中国六朝文学"，又想译《伊势物语》。这本书比《源氏物语》更早，也是重要文献。现在对翻译，几乎有一种使命感，翻译出来，总有一天有人要看的。我们想认识一国文化，不能不知道源头，中国人对日本文学的了解太不足了，大家不做，我来做。

**金**：这本书大概得花多少时间译出来？

**林**：大概要花一两年的时间。我准备一面介绍，一面译注，有些读者是很严肃的，他们不是仅仅要读故事而已。

**金**：除此之外，还有什么其他的计划？

**林**：散文的创作，我退休后停了一年没写，可能跟生活环境的变化有关系。我在《拟古》中，寻找一个写作的方向。设想中，以后的创作可能跟翻译结合在一起，这是副产品，在译完之前也可以写。

**金**：这是很重要的，大译家应把翻译时的心路历程记录下来。

**林**：我想写一部《伊势日志》，不想东一篇、西一篇凑成一个集子。以后的方向，可能把翻译、写作跟人生都贯穿起来。过去一年很痛苦，就像一母有三子，不能照顾到"创作"这个儿子，很焦急，但一方面心中在想，不欲重复自己,应不断尝试新的方向,有一天,突然想到为什么不这么做,这才感到心中踏实些。

**金**:为了要找寻新的方向,要突破自己,创作人有时是很痛苦的。

**林**:跟别人竞争,跟自己,也跟以前所有有成就的人竞争,就因为这样,才活得新鲜,有突破、有进步。我就是不想原地踏步。

**金**:也许这就是你永远看来这么年轻的缘故吧!

**林**:我对人生、世界一直充满好奇心,永远有兴趣去发掘。

**金**:这才是维持青春的方法。

**林**:也不是为了这样刻意去做。

**金**:说说你的童年生活吧!从你的文章中,得知你童年在上海度过,你提到父母的管教、弄堂等等,你的童年生活到底是寂寞,还是快乐的?

**林**:我觉得我跟别人没有分别,偶尔也有茶杯里的风波,一般来说很幸福。我觉得苦难的时代、痛苦的回忆,是促使伟大文学产生的要素。我的题材很平凡,但人大都很平凡,大喜大悲的毕竟不很多。我很珍惜平凡的幸福。

**金**:你童年的家庭生活很温暖,对你的创作生涯有帮助吗?

**林**:其实在我们家里,只有我一个人向文艺发展。家庭环境好,也可以令人宠坏的。但我一向很乖,很努力。

**金**:创作成功的要素,除了努力,也要靠天才吧!

**林**:别人如何我不知道。但对人对事保持关怀、好奇,不断求索是很重要的。同样的事,一般人看了,也就过去了。但一个音乐家、艺术家、文学家却把感受蕴藏心中,有一天,就发展成为创作的一部分。长年累月的经验不经意地留驻心底,耳濡目染,曾经见过的美景,阅读过的某一句诗,在适当的氛围中,自然而然地会表达出来。这是一种长期的训练。谈到创作,内容固然最重要,但技巧还是不可忽略的。

**金**:以你的经验来说,创作力最旺盛是哪一阶段?

**林**:是中年以后,有了生活的体验,也经历过生命中哀伤的事。年轻时的所听所闻,到真正体验时方觉深刻。这一切都很残酷,要付出很多代价与血泪,但并没有白白付出,人生的境界会因而拓广、加深。

金:人到中年,会感到时间越来越少,既感到时不我予,需加紧工作;又感到青春不再,应及时行乐,这工作与行乐两者之间的矛盾,不知该如何解决?

林:我觉得去游览、去看去听,就是一种享受,人不能变成工作的机器。我发觉有些人,包括我的一些学生在内,他们只会透过文学去欣赏大自然。的确,因为自己有了文学修养,体会就会有所不同。普通农夫看到的山,文人看了,就会想起辛稼轩的两句词:"我见青山多妩媚,料青山见我应如是。"一个人甚至因为看过某位摄影家的作品,汇集的美感经验就会丰富起来。很多时候,内心感受的一切,难以分辨某部分来自何处。但是,很多人变了书虫,再也感悟不到周遭环境中真实的美,一切只能从书中体会,这是很可惜的。

金:这就把主从颠倒了。有时对美的体会,需要是直觉、感性的,只有这样,才能使头脑保持清醒,使心灵清明澄澈。

林:是有点这样,要能"忘我",但刻意去忘记也很辛苦。以前我是有所为而为,现在看多了山山水水,美的东西有时不免也会觉得其间很多是类同的。人活在世上,生活是最重要的,也许将来把生活也忘了,也许空无是一个最高的境界。

金:我可以转变一下话题吗? 假如生命是可以轮回的,你下辈子愿意做个男的,还是做个女的?

林:还是希望做个女的。因为作为女的这经验太好了。我很享受作为一个女人。小时候糊糊涂涂的,假如有人定"生涯计划",年轻时就很有计划,那就像一开始就从中年活起。每一个阶段都应有其特征才对。我活在世上,不要白活,要留下一点经验。做翻译,是因为有使命感,对民族社会有一点使命感。这话讲起来很空洞,但却是真的,我要做事,我也不要放弃享受,白色的背后,有七种颜色,我但愿我的一生是纯白的,但背后却仍然七彩缤纷。当我一生结束的时候,我至少尽了力,但也享受过。

作为一个女性,享受生命、欣赏生活的角度更宽广一些,也细腻一些。

现代的女性跟男性已站在平等的地位,我认为两性之间不是在竞争。以学术界的女性来说,在家庭中担任角色,做好妻子、好母亲,但也不能因此在工作上减几分,反而要做得更多一些。

**金**:这样不累吗?

**林**:不累,我没有做过别人,不知道别人如何。以我来说,我工作得很辛苦,但也很享受个中乐趣。即使累一点,也很快乐,也许,我对生命太贪心了吧!

（原载《明报月刊》1994 年 12 月号）

# 漫漫译途话当年

## ——杨宪益先生访谈录

一

日期：一九九四年三月六日

地点：香港中文大学

访问者：金圣华

　　我国著名翻译家杨宪益及戴乃迭伉俪；应香港中文大学新亚书院之邀，分别以"新亚书院龚氏访问学人"及"明裕访问学人"身份，于一九九四年二月二十二日来港作为期一月之访问。

　　杨教授自四十年代起，即与夫人紧密合作，携手译出无数经典名著，译作总字数达三千万字之多，其中不乏脍炙人口的作品，包括《诗经选》《楚辞》《史记选》《宋明平话小说选》《老残游记》《儒林外史》《红楼梦》的英译，杨教授更曾将荷马的《奥得修纪》、维吉尔的《牧歌》、法国史诗《罗兰之歌》直接从原文译成中文。

　　杨教授伉俪自结褵至今，不但在生活中同甘共苦，在译事上更合作无间。翻译恰似一座连接两种文化的长桥，杨教授与杨夫人，一位原籍中国而精通外国文学，一位原籍英国而主修中国文学，就好比两员猛将，各自镇守桥梁一端，在桥头堡中长年累月地埋头苦干，彼此声援，互相呼应，终于译出了卷帙繁浩的巨著,不但名闻遐迩,更在中国翻译史上,留下了一段令人津津乐道的佳话。

杨宪益教授不但博古通今,学贯中西,兼且性情豁达,极具中国传统知识分子耿直敢言的风骨。虽然已届七九高龄,但是仍然精神奕奕,老当益壮。今年一月,友人为其庆祝寿辰,杨老因而成诗一首:

逝者如斯亦等闲

虚抛七九不相干

黄河终要归东海

前路还须二十弯

由于民歌言"地上黄河九十九道弯",故云"还须二十弯",由此可见杨老乐观进取的精神,绝不逊于任何年轻人。

其实,作为一位毕生奉献译事的翻译家,杨老的一生,也的确走过一条坎坷不平的崎岖路,难得的是他始终保持乐观的态度,对生命充满信心。这次趁杨教授访港之便,特地跟他作一系列专访,笔者希望能以他早年的经历,与杨夫人合作翻译的过程,以及他对翻译的体会,来剖析这位译坛传奇人物的内心世界。

**金**:杨老,这次您跟杨夫人戴乃迭女士远道从北京到香港来,实在是香港翻译界的一桩盛事。你们两位从四十年代起,就从事翻译工作,至今已超过半个世纪了。听说你们的译作有三千万字之多,可以告诉我们,您当初是怎样跟翻译结下不解之缘的吗?

**杨**:说起来还不止五十年呢!记得我在天津念中学时,就喜欢逛外文书局,十六七岁时,喜欢买些书回来做点翻译,例如把密尔顿的诗译成中文古体诗,还翻些朗费罗、爱伦·坡的东西。后来,喜欢了古希腊文学,不过当时还不懂希腊文,所以零零散散从英文转译了一些诗。

**金**:您为什么这么早期就接触到西方文学呢?

杨：首先，因为我当时念的是英国的教会学校，叫"新学书院"，跟我现在访问的"新亚书院"，只差一个字。学校里有许多英籍教师用英文讲课，所以，外语水平比一般学校高。其次，是因为我的家庭。祖父当官，到了我父亲那一辈，所有兄弟都曾经到外国去读书。我的几个叔叔分别留学德、法、英、美各国，先父排行最大，则去过日本。我记得从小家里就放满了洋书、洋酒。

金：啊！您一向有酒仙之称，请容许我打一句岔，您喝酒的海量，是否从小就培养的？

杨：小时候，大人时常把筷子头沾酒给孩子尝尝，也许，就这样自然而然能喝了。还记得四五岁那年，有一次把父亲留下的一瓶上好白兰地拿去喂金鱼。好酒倒下鱼池，金鱼最初都飘飘欲仙，一条条优哉游哉跳起华尔兹来，我想他们这么快活，就骨碌碌把一瓶酒都倒进池里去，谁知这么一来，鱼儿都给醉死了。

金：那你父亲不气坏了吗？

杨：他去世很早，那时已经不在了。他这一辈子没有喝够好酒。

金：所以你更应多多享受佳酿，不负酒仙的美誉呀！好吧！再回到翻译的话题吧！您上大学时去了英国，是吗？

杨：对，我去英国留学。头一年在伦敦补习拉丁文跟希腊文。在天津时，曾经找过一个老师教希腊文，可惜他是个商人，不懂文学，发音也跟古希腊文的发音大有出入，后来到了英国，补习了五个月，第二年春天就考上牛津大学。英国的学生，一般在中学就已经念希腊文、拉丁文了，所以，我虽然考上了，校方说不行，还得再补习一年，才让我入牛津。我在牛津四年，分两个阶段，头两年念拉丁文、古希腊文学；后两年再念英国文学。

金：可否谈谈您的学习生活？

杨：我不是个好学生，平日常跟英国孩子喝酒、玩耍，考试倒没什么问题。

金：您是怎样遇上乃迭的？

杨：当时牛津有个"中国学会"，是由少数中国留学生及英国人组成的学生组织。我到牛津后,第一年就加入学会。后来给选上了当会长,那时需要一位秘书。乃迭因为她的家庭跟中国有渊源,所以也来参加学会,出任秘书。这学会每两个星期聚会一次,我们就是这样认识的。

**金**:您说乃迭的背景跟中国有渊源,到底是怎么回事?

**杨**:她的父亲泰勒先生大学毕业后,立志要传教,所以就去了天津,在我念的中学"新学书院"当过教师,教了一两年吧!后来就到燕京大学去教书了。他当老师时我还没进入"新学书院"呢!乃迭是生在北京协和医院的,到七岁左右才回英国去上学,后来一直住在伦敦,念大学才去牛津,她要是不去参加"中国学会",也许不会碰上我这个中国人。

**金**:这就真叫作缘分呢!你们在大学时代,有没有做翻译工作?

**杨**:她原先是念法国文学的,我读完希腊、拉丁文学后,想念法国文学,所以一起上课。牛津相当保守,法文一定要从中古到当代来教,结果念了两三个月中古时期的法文,当时感觉还好,因为中古法文和拉丁文差不多,到了读当代法国文学时,跟不上,我改念英文,她改念中国文学。那时,牛津刚试验成立中文系,乃迭是第一个念中国文学系的英国人。

**金**:念完了书,你们就决定结婚了?

**杨**:认识后,要好了,到快毕业的最后一年才订婚,因为两家的家长都在中国,要先征求他们的意见,所以决定一起回中国去见父母。

**金**:当时有没有遇到阻力?

**杨**:乃迭的母亲当时有点发愁,生怕女儿嫁给中国人,长久不了,倒也没有什么强烈反对。我母亲听说,在家里哭了好几回,不过,当初我决定念希腊文学,她已有心理准备,怕我娶希腊姑娘,现在娶了个英国女子,还是个念中文的,倒也就罢了。

一九四○年,第二次世界大战已经开始了,伦敦被炸,原想经地中海回国,行不通,唯有经大西洋到加拿大,从温哥华再坐船过太平洋到香港。在香港住了快一个月。当时住在一家英国人开的小旅馆,住进去后没钱了,因为英国在打仗,离境时每人只准带二十英镑,到香港不久钱花光了。天天躲在旅馆里,哪儿都不敢去。打电报给乃迭的父亲,要他汇钱,他又偏偏去了兰州,去参加一个实验性的工业合作化组织,希望给予中国贫童一个教育的机会。他走了,要钱没回音,后来幸亏找到乃迭父亲的一个朋友,才借到钱买了机票飞到重庆。

原先我们想经越南海防坐火车到昆明,当时已经有了西南联大任教的聘书,谁知日本正当此时把那条路割断了。不能坐火车,只好飞重庆。而我的母亲这时候也从天津到了重庆,于是我们就去那儿住下,后来在重庆中央大学教英文。

**金**:那时候课余有没有翻译些什么?

**杨**:零零碎碎地翻过鲁迅、周作人、艾青的一些作品。在重庆一年后,去贵阳师范学院教书,那一年,乃迭怀了孕,她母亲去了成都,她也就去了成都。我去成都在光华大学又教了半年,因为物价狂涨,工资又低,不愿耽下去,又回到了重庆。

那时候,重庆成立了"中印文化协会",我当时对印度古代史有兴趣,在牛津的同学把我请去,待遇较高。去了半年,在重庆附近的北碚(北温泉),认识一些朋友,其中梁实秋听说我在重庆,就请我去北碚加入由南京迁来的"国立编译馆"。那一段日子,由一九四三年到一九四六年,结交了许多文化人,生活也比较安定。

**金**:您在编译馆的工作如何?

**杨**:梁实秋当时开始译莎士比亚。他是个快译手,大部分时间在玩儿,轻轻松松,就可以一个月译一本莎士比亚戏剧。当时他在编译馆负责一个翻译委员会的工作。他想起他的同事都搞英译中,于是要我们开始中译英,他要我们找一部大书慢慢译,问我喜欢什么,我当时的兴趣在于历史,结果就选了司马光的《资治通鉴》。

**金**:都译完了吗?

**杨**:从一九四三年到一九四六年,主要集中译《资治通鉴》,从战国译到西汉,间中也译些其他的作品,如钱穆写的《中国文化史稿》等。可惜那时条件差,纸张缺乏,译了没出版。

**金**:那些稿子呢?

杨：有些去年去澳大利亚,送人了。没出版的译稿多着呢!

金：那多可惜啊! 一九四六年后的情况怎么样?

杨：一九四五年日本投降,一九四六年乘船回南京。当时乘的是木船,船过三峡,很危险,我的行李,包括书本、小时候的照片等,都放在后面的那艘木船上,木船还得靠人拉纤,那艘船着了火,沉没了。我们那时候一家四口(大儿子、大女儿已经出世了)挤在小船上,人多地方窄,路上走了十六七天,才回到南京。

金：到了南京之后的生活如何?

杨：到南京后,要找地方住,抗战刚胜利,复员的人太多,房价就像今日的香港一般,大涨特涨,我们买不起,只好租,住得很不理想。那时候,梁实秋去了北京,离开了编译馆,我就担任了翻译委员会主任委员的职务。到解放前夕,馆里还有二百五十来人,我给选举出来,当了代理馆长。

金：一九四九年以后,是否继续在编译馆工作?

杨：一九四九年以后,中央成立了出版总署,把编译馆给取消了,听说现在台北还存在着编译馆呢! 从一九四九年到一九五二年,没译书,在南京当政治协商会议的副秘书长。一九五二年给调到北京去。钱锺书是我在英国留学时的同学,说要邀我译《毛选》,我不愿意译政治文学,给"党内朋友"批评了一顿,说我"太狂妄了"! 后来,胡乔木、刘尊棋等组成了"外文出版社",就把我们请去翻译中国古典文学。

金：你们翻了哪些作品?

杨：当时订的计划是把中国古典文学有系统地翻出来,从《诗经》《楚辞》到唐诗宋词、三国、红楼等。外文出版社后来改为外文局,我们两人一起在那儿工作,一晃就是几十年。每次遇上政治运动,挨挨批评,做做翻译,就这样,跟翻译结缘五十年。

## 二

与杨老相处旬日,发觉杨老有句口头禅:"好玩儿。"综观杨老毕生,生逢国家多事之秋,迭经内乱外战,除了少数几年得享太平盛世之外,经年累月奔波于崎岖不平的人生道上,而居然能在物质生活极其匮乏的情况下,孜孜矻矻,译著不辍,这一切,全赖他对生命热爱,对工作投入,对人对事抱着一种执着中不失幽默,认真中常带洒脱的态度。换言之,人生随时随地都是"好玩儿"的。

翻译,好玩儿;劳改,好玩儿;甚至连坐牢,也是好玩儿的。

此次访港,杨老在香江得晤不少旧雨新知,当然是极其好玩的,为此,特赋诗以志。蒙杨老同意,将他"港游杂诗六首"在此率先披露,以飨读者。

港游杂咏六首

江山富丽语言殊　　不见书摊炒废都
还是南方多美食　　潮州烧鸽石斑鱼


故旧重逢会友楼　　主人盛意更无传
一生难得多知己　　八十老翁何所求(会友楼)


春茗晚会聚英豪　　笙笛琵琶兴致高
抽奖犹忧难中彩　　先安远客送红包(新春团拜聚餐)


宾楼室雅何须大　　小住三天亦是缘
莫怪匆匆离去早　　只因此地禁抽烟(曙光楼)


老年万事可随心　　画笔依然白发新
北望中原王气尽　　不妨长作岭南人(重晤旧友黄永玉,口占此绝)


一湾浅水雾迷濛　　楼外青山似梦中
昨夜东风春乍暖　　校园处处杜鹃红(逸夫书院雅群楼)

**金**：您从一九五二年给调到北京，后来加入外文出版社，请问您跟夫人乃迭是不是同时开始在外文出版社从事翻译工作的？

**杨**：是的。当时还有别的地方要我们去，结果因为外文出版社刘尊棋提出的计划很有意思，我们就留下了。刘尊棋当时订了一个单子，想翻译一百五十种中国古典文学的作品，一百种现代文学的作品，他还提议找几个年轻人来帮忙，我很欣赏刘的主意，后来我们一边译，一边互相商讨编辑的方针，合作得很好。我们刚开始工作，就把早先完成的《儒林外史》《鲁迅杂文》以及《离骚》等的译稿整理出版。那段时间挺好玩的，还记得有一回译了一首少数民族长诗《阿诗玛》，我们译，黄永玉则替我们画插图。黄永玉那时还是个年轻人，我们就是这样开始结交。

**金**：你们头几年翻译了许多作品，成就惊人，到了一九五六、一九五七年又如何？

**杨**：一九五七年"反右"，很多人都给打成了右派，我们的工作倒没受到什么影响，到了"大跃进"时代，我们翻译的字数反而最多。那时候，干什么都要求"翻一番"。本来一个月译三万字的，得译六万；本来译六万字的，得译十二万。那时候翻译的数量多，质量不一定最好。记得有一回译鲁迅的《中国小说史略》，因为要求译得快，我就想出了一个主意，我拿了原书，一面念出英文译稿，乃迭则在一旁打出来，两人每天工作七八小时，那本书，一星期就译完了。草率得很！不过，国外的评论还不错。

**金**：除了要赶译之外，在选材方面，又有什么情况？

**杨**：我们的运气比较好，因为主要是译古典文学作品，所以糟粕不多。不过也有一些局限，例如选择的古典诗是以"人民性"为标准的，就像杜甫的《茅屋为秋风所破歌》等，李白某些诗很好，因为颓废，不能选，反而选一些他提到矿工的诗，这些诗并不太好。

**金**：六十年代初一段时期的工作情况又如何？

**杨**：不太愉快。不过到一九六四年，我还是一直翻译不辍。我选了一些《史记》的本纪、列传来译。第一个介绍了孔子，然后到始皇，再到汉武帝前的一些人。译完之后，到了一九六四年交印刷厂付印，六个多月都没消息。后来听说上头决定以后不让我译的书出版了。一九六六年"文革"正式开始,一开始我就挨批斗了。

金:乃迭的情况如何?

杨:她没事。她是外籍专家,不需负责。她在"文革"期间译了一些当代的文学作品。

金:你们当时的译作有没有署名?

杨:历来就没有,后来是因为国外读者提了意见才开始在译作上署名的。

金:从一九六六年到一九六八年不翻译了,干些什么工作?

杨:除了开斗争会之外,每天要上班,给别人打清稿,另外,还得参加体力劳动,打扫厕所,北京的公共厕所一向都很脏,我学了很多本事,可以把厕所冲洗得很干净。这一点很满意。还有就是替厨房运煤,工作比较吃重。

金:听说您一九六八年给关到牢里去了,是什么原因呢?

杨:因为我娶了一个外国老婆,所以怀疑我给外国人当特务。乃迭是外国人,那一定是我的上司啦!所以也一起抓了。

金:乃迭在家里本来就是您的上司嘛!你们两位是关在一起的吗?

杨:不!她是大特务,所以一个人关一间。我是小特务,所以跟三十个人关在一起。

金:铁窗生涯如何?

杨:我从一九六八年到一九七二年,一共坐了四年牢,坐牢也挺好玩。我教年轻人念英文、背唐诗;他们教我很多稀奇古怪的扒手技术。我在里面当学习组长,教大家看《人民日报》。有一回,从国庆的外国致敬电上看到没有林彪在里面,就猜到他可能出了事。后来果然证实我有先见之明。

金:您是怎样获释的?

杨:到了一九七二年,由于找不到我们的罪证,就把我们放了。

金:您与乃迭是同一天获释的吗?

杨:她比我晚十天放,倒不是因为她的罪大些,这是领导的一番好意。

我们被关时,家中的屋子给封起来了,屋子里都让耗子(老鼠)做了窝。回来后,打开了封条,发现里头住了三四家耗子,日子过得很好。它们把我们所有的衣服都撕烂了,拿来铺地板、做被窝,挺舒服的。老鼠看我回来了,很不高兴,一个个溜走了。屋子里灰尘大、土厚,得要打扫打扫,乃迭见到这情况准会伤心的,为了出于对她的礼遇,上头要我先打扫好了才请她回来。

还有一件事,我们住的地方,很久以前,听说是个埋葬场,有一回,我找到一个骷髅骨,把它洗干净了,在里头种了一株仙人掌,只有一两寸高。我坐牢回来后,发现仙人掌竟长到一两尺高,因为乏人照顾,吸不到水分,拼命往高处长。我用手一碰,竟然全变了灰! 仙人掌的生命力很强,结果还是因为没有水,枯死了!

金:一九七二年您获得平反了吧?

杨:仍未正式平反。他们说:"我们费了很大力气,为你跑了二十一个省份,花了四年时间,才给你弄清楚。我们查出你不是反革命,一个人做事要一分为二,你还是回去当翻译吧!"我是到了一九七八年"四人帮"垮台时才平反的。

金:一九七二年到一九七八年间,翻译了些什么作品?

杨:坐牢前已开始译《红楼梦》了,出狱后继续完成。这时候,我们的英文杂志《中国文学》的主编叶君健在"文革"中也受了罪,不愿当主编,到另一单位工作去了,于是就由我出任主编。

金:当时的主要工作是什么?

杨:我让他们编一套"熊猫"丛书,原想一年出二十到三十种,继续出下去。这构想是根据英国的"企鹅"丛书而来的。因为出平装本好销,在英国很流行。那时中国正好有熊猫热,出了一套,销路不错。那几年没做什么翻译,搅些行政工作,选选稿,接洽一下。

金:一共出了多少本? 现在还继续吗?

杨:当时出了几十种,主要是选译当代的作家,也有一部分是古典的作品。现在每年出不到十本。

金：这套丛书对推广中国文学实在很有贡献。后来为什么不当主编了？

杨：我们一般到六十五岁就退休了。女的五十五岁退休。乃迭后来当了"老专家"，可以工作，也可以不工作。乃迭是外文局中年资最老的一个外籍专家。现在外文局中的老专家不到十个。

我岁数大了，就把职务让给年轻人了。我这主编是实务，六十年代到七十年代，茅盾当文化部长，他就挂名兼任《中国文学》的主编。后来王蒙当文化部长时，也在名义上当《中国文学》的主编。

金：七十年代末期，您是不是又从事翻译工作？

杨：其实有不少作品都是以前译的。我比较喜欢《史记选》这本书，"文革"前不是叫我们不要翻了吗？印刷厂说不印了，连稿子也不见了，"文革"后发现在香港倒印了我的《史记选》。

金：您有没有拿到稿费？

杨：没有。

金：《宋明平话选》是什么时候出版的？

杨：都是后来翻印的，基本上在一九八〇年以后没译过什么大本著作。

金：这段时期主要做些什么工作？

杨：我译了希腊的《普罗米修斯》，但只译了一半，还译了一些别的作品，只是懒得译长篇的东西，只爱写些打油诗。有朋友替我抄了一百多首，也许可以在香港印行。

金：有关您跟乃迭合作翻译的情况，以及您对翻译的看法等问题，我们下次再谈吧！

# 三

金：杨老，您曾经对中大念翻译的硕士班学生说过，您虽然做了半个世纪的翻译，当初开始时却是挺偶然的，小时候做翻译，是做着玩的。现在干了大半辈子,您还觉得翻译好玩吗?

**杨**:不太好玩。翻译是件吃力的工作。

**金**:不但如此,吃了力还不讨好。有时候做翻译,碰到特别别扭拗口的片段,心里很不服气,恨不得用自己的话来重写,但碍于忠实的原则,又不得不一个个字去照译。

**杨**:对啊!是有这种情形。心里不佩服,恨不得自己写;可是有时候太佩服了又不行,因为深怕自己力不从心,译不好。例如莎士比亚,有那么多严谨的译本,但总无法完全表达出原文的神髓。

**金**:您跟杨夫人翻译过那么多大部头经典名著,您自己觉得最满意的是哪些作品?

**杨**:满意可说不上,只能说有些作品翻译起来特别痛快些。譬如说翻《史记》的一些列传,就很痛快,因为原文有意思,文字又不太艰深,容易译得准确。有的东西本身写得很美,但很难译得好。譬如说一篇赋,如《哀江南赋》,要译成英文,就比较吃力。此外,《老残游记》及《儒林外史》也是比较喜欢的译作。《宋明平话选》也译得痛快。

**金**:您最不喜欢翻译的是哪类作品?

**杨**:最不喜欢的是被逼译那些写得又长,而内容又不使人佩服的文章。这样,翻译起来就很苦。翻译除了花费脑力之外,其实还是一种体力劳动。翻一部名著,动辄几十万字,但得一个字一个字去翻,没有捷径可走,现在老了,只好写写打油诗省点力气。

**金**:您对自己翻译的《红楼梦》又有什么评价?

**杨**:我不得不承认《红楼梦》是中国古典小说中最成熟的作品,但是我并不特别喜欢这本书。书中的主角如贾宝玉、林黛玉的性格我可不欣赏,倒还是秦可卿、王熙凤比较好玩,但凤姐这人太坏了,当然也很可怜。

**金**:那你们当初为什么要翻译《红楼梦》?

**杨**:那还是在"文革"时期译的。一半在坐牢前译,另一半在坐完牢之后完成。我记得"文革"后周扬要把我从外文局调到社科院去翻译荷马的史诗,我翻了《奥得修纪》,后来《伊利昂纪》还未译,外文局就要我们回去译《红楼梦》。译《红楼梦》最困难的是版本问题。"文革"时江青忽然表示对《红楼梦》有兴趣,一时要我们译一百二十回的通俗本,一时又要我们根据脂砚斋的本子,翻来覆去,我们只好奉命行事。

翻译《红楼梦》,仅仅是题目,就费煞周章。《红楼梦》有很多别名,例如《石头记》《金陵十二钗》《风月宝鉴》等,可是一般老百姓都叫它作《红楼梦》,这"红楼"两字得怎么译呢?"红楼"在中国的文化传统中,总带点浪漫意义,通常指大家闺秀居住的地方,例如唐诗中"笑指红楼是妾家"句,但当时翻译时必须强调阶级性,说"红楼"是指有钱的大户人家,如何同时把漂亮姑娘及有钱阶级两个意象用英文表达出来就伤脑筋了。最后,我们就把"红楼"译为 Red Mansions,而整本书的题目就叫作 *A Dream of Red Mansions*,意即指这本小说是关于各大家族的一个梦。

英国著名翻译家霍克斯翻《红楼梦》就没有这些问题。首先,他没有版本的问题,据他自己说,是根据各种版本,撷长补短来翻译的;其次,他也认为书名难译,所以就按《石头记》直译为 *The Story of the Stone* 了,这样,就省事很多。

金:您可以比较一下你们两位译的《红楼梦》,跟霍克斯的《红楼梦》吗?

杨:可以说,各有特点。我刚才已经说过了,他在国外译,自由度比较大,可以随便选各种版本,我们在版本的选择上,比较忠实,比较严谨。他的翻译,跟很多英国汉学家的翻译一样,主要是把外国作品译成像英国文学作品,所以译作的英文很漂亮,他的译本求雅,在信的方面要作较多的牺牲。我们的翻译在文字修饰上没下这么多功夫。

金:那是可以理解的。主要是因为环境不同。听说霍克斯辞去教职,花了十年工夫,潜心翻译《红楼梦》,当然可以精雕细凿;而你们翻译这本书期间,正好碰上"文革",还坐了牢,受的压力有多大啊!不过,你们的译本所得的评价也很高呢!

杨:霍克斯对我们的译本也很客气。这本书,跟其他一些译作,包括鲁迅的《中国小说史略》,都在伦敦大学的东方学院当教材用,得到认可。

总的来说,霍克斯译得很不错,喜欢他的译本的人多一些,当然,也有人喜欢我们的译本。

金:您跟乃迭两位,这么多年来一直在译途中携手共进,很多人一定很想知道你们在翻译上具体合作的情况,可否请您说一说?

杨:一般来说,我们经常一起工作,一人一个打字机,我先译初稿,译完了,她给我润色加工,接着,我根据中文的理解,看看意思有没有走样,然后再修改,再讨论,最后才定稿。

金:你们这么来回讨论、斟酌,从初稿到定稿,一般需要多少时间?

杨:很难说。乃迭在大学里念过四书五经、唐代传奇等作品。她有中文的底子,而且是个相当认真的译者,有时候,看了我的译稿,她还是不罢休,要直接看原文来对。有一次,我们译北宋范成大几首有关农村的诗,原文很简单,但是为了要使译文读起来有英国味道,同时又得合乎中文原义,就很费苦心了,记得那次有一首诗,我们来来回回改了八遍才定稿。至于说我们具体合作的情况,有时我用的力气大,有时她出的力气大,不能一概而论。

金:你们两位除了合作之外,也有个人的译作,例如您把希腊的作品,法国的《罗兰之歌》等作品直接从原文译成中文;乃迭则把中国的现代作品译成英文,可否请您说说你们两位个人译作的情况?

杨:先说我翻译希腊作品的情况吧!外译中不算是本行的工作,是外面出版社的特约工作。荷马的《奥得修纪》是因为周扬听说我懂希腊文,特别叫我译的。至于阿里斯多芬尼的喜剧,则是因为当时罗念生在译希腊的悲剧,没人肯译喜剧,很伤脑筋,才叫我译的。为什么会有这种情况呢?因为古希腊的喜剧,不像悲剧一般庄重肃穆、恢宏堂皇。一般来说,古代希腊女人不去看喜剧,只有男人才去看。戏里有不少俗语粗话,而且涉及异性恋及同性恋的笑话很多,用以针砭时弊、讽刺当前的政治家等,这些露骨的笑话,一旦译成中文,有时颇伤大雅,一般人不肯翻。那时候在北京。正好有几年要学习苏联文化界来"纪念世界名人",阿里斯多芬尼因在榜上有名,所以北京就跟着翻他的东西了。我译了他的《鸟》,其中粗话不多,比较好办。第二本译了《和平》,那稿子后来出版社丢了。接着又译了阿里斯多芬尼别的作品,没翻完,稿子也没出版。

金:真可惜!

杨:我现在也懒得整理了,目前,阿里斯多芬尼的喜剧在国内翻译得还不多。

金:乃迭译现代文学作品可译得不少吧?

杨:对!她译了很多,可能,她翻译当代作品的总数量比我还要多。不过,她译当代文学时,因为跟作家很熟,例如古华、张洁等,所以她译前者的《芙蓉镇》及后者的《爱是不能忘记的》等作品时,可能跟作者商量,把枝节删减,去芜存菁,所以译出来的效果反而好。

金:您向来有酒仙之称,是否一杯在手,译起来更加得心应手,事半功倍?

杨:这可能都是别人造出来的神话。事实上,我是用打字机翻译的,我打字又不灵,用右手几个手指叮叮当当地打,再加上翻译不比作诗,面前既放了原著,还得置上参考资料及字典等,这样劳心劳力的工作,怎能边喝酒边做这么潇洒?

金:很多人说,作为一个成功的译者,除了精通双语之外,还必须对原文及译文背后所代表的文化有深切的了解,您说过,您上中学时念的是教会学校,所以外文基础好,请问您的中文底子是什么时候打好的?

杨:我从小受的教育,与当时一般大家庭出身的子弟无异。七岁时,家里请了私塾老师来教我念古文,开始念些《三字经》《千字文》、四书五经等。

金:您的古文基础这么好,一定是因为老师十分严厉吧?

杨:正好相反。小时候因为家里只有一个男孩,所以特别宠,请来的老师,给我连续打跑了四个,他们教我四书五经,我嫌闷,不愿学,要他们讲《西游记》《三国演义》,还要老师一边讲一边演,演得不好的就用戒尺追打他们。直到第五个老师来了,用软功鼓励我,我才一改顽劣,开始喜欢念书背书。至于英文,上了中学后,家里请了一位粤籍女老师来教,还跟她闹了一场恋爱呢!

**金**:您当年倒真有点像贾宝玉呢!以您对中西文化的了解,您认为翻译文学作品时,应如何处理两种语文之间文化差异的问题?

**杨**:翻译文学作品时,首先要弄懂原文的意思,尽可能不折不扣地表达出来,其次要考虑翻译完毕之后,译文读者看了是否能懂原文的意思,心中会得出什么结论。不同文化的人,对某一事物,会产生不同的感受。当然,对有些东西,两个民族的文化可以互相沟通,有时就比较麻烦了。譬如说,隋唐以后,杨柳当作惜别的象征,中国人一听到"杨柳依依"的说法,心中就泛起了惜别之情,译成英文,英国人无论如何都没有这种感觉。反过来说,英诗中的玫瑰,对他们来说,能唤起特别的感情,但李白写"花间一壶酒"时,绝对不是指玫瑰,也许指的是牡丹。有时跟民族文化背景有关的东西,是无法恰如其分地译出来的。毕竟,我们不得不承认文学翻译是一种艺术。

**金**:那么,您认为文学翻译是有局限性的了?

**杨**:不错,我认为翻译是有很大的局限性的,有些东西不易译,也不宜译;但从另一个角度来说,文学作品翻译起来,又有无限的变化,因人而异、因时而异。例如把一首诗翻译成外文,就有许多可能性。当年我译《离骚》,因为正好在英国,又正在念德莱顿等人的诗,就模仿他们的形式来译,后来霍克斯就用别的方法去译。两人译同一首诗,很难相同,其中蕴含无穷的变化。

记得一九五四年刚从南京调去北京时,有一次获得毛泽东的接见。科学、文学界一行数十人去了中南海,毛泽东慢慢走进来,跟各人握手谈话,轮到我时,周恩来在一旁介绍说:"这就是译《楚辞》《离骚》的杨宪益。"毛泽东用浓重的湖南口音问道:"《楚辞》《离骚》也能翻吗?"当时我回答道:"主席,什么东西都可以翻的。"但我现在回想起来,当年的确是年少气盛,以为翻译是沟通人类文化的工具,人类感情既可以互通,那么应该是什么都可以译了。但不同的人有不同的文化背景,不同的传统、习惯与看法,有些事物,是否真能恰如其分地从一种文字译成另一种文字,的确是个问题。

**金**:翻译既然这么困难,您觉得作为一个译者,除了文字的修养、文化的浸淫之外,是否还必须有广博的知识,样样学问都得兼通?

**杨**:样样都通一点至少是个好处,样样不通就麻烦了。以我自己来说,小时候念古书,不太懂,后来三十年代到四十年代在编译馆工作,那时馆里有个不错的图书馆,在北碚那几年,看了不少旧书,包括诗词、笔记、小说、历史记载等,一边看,一边想到一些问题就写下来。当时的条件好。另外,跟我一起住的有一位杨荫浏先生,老先生对中西音乐都在行,我们在一起玩得很熟。还有别的朋友也很好玩,我的兴趣很广泛,对瓷器、铜器、中国字画都爱好。

**金**:假如您没有走上译途,会选择什么工作?

**杨**:中国过去的文化积累得这么丰富,有许多问题尚待解决,对历史上种种问题的来龙去脉能考证出来就很好玩。因为懂一点外文,我对中西文化互通之处极感兴趣。我的兴趣跟钱锺书不同,他在《管锥编》中把中西文化相同之处记下,我则希望找出两种文化互通之处的来龙去脉。我在三四十年代写了一些文史考证文章,收编在《零墨新笺》一书中,另外还有些笔记,尚未整理成文,都是一想到就随手记下的。

**金**:您写中西文化比较的笔记,其实跟翻译也有互通之处。

**杨**:的确如此。但翻译不能任意增删,为存全貌,有时要跟原文纠缠不清。

**金**:您是中译外、外译中两者皆能的全才,以您的经验来说,到底是哪一种更挥洒自如?

**杨**:我想还是外译中吧!毕竟将外语译为母语是翻译的主流。原文着重的是理解问题,译文讲究的则是表达问题。

**金**:综观你们两位毕生的翻译成就,您自己有什么总的评论?

**杨**:我们虽然是偶然走上翻译之途,结果干了一辈子翻译,倒没有什么遗憾。我大概不可能成为科学家、政治家,有些东西,我早就放弃了。主要倒是在文科方面,年轻时倘若不去外国念书,留在中国念大学,也许念了历史,在历史考据上做出点成就。另外有个可能性,就是既然决定了译文学作品,当时就抱着一个希望,想把中国的古典名著有系统地翻译出来,可惜后来由于客观原因,浪费了不少时间,否则译出来的作品起码要比现在多出两三倍。例如原想把京剧、地方剧好好译出,结果只译了几出,如《打渔杀家》《柳荫记》等,就不让译了。又譬如希腊文学,如一直坚持下去,起码可以把名著译出很多部。现在我们做的工作零零碎碎,很多时候是身不由己啊!

**金**:中国译坛,甚至世界译坛上,能像你们两位这样成就卓越的大译家,实不多见。你们是译界楷模,请接受我向您跟乃迭致以最大的敬意!

(原载香港《联合报》1994 年 3 月 13 日、20 日及 27 日)

附　录

# 三文、五语、六地、七书

## ——金圣华教授的翻译因缘

主访人:单德兴
时间:2015 年 11 月 4 日
地点:香港中环上海总会

## 前　言

　　金圣华教授出生于上海,幼承家教,接触到中国文学、民间戏曲与翻译文学,十岁随父母来台,就读北一女时热爱现代文学,剪报对象包括余光中等人的作品,高二时随父母前往香港,毕业于香港崇基学院英文系,先后留学美、法,获得美国华盛顿大学硕士,法国巴黎第四大学博士,博士论文研究巴尔扎克(Honoré de Balzac,1799—1850)在中国的翻译,其中涉及傅雷的翻译。因此,她能自由出入于三文(中、英、法)五语(加上沪、粤)之间,成为从事翻译的有利条件。她做事认真负责,一旦决定后便全力以赴,担任香港中文大学翻译系主任与香港翻译学会会长期间,大力提倡相关活动,举办研讨会,编辑与出版书籍,后并创办新纪元全球华文青年文学奖,促进中文翻译界学者与译者的交流,以及中文世界写作者的互动。由于她长期对翻译的贡献,1994 年当选香港翻译学会荣誉会士,1997年荣获英国官佐勋章(OBE, Officer of the Order of the British Empire),现任香港中文大学荣誉院士及翻译系荣休讲座教授。

　　金教授多年从事翻译、研究与教学,兼及文学创作。我最早是在大学时代接触到她翻译的麦克勒丝的《小酒馆的悲歌》(Carson McCullers, *The Ballad of the Sad Café*)(香港:今日世界出版社,1975),就读研究所期间也看过她与孙述宇编著的《英译中:英汉翻译手册》修订版(台北:联经,1977),原版《英译中:英汉翻译概论》(香港:香港中文大学校外进修部,1975)及译作康拉德的《海隅逐客》(Joseph Conrad, *An Outcast of the Islands*)(台北:联经,1981)与厄戴克(John Updike)的《约翰·厄戴克小说选集》(香港:今日世界出版社,1981),后来也读到她有关傅雷与余光中的论述,以及对于多位中文翻译名家的访谈。基于对傅雷的敬重,她邀请傅雷之子钢琴家傅聪赴港举办傅雷纪念音乐会,同时办理傅雷纪念展,让世人重新认识这位翻译家,音乐会所得除了出版《傅雷与他的世界》(香港:三联,1994),后大幅增订为《江声浩荡话傅雷》(北京:当代世界,2006),并作为奖学金与推动各种翻译活动的经费。除了主编《傅雷与他的世界》与《翻译学术会议:外文中译研究与探讨》(香港:香港中文大学翻译系,1998)之外,还与人合编《英语新辞辞汇》(香港:辰冲,1979)、《因难见巧》(台北:书林,1996)、《翻译教学研讨会论文集》(香港:香港翻译学会,2000)。她的翻译论述包括《认识翻译真面目》(香港:天地图书,2002)、《齐向译道行》(台北:三民,2008;增订版,北京:商务印书馆,2011)、《桥畔译谈新编》(北京:外语教学与研究出版社,2014),并译有布迈恪(Michael Bullock)的诗集《石与影》(*Stone and Shadow*)(北京:中国对外翻译出版公司,1993)和《彩梦世界》(*Colours*(北京:商务,2008))、自传体小说《黑娃的故事》(*The Story of Noire*)(南京:译林,1996),著有散文集《友缘、有缘》(香港:天地图书,2010)、《笑语千山外》(香港:中华,2014)、《树有千千花》(香港:天地图书,2016)等。

我久闻金教授大名,却始终缘悭一面。2015年6月高雄第一科技大学举办余光中翻译作品学术论坛,两人都受邀发表论文,但她缴交论文后却因故未能出席,于是我自主办单位取得她的联络方式,趁在香港岭南大学翻译系研究访问之便,洽商访谈事宜。她表示曾读过我与余光中先生有关翻译的访谈以及论文集《翻译与脉络》,并邀我前往她熟悉的上海总会相见。见面前两天我把三页访谈大要电邮给她参考，当天自屯门搭地铁前往中环，抵达时她已在总会餐厅入口处找定座位。两人先享用地道的上海菜，餐后移往楼上进行访谈。我将两小时的录音档上传云端，请在台湾的黄碧仪和赵克文小姐誊打，由我初步校订，再经金教授逐字修改两遍后定稿，谨此致谢。

# 名字的故事

**单德兴**(以下简称"单")：首先从你的家庭背景，甚至从你的名字开始，因为你的名字跟令尊金信民先生年轻时的电影事业有关，尤其是他的理想主义、浪漫精神。

**金圣华**(以下简称"金")：对，从小爸爸就告诉我，我的名字跟他当年拍的一部很特别的片子《孔夫子》很有关系。在我出生前，听说是一九三九年九月十八日那天，他跟几个志同道合的好朋友成立电影公司，那时正值抗战时期，上海虽是孤岛，但电影业非常蓬勃，那些电影公司都以"×华"来命名，像是"艺华""联华"。我爸爸就根据他的名字金信民，和其他两位朋友费彝民、童振民名字中的"民"字，成立了"民华影业公司"。他又想公司的创业作一定要拍一部很有意义、有历史价值、振奋人心的巨片，导演费穆说，那就拍孔夫子吧！在那个时代，其他电影公司都在拍鸳鸯蝴蝶派那些很赚钱的片子，这批年轻人却说为了爱国，要把孔夫子的事迹拍出来，以振奋人心，凝聚中国人的爱国热忱。孔夫子是至圣先师，电影公司名为"民华"。那时妈妈已经怀了我，爸爸就问费穆，将来小孩要取什么名字？他说就取"圣华"，"圣"来自孔子"至圣先师"的"圣"(有人以为来自基督教的"圣"，其实不然)，"华"来自"民华"公司的"华"。我大学毕业后到美国圣路易(St. Louis)念硕士，我爸爸最喜欢说："你是生来就注定要念这个学校的，因为你是在'金'元王国(美国)'圣'路易的'华'盛顿大学念书啊！"

## 教育背景

单：那可真巧！这样就联结到你的教育背景了。

金：我的教育背景其实跟一般人差不多。但很有趣的是，我在上海出生，爸爸很洋化，我们家从来没有重男轻女的观念，甚至倒反过来。我只有两个哥哥，没有姊妹，我是最小的，妈妈生我时就下定决心，如果是儿子将来如何不要紧，如果是女儿就一定要念到博士。我从小在家里很受宠爱，因为我们家就只我一个女孩，而我爸爸那一辈也只有我姑妈一个女孩，所以我们家从来没有任何男尊女卑、男女不平等的感觉。

我是在上海念幼稚园和小学的，十岁来台湾，念省立北师附小，之后考取北一女。我很喜欢这两个学校，很可惜没在北一女毕业，因为高二上学期爸爸到香港发展，举家搬来，我就进了培正中学，毕业后我考取台大外文系。我得意万分，说我要回台湾了。但爸妈说我才刚来香港一年半，台湾那么远，不让我回去，我好失望。我常想，如果我那时回去就会碰上高我几届的白先勇那些人，一定会参与他们创办的《现代文学》，也一定老早就走上文学的道路。我后来兜兜转转的，经过很久才踏上这条跟文学有关的翻译之路，过程也很有意思。

单：你跟余光中老师的文缘很深，在台湾念书时在副刊上就读到他的作品，还剪报留存。

金：那是我念北一女初一的时候，他初投稿，我记得是新诗，刊登在报纸上，我就剪下来珍藏。我高二上在北一女读了半个学期就来香港。香港的中学有两个系统，一个是中文中学，一个是英文中学。如果我要念英文中学就得降两级，说什么我都不肯。可是中文中学并不多，培正中学是所名校，多年没招插班生，就我那年才有，也许是命运吧！我高二下顺利考上培正的插班。不过在台湾是初一才开始念 ABC，香港小孩从幼稚园就开始了！我在北一女的英文成绩很好，但来到这里几乎不及格，高二就要念 *Paradise Lost*（《失乐园》），我完全读不懂。在培正念书时有个经验可真是特别。我刚来时广东话一句都听不懂,而培正这所中文名校有个很特别的地方,老师用中文讲课,但数学、物理、化学、生物四科全用英文课本。我进去的时候既是哑的,因为不会讲广东话;又是聋的,因为听不懂广东话;也是盲的,因为看不懂英文教科书,连 triangle 是"三角"也不懂,更别提英文的化学、物理、生物名词。我每晚查生字查到深夜两三点,还搞不懂内容,睡了几个钟头,第二天去上学,又来了一堆生字。我在那种情况下拼命赶,要在一年半内赶上程度,参加会考。

单:而你表现杰出,不但考上香港崇基学院英文系,在校时还拿到中文作文比赛的首奖。

金:你连这个都知道?真是太厉害了!我在崇基主修英文,那时虽没有正式的副修,但我的副修等于是中文,因为我最喜欢去中文系修课。其实我是以中文第一名考进崇基的。大一时举办全校作文比赛,我得到冠军。我又代表崇基参加国语辩论比赛,得到冠军。过一年再代表崇基参加大专院校演讲比赛,也拿冠军。所以我在崇基拿了三个冠军。

单:这是因为你在台湾打下的中文基础?

金:是的,非常有用。我走英文系这条跟翻译有关的路好像也是冥冥中注定,如果我念了中文系,而没有探入英文的领域,或是念了英文中学,却没有中文的底子,都没办法做翻译。偏偏我就是有中文的底子,又去闯英文的关,才会走上翻译的路。

我毕业后第一个工作是在壳牌石油公司(Shell Company)担任公司期刊的译者和编辑,也翻译所有的文件。其实我在崇基只念过一点点所谓的翻译,但进去公司就得翻译,而且内容是化学、农业等,所有的产品都要翻。我曾跟学生很得意地讲,香港第一本 liquefied petroleum gas(液化石油气)实用小册子是我翻的,那时叫丁烷气,现在叫石油气。我工作一年后就去美国念书。那个时代香港的英文系毕业生到美国念书的选择大概有两个,要么就念图书馆学,要不然就念亚洲研究,哪敢去念英文文学!由于圣路易的华盛顿大学给我奖学金,我就去那里念亚洲研究,两年后拿到硕士学位。

## 法兰西因缘

单:后来又怎么决定去法国的呢?

金:我在崇基三年级时修了一门法文课,老师是台湾来的,她小时候父亲是驻欧外交官。我对所有语言都很有兴趣,尤其喜欢法文的音。我当时下定决心,要么就不学,要学就全力以赴。记得最后大考时,我下定决心非考一百分不可,结果真的考了一百分。但毕业后我就没再念法文,一直到读完硕士,进了崇基教书,重新到法国文化协会念法文,可说是重头念起,念到最高的第五级。虽然我念到第五级,但一进法国境内,法国人跟我讲话,第一句我竟然摸不着头脑,心想,"他在说什么?"等我反应过来,他已经讲到第三句了。所以我觉得学文字、文化、语言一定要在那个环境,才能真正收到效果。我在法国就那样磨了好几个月,直到有一天在梦中说法文,那时就差不多了。

单:你在法国攻读博士学位,为什么选择巴尔扎克在中国的翻译作为论文题目? 那不仅关系到你对文学的兴趣、对巴尔扎克的兴趣,还连接到傅雷和翻译研究。

金:我是在中文大学教了多年书之后才去法国的。整件事要感谢林以亮,也就是宋淇。当时我是香港翻译学会会员,学会的午餐例会每次都请人演讲。有一次宋淇的演讲正好是讲傅雷(编按:宋与傅是艺文好友),谈到他的儿子傅聪的情形,还有傅敏在"文革"时期的遭遇。我听了深受感动,觉得傅雷非常了不起。另外,我是中国人,到美国念英文已经很难了,还想到法国去念书?! 所以我就想,研究题目一定要跟自己的文化联系起来。由于傅雷是巴尔扎克翻译的专家,我就定了这个论文题目。巴尔扎克是法国文学大家,他们的"巴学"就像我们的"红学"一样,很了不得。巴尔扎克的作品翻译成各国文字,法国有个巴尔扎克纪念馆,里面陈列了各种语言的翻译版,当时居然没有中文版,现在纪念馆陈列的傅雷翻译中文版还是我送的。因此,我的研究题目对他们来说是全新的,老师很感兴趣。

当年我跑到法国去看巴尔扎克纪念馆，又到巴黎郊外一个博物馆去看巴尔扎克的手稿，上面改得墨迹斑斑。巴尔扎克的书已在印刷厂印了还在改，傅雷的译稿也是印刷厂的恶梦，他们两人就是这么像，做事极为认真。而我在翻译傅雷的东西，怎么可以对不起他——当我写论文、翻译，做到很苦很苦的时候，常常会这么想。那时我人在巴尔扎克纪念馆里，夏天天气很热，外面人来人往，听着人声慢慢接近再远去，我一个人坐在小房间里，就对着巴尔扎克的原著和他心爱的手杖。我就在他的故居，努力研究他的原作和别人的译著，傅雷所有的翻译作品就在我的案头，巴尔扎克的原作都在四壁，想想几百年前，曾经有个这么努力的作者，又过了多少年，有个这么认真的译者，若干年后又碰到我这么傻的一个研究者，好像一线相牵。

单：非常独特的文字因缘。

金：对！非常独特！我到巴黎卢森堡公园散步，后来看文章才晓得——傅雷在《巴黎通讯》写了有十四篇吧！——他到巴黎第二天就跟朋友去了卢森堡公园，因为他翻译巴尔扎克的《高老头》(*Le Père Goriot*)，里头的主角是从乡下来的，一到了巴黎就跑去卢森堡公园，于是傅雷就去卢森堡公园感受它的氛围。我一到了巴黎也跑去卢森堡公园，去感受傅雷是怎么翻译巴尔扎克的东西。有很多这类渊源在里头！所以那不仅是翻译，而是用生命去体会那条线是怎么联结下来的。

## 加拿大研修

单：你还去过加拿大英属哥伦比亚大学(University of British Columbia，简称 UBC)创作系，上诗人及翻译家布迈恪的翻译实习课。

金：那在我去法国之前。大学教书有 sabbatical leave(研修假)，但早期还没有翻译博士课程，我到处找相关的学术单位。突然有一天我收到一封电报，是 UBC 的布迈恪发来的。因为我写信时说明我想研究翻译，他看了我的申请马上就说:"赶快过来!"他既然答应得那么爽快,我也很爽快地就过去了。我打理好一切就上路,那天是农历大年初二。

布迈恪教诗歌创作,又负责翻译部门。他很了不起,既是诗人,也是画家,又是翻译家,得过很多次翻译奖,译作有两百多部。他开文学创作课程,也开翻译工作坊,我就在风景优美的 UBC 参加翻译工作坊。我是冬天去的,到四月底学期结束,看着春暖花开,同时也翻译出我的第一本小说《小酒馆的悲歌》,收获丰硕。

我现在的翻译工作坊就是从布迈恪那边发想而来的。我觉得工作坊最有趣、精彩之处就是互动的过程。我是这样上课的,一星期三个钟头的课,就把同学分组,比如班上有十八个人,每组两人,一人报告,一人评论。每人一学期自选翻译四千字,上课报告的就是自认最值得讨论的部分,另一人评论,我则及时指出甲对还是乙对,讲评后开放全班讨论。同学常在学期结束后给我一张谢卡,上面写道"这是我上过最好的课"之类的话。唯有通过互动、教学相长的方式,才能把翻译真正要注意的问题点出来,讨论过程中往往会有更新、更好的东西蹦出来。最有趣的例子就是一个同学翻译艾伦(Woody Allen)的 *The Whore of Mensa*,把书名翻成"出卖思想但不出卖肉体的妓女"。我说这样的标题太冗长,于是全班就讨论起来。Mensa(门萨)是国际出名的社群,会员必须 IQ 很高,招来的妓女不是去做那档子事,而是跟客人谈思想。大家讨论了好久,我的脑海里突然蹦出了"思娼"(私娼)这个双关语。所以工作坊是个演化的过程,常蹦出精彩的东西,一定要教学相长、师生互动才能激发出来。上课不是被动的,而是一种灵活、有效率的教学方式。

## 三文、五语、六地、七书

**单:**回顾你的成长和教育背景,我会称为"六地记"——上海、台北、香港,美国、加拿大、法国——不仅相当特别,而且跟你的语文背景,也就是"三文五语"(中、英、法、沪、粤)密切相关。这些跟你后来的翻译、教学、研究……

金:……非常有关。黄国彬在为我撰写的香港翻译学会荣誉会士的赞词里就提到我的语文环境,说我是该做翻译的,我也觉得这些背景与我做翻译有很大的关系。首先,我觉得翻译人要有 vision(眼界),不能心胸狭隘,因为任何翻译都涉及至少两种不同的文化、不同的背景,需要对不同的文化与背景有所了解,而不仅仅是语言的层次这么肤浅。翻译人要了解两个文化,要浸淫其中,要真正的"入"才能"出"。我到外地生活,不仅仅是欣赏当地的风土人情,也欣赏当地的文字、文化,更欣赏文化背后的底蕴跟精神。而且我对各地没有偏见,可以交台湾的朋友,也有很多内地的朋友,在香港我说地道的广东话,在许多地方都被当作本地人。这种渊源对做翻译有很大帮助。我在美国的时间虽然只有作研究生的时候,但北一女的同学百分之八十以上都在美国落地生根,所以同学会在那边举行,我也常去跟她们交流。而在巴黎的那段时间使我真正了解欧洲跟美国的文化有多么不同。我觉得我该不只是做翻译,也该写作,写"六地情"才对。

单:除了"三文""五语""六地"之外,你在《没有秘密的书架》还提到"七书":《大戏考》《苦儿流浪记》《三国演义》《小酒馆的悲歌》《高老头》《欧也妮·葛朗台》《贝姨》。这七本书中有五本是翻译,其中的《苦儿流浪记》是儿时读物,《小酒馆的悲歌》是自己的译作,其他三本都是傅雷翻译的巴尔扎克作品。

金:虽然我提到这七本书,但当然不只是受这七本书的影响。基本的原则是对我有影响的中西文学作品,最早的影响就是《大戏考》,那是我的启蒙书,但一般哪有小孩子先看《大戏考》的!

单:那时几岁?

金:七岁吧!

单:里面是不是文言?

金:有部分是,但我很喜欢看。小时候薛仁贵、薛平贵、薛丁山那些人物就在我脑袋里转来转去。那时我就觉得男女不平等,薛平贵跑到异国娶了别人，回来遇到在寒窑守他十八载的王宝钏，以陌生人的身份调戏、试探她，还说如果她有什么反应的话就一刀杀了，看得我气死了！另外最大的影响就是格林童话、安徒生童话。我从小就爱看书，迁到台北后常到儿童书局看书，好像林文月也有同样的经验。后来店员就说："小妹妹，这书很贵，你不要买了，只要不弄皱，你就拿回去看，看完再来换。"我几天就去换一本，把店里的书全看遍了。中学时当然受了翻译小说很大的影响，我想我们都一样，爱看《简爱》(*Jane Eyre*)、《琥珀》(*Forever Amber*)、《基度山恩仇记》(*Le Comte de Monte-Cristo*)等等，看了一大堆，反正就是中西小说都看。

## 多元翻译

单：这些都是后来你从事翻译的因缘。就你的译作来说，除了刚开始工作时翻译公司的小册子，比较正式的就是不同文类的作品，包括小说、诗歌、书信。

金：我还接触了很长一段时间的法律翻译，我前后十年担任香港双语法律咨询委员会委员，负责审阅法例的中译，提供意见、修改建议等等。我从中深切体会到一件事：不同文类、不同对象的翻译有不同处理方式，而且可能相差很远。我觉得文学翻译和法律翻译是钟摆的两端，法律翻译是很死的，每个字、词的翻译必须准确，没有议论的空间，因为律师最高兴的是出现 ambiguity(含混暧昧)，就可在漏洞里钻来钻去，所以法律条文必须很严谨。但文学翻译就非常有弹性，有很大的发挥空间。两者之间还有很多类别，比如自然科学、社会科学，各有不同，但这钟摆的两极我都碰过了。

单：你翻译的书有三本是今日世界出版社出的，他们是怎么找上你的？

金：第一本《美国教育制度》只是小册子，不记得是谁要我翻的。我认为自己真正翻译的第一本书就是《小酒馆的悲歌》，那是美国南方小说家麦克勒丝的中篇小说,这位女作家的口碑和文学地位相当高。这本书好像是李如桐找我译的,《约翰·厄戴克小说选集》是戴天找我译的。刚开始翻译《小酒馆的悲歌》时我有点抗拒,因为我觉得三个主角不够漂亮,心想女主角怎么这样子谈恋爱?后来看出这本书对人性的挖掘非常深刻,描写也非常生动,我就很喜欢。这本书的中文名我思考了一阵子,因为蛮难翻译的。

单:后来内地的译名是《悲伤咖啡馆之歌》。

金:那感觉很像现在大都市的情况。记得当时我跟高克毅(笔名乔志高)商量,他帮我取了这个很贴切的译名,至于"悲歌"是我原先就想到的。

单:这书跟今日世界出版社的许多译书相较,只有译文,少了序或跋。

金:那时我刚出道,不知道要写序,也没人要求。

单:你曾在文章中提到翻译这本书时的情况,从一开始的抗拒,到整个投入,甚至连心境也跟着内容情节而转移。一般译者很少这么投入的。

金:余光中就是投入得要命。他说翻译《梵谷传》时心境跟着梵谷起伏,跟着他喜,跟着他悲!《约翰·厄戴克小说选集》很难翻,记得是中英对照本。

单:因为他是 stylist(文体家)。当时今日世界出版社出了一系列中英对照的作品,这本书就是其中之一。而且他们选书很快,厄戴克那时出道不久。

金:对,马上就选了。那本书讲到他中学时代的一些感觉,事隔多年,我现在找出来看还觉得很有意思。厄戴克用字特别,写得满细腻的。最难翻的是康拉德的《海隅逐客》。

单:当时孙述宇为台湾的联经出版社主编康拉德系列作品翻译。

金:那本是分配给我的。那本书其实很好,但我觉得翻得太辛苦了。那时我刚学会开车,家住香港岛,到中文大学要过两个隧道,就连暑假我也是一早就起床,趁还没塞车时上路,七点三刻到学校就开始翻译。记得有一段是描写一片云怎么从西边被风吹到东边,云怎么被吹下来,然后变成雨,雨又是怎么打在地面上……那一页我就翻了八个钟头,想尽了各式的形容词,费尽心思。康拉德的用字非常丰富,有很多平行结构,也有一些长句、复杂的句法等等,我每天跟它们搏斗。那时还没有电脑,我翻完后请秘书重抄一遍,自己看了不满意又改,她就再抄一遍,全文差不多二十万字,联经给我的稿费就全送给抄写的人。如果不是 labor of love(欢喜甘愿)没人会做文学翻译,要靠它吃饭简直是开玩笑!故事还没完呢!我在巴黎看到法国人对待同一本书的法译本的方式,心都冷了。英文与法文是 cousin(表亲),中文则连远亲都攀不上,是陌路人。法国人把康拉德的译本印在最漂亮的圣经纸上,只有经典名著才如此,皇皇然陈列在橱窗里,地位非常崇高。而我花费心血的中译本到现在到底有多少人看过我都存疑。所以我后来当了香港翻译学会会长或有机会推广时,永远都在为译者抱不平,要提高翻译人的地位。

单:除了小说,你也翻译诗,那又是很不同的经验。

金:对。翻译诗主要是因为布迈恪是诗人,我就翻译他的诗集《石与影》和《彩梦世界》。他是现代诗人,他的诗有个很奇怪的地方,就是不用标点符号,不押韵,不是格律诗,也没有什么长短句法。但他是个 imagist(意象派),诗里有很丰富的意象,有许多深入浅出的东西,愈是这样,诗的自由度就愈大,很难处理。我的翻译信念就是要贴近原文,不要把它创造成自以为很有诗的风格却跟原文完全不同的东西。有时布迈恪用很有力的意象去描述一些景。比如说春天在中国是很温柔的意象,但他可能用"stabs"来描写"春光骤来",表现出那种爆发、春光乍现的感觉,所以翻译他的诗很有趣。后来我拿这些诗给学生翻译,他们有时就翻得柔得不得了,把所有意象都换成中文的形态,这样其实并不贴切。我那时有个一般人没有的优势,就是我跟他是好朋友,可以直接问他。诗中一个字可能有十个意思,我不可能把十个意思都翻出来。有时他会告诉我,有时他会说:"我不知道!"或"我记不得了!"很有趣吧!诗人创作时诗性大发,但后来可能连自己也不晓得或忘了是什么意思。诗有时就像中文里的"留白",没有更多的解释,全在字里行间,诠释时一不小心就会过了头。若诗句是含蓄的,就该翻成含蓄的。翻译诗很具挑战性。

## 翻译傅雷书信

单：你还翻译过傅雷的书信，就我所知那是非常特殊的经验。

金：我翻译过的傅雷书信前后有三种。第一种较重要的是傅雷家书，就是傅雷当年写给傅聪的信，这是父子之间的交流。他们父子是很特别的，一个是翻译家，一个是演奏家、音乐家，两个文化人之间的关注范围非常广，从一般父子之间的日常对话，一直到两个艺术家之间的对话，两个有赤子之心、很爱中国的知识分子之间的对话。为什么两人的书信不是只用中文呢？因为傅聪娶的是小提琴大师梅纽因（Yehudi Menuhin，1916—1999）的女儿弥拉（Zamira Menuhin），傅雷虽受西方文化影响，但有中国传统的想法，就是身为父辈不但要好好培植儿子，也要在文化上、灵性上好好培植媳妇。他不希望由傅聪转述他的信件内容，于是写信给儿子时，就把同样的内容也写给媳妇。所以他有时用英文写，有时用法文写，而对象有时是两个人，有时只给弥拉，所以很有趣。我要翻译这些书信就得通读前后几百封信，翻译时要注意专有名词，特别人物等的前后一贯。另外就是语气，要用类似他对儿子讲话的语气，所以这类书信是用白话文译的。我译完这批书信后拿给傅聪看，他说："把你译的这些信和其他信放在一起，我分不出哪些是原文，哪些是译文。"这对我是最大的鼓励，很令我感动。

第二批书信是后来找出来的，是傅聪刚去波兰学习钢琴期间，傅雷写给傅聪的老师杰维茨基（Zbigniew Drzewiecki，1890—1971）的信，也就是老一辈中国知识分子写给儿子业师的信，大概有二十几封。

单：是英文信？

金：是法文信。那么我就要翻译成那个时代的人写给儿子的业师的语气。所以这批信我是用文言文翻的，参照的是傅雷写给画家黄宾虹的一百多封信，因为他俩是忘年交，我就根据他写给黄宾虹的信的那种语气来翻译这批信。翻译这批信要做很多背景研究和考据，包括傅聪在学习过程中参加过什么比赛、各种资料等。

第三批信最难译,是傅雷写给亲家梅纽因的信。梅纽因过世后,傅聪去看岳母,她把当年傅雷写给亲家的信全给了傅聪,都是法文写的。难在哪里呢?因为是两个艺术家的对话,一个是闻名国际的小提琴家,一个是翻译家,又是两个异国人的讨论,有时谈的是很高层次的事情,像是人类的命运,或很哲学的东西;一会儿又说你女儿跟我儿子两个儿女的事情。我就想不可以完全用文言来翻,也不可以完全用白话,应该是一半一半。于是我去看傅雷当年写给很多朋友的信,揣摩他的语气,然后翻成文言跟白话中间的 register(语体)。所以我翻译傅雷三种不同的书信是非常有趣的经验。

单:这已像是 performance(表演)、impersonation(扮演)了。

金:对,要去模仿他写信的语气、语体。还有就是法文信最后的问候语非常复杂。英文的问候语很简短,法文则是一长串,不同的身份、地位、对象都有不同的用语,还有各种各类的款式,跟中文很像。可是每一个款式、层次都有中文对等的款式、层次。我在《认识翻译真面目》里说,两个文化就等于两个岩石,一个是花岗岩,一个是石灰岩,各有各的层次,作为译者怎么知道这边的第十三层是不是等于那边的第五层。译者要有这种敏锐度才行,必须去领会字里行间的感觉。比如说傅雷常在给梅纽因伉俪信的开端说"Chers amis",不能翻成"亲爱的朋友们",我在傅雷给朋友的信中看到"某某双鉴",一看就知道是复数。所以要参考许多他的中文用语来翻译他的法文书信。这里有个小故事,在译这些书信的过程中我去欧洲旅行,在飞机上也在琢磨译文,从欧洲飞回香港途中经过阿尔卑斯山时飞机颠簸得不得了,叫人害怕。可是那时我只想到,万一掉下去了,书信译稿被人看见,会说我怎么翻译成这个样子,那不是太糟糕了吗?!

单:你在性命攸关之际想到的是你的译稿!

金:对。觉得那实在不能见人,太丢人了,因为我的译稿是一直修改的。你也是译者,知道完稿前的译稿是不能见人的,一定要到最后定稿时才能呈现,所以那时在飞机上我好担心。译稿还没完成时就像毛虫一直变,一直变,到最后才变成蝴蝶。

单:从这里可看出你对翻译的投入和认真,可说是一生悬命、生死以之。另一方面,你是不是也从研究傅雷的翻译中得到一些启发?

金:那对我非常有影响。我觉得他对所有的事都很认真,所以我不能愧对傅雷,因为我翻的是他的东西。

## 翻译的理论与实务

单:你讨论翻译的方式有很多跟余光中相似,就是从多年累积的实务经验,包括教学经验中,归纳出自己有关翻译的看法。

金:其实我觉得理论和实务两边都重要。我认为理论是有帮助的,可整理归纳出一些东西。有的人刚开始会觉得这样做不对,那样做也不对,有了理论的建构就能说明原来是这么一回事。打个比方,理论和实务是河流的两岸,一个从这边出发,一个从那边出发,于中流相遇,这是很美好的事,因此不该互相排斥。但当我开始翻译时,脑袋里就没有理论了。理论是先为你厘清一些概念,然后搁下它。我翻译时不会想任何理论,否则就译不下去了!但理论可以发挥强化的作用,让你有一种信念,知道自己所做的并没甚么错误,不会那么 apologetic(卑微)。我对高谈理论而瞧不起实际经验的人很不以为然。杨宪益翻了逾千万字,居然有人还说他不值得研究,这种说法我非常反感!余光中很难得,译作那么多,我对他是高山仰止。他认为翻译乃大道,对翻译很尊重,认真看待。还有一点很了不起,他谈翻译的东西非常有实用价值。我常跟学生讲,光是那八字箴言,"白以为常,文以应变",能记住就受益良多。不要觉得文言文已经过时,一定要去掉,其实有些东西是无法取代的。中文这么优美,历代传承下来,有些东西已在我们的文化生根了,绝对不能全部打倒!

思果的三本书《翻译研究》《翻译新究》《功夫在诗外》,对我来说非常有参考价值。逯耀东编《中国人学报》第一期时要我写关于翻译的文章,思果也写了一篇,出现在同一期,有很多见解相同,但我们可没有事先打招呼。真正对中文有 sensibility(感度)的人就不会受欧化语法影响而乱写。我现在常推荐给学生杨绛的《失败的教训》、余光中的《论的的不休》、思果、黄国彬的书,这些都很有参考价值,可学到很多东西。我不会只看重理论,而看不起这些实作得来的经验谈。

## 归化/异化,意译/直译

**单**:你文章中多次提到翻译体(translationese)该改进的地方。翻译策略上有所谓"归化"与"异化"之分,你会把自己放在"归化"那一边吗?

**金**:先谈"直译"跟"意译"的问题。我觉得直译跟意译的区分是 nonsense(废话)。没有人翻译东西从第一句到最后一句都打定主意要意译或直译,不可能!我跟余光中都有一种想法,就是要贴近原文,所以我提出了"贴译"一说,就是"贴近原文的翻译",包括原作者创作的本意、想表达的一些意念、内容,以及表达的方式、独特的风格。有些作家具备特有的风格,正所谓海明威(Ernest Hemingway)之所以为海明威,康拉德之所以为康拉德。譬如说,海明威的句子简单,用"and"一直连下去,用颜色词是用原色,不会用"saphire"(宝蓝色)或"ruby"(宝石红),因为他是战地记者,行文直截了当,要马上掌握到原意,不注重文字的华美。因此,要把作家特有的风格翻译出来很难。译者要虚心,如能全心全意投入、了解原作者的心意,翻译时自然会贴近他的风格。在这个意义上,没有直译和意译之分。就算像鲁迅那样硬译,也不会完全是直译吧!

至于"归化"和"异化",我觉得不能执意采取任一个方式,还是得看原文。首先是看文类,比如诗和小说就不同。还要考虑作者的时代。翻译比较古代的东西,我是不很赞成用"的的么么"的,奈达(Eugene Nida)说,任何译本五十年就落伍了,这种说法我并不赞成。但较古典的东西,用"的的么么"译出来就不是那个味道。罗新璋翻译骑士文学就用比较典雅的中文语调,才有那个时代的味道,虽然用语不见得是同一个时代,但能保有原文古雅的距离感。不可能把骑士文学翻成现代、后现代,甚至网络时代的语文。对我来说没有严格的归化和异化这回事,我不属于哪一派,只是因应不同的文类、不同的风格,而采取不同的翻译手法尽力去贴近它。最好的例子就是刚才提到的,我在翻译傅雷书信时分别采用白话文、文言文、半文半白的译法。其中法文的问候语长到两行,按照异化的话我得把每个字都译出来,这不像话,而必须翻成像"敬颂时祺"之类的话,中文读者才会明白。若采取异化,在译文读者的理解过程中是砂石俱下,还没欣赏到内文就已受这些砂石影响,不想看下去了。对译者来说,那就是愧对原作者。因此对我来说,所有这些直译/意译、归化/异化之分都没有意义。

**单**:能不能举更具体的例子来看香港、台湾、大陆翻译的不同?像是你译的《小酒馆的悲歌》,大陆译本名为《伤心咖啡馆之歌》。你提过一个例子,在大陆颇引起一番讨论,也就是乔志高翻译的《大亨小传》(*The Great Gatsby*),大陆译为《伟大的盖茨比》。

**金**:大陆非常倾向于直译,那种翻译方法是不可取的。譬如《伟大的盖茨比》那种译法其实不明白翻译的个中三昧。另一个例子是海明威的*A Farewell to Arms*,汤新楣译为《战地春梦》,而大陆竟然译为《永别了,武器》!林以亮分析得很好,他说这里的"arms"是双关语,既是"武器",又是"手臂""怀抱",里边讲的是战争里的爱情故事,既有战地,也有春梦,而"战地春梦"这个译名把两者都包括了。《永别了,武器》自以为是直译、异化,其实是不通的。《战地春梦》是把原文经过千锤百炼,才译成贴切的译名,中文很美,也贴近英文原意,把双关语都译出来了。《大亨小传》也是这样,有"大"与"小"的对比,而且把美国那个时代的氛围都翻出来了,是很了不起的译本。大陆一般翻译不仅如此,还有令人受不了的就是复数都翻成"们",被动式都翻成"被"。思果当年指出的这些毛病,不但没有改变,反而变本加厉。我有一篇文章就是写"被被不绝,们不胜闷"的现象,千万不能这么糟蹋中文。我最受不了的就是把"ly"都翻成"地","Suddenly"就是"突然","然"在中文里已经是副词,若翻成"突然地",其实是"suddenlyly",多了个"ly"。"Slowly, slowly, he went into the garden","慢慢地,慢慢地,他走进花园",这可以,因为是原文的风格,要强调慢。但主人吃完饭跟大家说，"Eat slowly"，是要人别客气，不是"慢慢地吃"，而是"慢用"，这就不是直译跟意译的问题，而是要在不同的 context(上下文)中找到最贴切、妥当的表达方式。

**单**：这一方面涉及文字造诣，另一方面反映了译文体之害。你刚才提到书名的翻译，就涉及文本的诠释，也就是涉及研究了。像傅雷，除了翻译还做了很多研究，又像余光中，他提到理想的情况是译者、学者、作者合一，你也曾以"三者合一"来形容他。

**金**：这是最重要的，就是说不但是中介的译者，同时要是学者和作者，因为必须有学者的研究，加上作者的笔，译者的才。伟大翻译家的译本，比如林文月翻译的《源氏物语》，里面的注释又多又长，那正是毕生努力研究的成果。余光中真的了不起，印象派画家是他最熟悉的，他译的《梵谷传》里甚至把原作者的错误都指出来。但原文的错处在译文里不能说改就改，应照原文译出，然后加注来说明。我觉得认真的译者要有序文。《小酒馆的悲歌》之所以没有任何译者本身的文字，那是因为我刚出道，对翻译认知不多，以为做完功课，人家没有要求就好了。我后来知道翻译前面的长序非常重要，所以翻译布迈恪的那些作品都有长序，交代翻译策略，也提供导读。

## 学系与学会

**单**：在提倡翻译方面你扮演了重要的角色，一方面是在大学，你是中文大学成立翻译系时的三位元老之一，还担任过系主任；另一方面就是学会，你曾担任香港翻译学会会长。能不能请你就建制(institution)的角度来谈？

**金**：香港中文大学以往没有翻译系，甚至没有翻译组，只在英文系开设翻译课。后来中文大学认为香港是双语社会，有特殊的环境需要，于是成立翻译系，从崇基、新亚、联合三个学院各调一个人，我来自崇基，孙述宇来自新亚，姚柏春来自联合。当初成立时只有副修(minor)，没有主修

(major)，也就是以翻译为副修，而以英文系，中文系等为主修。1984 年成立翻译硕士学程，就有翻译主修的硕士，后来才有翻译主修的系所。以翻译命名的学系，香港中文大学翻译系是海内外第一家，当时甚至国外我都没听说有翻译系(department of translation)的。所以翻译当初是羊肠小道，现在算是通衢大道吧。

**单**：那时你跟孙述宇合编了《英译中》，不只有香港版，也有增订的台湾版。能不能谈谈当时的背景，以及那本书在翻译教学上的作用和影响。

**金**：刚开始时我们只是一个小系，必须教翻译，可是相关的书很少，记得有一本是陆殿扬编的《英汉翻译理论与技巧》。孙述宇说，既然缺教科书，我们就自己编。那本书的架构是他构想的，细分章节和条目，深入浅出、蛮有系统的。"字义，语气及其他"专章是我写的。整本书由我们一起编辑，就以两人合编的名义出版，很多翻译课都用作教材。事隔多年回过头来看，那本书还是蛮有参考价值的，因为里面有很多实际的教材。那时我也帮香港翻译学会编书，第一本就是《英语新辞辞汇》，收了很多新词汇。

编《英语新辞辞汇》的故事可精彩了。那时编词汇不像现在有电脑那么方便，每个词汇就要一张卡片。这些词汇包罗万象，有社会学的、信息学的、化学的、生物的、语言的……几十个不同领域。那时我刚进翻译学会，后来就成了我的事，因为我有三大方便。首先，新词汇一定要有学术根据，我在中文大学可以就近问人，这是一个方便。第二个方便就是，别人周末出去玩，我们这个团队就在编书。我先生旗下的京宝饭店有很大的贵宾房，我们就去那里，人家隔壁打牌，我们也打牌——我们的牌就是这些卡片，一张张研究。第三个方便是当时出书没有经费，后来是由香港的辰冲出版社帮我们出版，但大部分的费用是我垫的。

那是我帮翻译学会编的第一本书，后来又编了《傅雷与他的世界》，这本书的经费是从傅聪的义演来的，书卖得很好，影响也大一点，有各种版本，后来扩编为《江声浩荡话傅雷》。也许是因为先前编《英语新辞辞汇》的关系，牛津大学出版社筹划 *Oxford Advanced Learner's English-*

*Chinese Dictionary*(《牛津高阶英汉双解词典》)时邀我担任 final reviewer（最后审校者），一直到第七版。词典的三篇序言，台湾找余光中写，香港找我写，大陆找陆谷孙写。我那时当系主任，各种事简直忙昏了，他们给的酬劳不是很高，但我还是答应了。这部词典前后经过五个层次，第一是要招兵买马，把英文译成中文，而在大陆找人最便宜，于是就到各地聘请第一轮的译者。第二轮由华中、华南、华北各地的召集人看他们的翻译。第三轮就到牛津大学出版社里负责翻译的人。第四轮由出版社主其事的人看。最后给几位审校者看，之后才付印。我记得最清楚的就是余光中说过一句话：字典的翻译如果没有好好把关，就好像刑警贩毒，那就完了，因为学子就靠这部字典。所以最后把关的审校者责任很大，也很累。

**单**：我这两年对香港接触较多。其实我一直认为香港多年来是华人世界翻译研究的领头羊。再来就是冷战时期，今日世界出版社出了那么多东西，包括你译的两本美国文学作品，都是我们当年求学时读的。有人说香港是文化沙漠，我说那是错误印象，其实香港是中国，尤其在冷战时期，文化思想最自由、开放、多元、丰富的地方。

**金**：香港还有地理上的优势，可作为学者交流的中心。那时台湾跟大陆还不通，于是都跑到香港来开会。那个时代的香港真的很好。还有1996 年开的一次会议我觉得最棒，那是在香港回归之前，后来中大翻译系出的那本《翻译学术会议：外文中译研究与探讨》好得不得了，可惜现在外面都没有流通。

## 提升翻译与译者的地位

**单**：黄国彬为你撰写的香港翻译学会荣誉会士的赞词中提到，有翻译实作者，有翻译研究者，也有翻译提倡者，一般人很难这三者合一，却在你身上找到了。

**金**：我大学毕业是 1962 年，第一个工作就是做翻译，到现在已过了半个世纪；我不仅做翻译，后来也谈翻译；另外因为自己身受其苦，所以一定要提倡翻译。再就改翻译来说，我做了很多双语法例的修改，多次应香港政府之邀到中文公事管理局演讲，谈公文写作的翻译，说明中文公文应该怎么翻。香港人提倡白话文的方式很可笑，他们不用文言文，所有的信都"你呀你、我呀我"的。当然还有改学生的翻译作业！《齐向译道行》是有关改翻译时碰到的一些问题，以散文方式写出。其中写道"翻译的时候要有潜水人的能耐，面对原文要纵身投入，然后要在碧海深处遨游探索，游目四顾，直到得到宝物，及时抽身，浮游直上"，这是我对翻译的感觉。为什么要用人鱼的比喻呢？因为我觉得翻译人就是安徒生童话里的人鱼，小时候读到这个人鱼的故事就很感动，明明是她救的人，王子却不晓得，而人鱼最后化成气泡，消失于无形。同样地，明明这个作品是译者千辛万苦译出来的，却连个名字都没有，只有作者的名字，译者就好像那人鱼般消失得无影无踪。我觉得很不应该！这是由于对翻译不了解，不知道其中甘苦，才会有这种现象。我们在翻译学会主要是推动翻译，办了很多活动，像是学会荣誉会士的颁授，光是台湾就有齐邦媛、林文月、殷张兰熙这些重要人物，之前还有余光中、高克毅、杨宪益、杨绛等人。杨绛的赞词就是我写的，她没能到场，但写了一封非常好的答辞，由我代念。在我会长任内设立了傅雷翻译基金，做了很多推动翻译的工作。

单：你创设了第一项翻译奖学金。

金：那也是我做会长时去募的款，因为其他系都有奖学金，但翻译系什么都没有，这个奖学金从那时开始一直延续到现在。

单：你还办过傅雷纪念音乐会、傅雷逝世二十五周年纪念展。

金：办展览会、音乐会、国际会议、奖学金，办的事项很多很多，反正就是尽力去做。

单：那不只要有眼界，还要有热忱和执行力。你认为自己这种热忱是从哪里来的？

金：从我爸爸啰！反正我每次做这些事，他都说："很好！很好！"我觉得我最幸福、最感激的就是我做任何事，我的家人，上自父母，到我先生，下至儿女，所有人都很支持，让我没有后顾之忧。我办过的最大的活动就是"新纪元全球华文青年文学奖"。我那时当文学院副院长,郭兆棠院长异想天开,要我办个大一点的活动,可是无兵无将也无经费,可说是无中生有的一个活动。我就想,要就不办,要就办全世界的,所有事情都是我自己想出来的,因为没有任何前例。我找了一些年轻朋友成立委员会,文学奖分成几类:第一类是小说,第二类是散文,第三类我不敢用诗,因为分歧太大了,从史诗到抒情诗都算。我坚持要有翻译类,于是第三类就是英译中的文学翻译奖,说穿了我还是不忘推广翻译,所以这个文学奖中有三分之一是翻译。但当时一毛钱都没有,不知从何做起。幸好余光中是我们的活水源头。他七十岁生日时我们去高雄中山大学为他开庆祝会,会后在他家遇到实业家刘尚俭。他在台湾创业,因缘际会来到香港,还当了我们新亚书院的校董。我说这个活动起码要一百万才办得成,我们那些成员就说有一半的钱就可以启动了,但学校没有补助,于是我就打电话给刘尚俭,你知道我用了多少时间去说服他?五分钟!我没遇过这么豪爽的人。原来他自己曾是文艺青年,读大学时是新诗诗人,在文学青年营里新诗还得过奖。他听了之后,又知道我是余先生的朋友,就说,你需要多少钱,我给你一半。于是他给了我六十万!有了这个 seed money(种子基金)后,我到处去募捐,终于募到所有的经费。

但这个活动要吸引全世界的人注意的话,必须要找最了不起的评审。我生平最高兴的就是"九大行星"都被我找来了。我为主编的《春来第一燕——新纪元全球华文青年文学奖作品集》写了一篇后记《前浪滔滔、后浪滚滚——记新纪元全球华文青年文学奖评审委员的邀约过程》。九位评审分别来自台湾、海外、大陆:小说评审有王蒙、白先勇、齐邦媛;散文评审有柯灵、林文月、余秋雨;翻译评审有高克毅、杨宪益、余光中。这是当时最棒的阵容了!因此,第一届就一炮而红,三年一届,到了第三届,全世界参加的大学有四百多所。

每一届都有很多动人的故事,每一届得奖作品集都由天地图书出版,第一本是《春来第一燕》,第二本是《春燕再来时》,第三本是《三闻燕语声》,第四本是《燕自四方来》,第四届开始我就退下来了,到现在一共办过五届,正在筹办第六届。总之,整件事情非常困难,也是非常用心才办得通,事后回想起来很好玩。

**单**:你先前为了替香港翻译学会筹款,于是举办傅雷纪念音乐会,请来傅聪义演,而且说办完这场音乐会之后就什么都不怕了。那个过程非常精彩,能不能跟大家分享?

**金**:在那之前我没办过音乐会。那场音乐会1991年10月21日上场,但到了9月底负责公关的学生告诉我:"对不起呀!我只推出了百分之五,还差得很远。"我就竭尽所能到处推广,用上我所有的人脉,还是不行,就找老爸出马。老爸帮我到苏浙同乡会、上海同乡会、宁波同乡会去推广。他还帮我出点子,要有赞助人:钻石赞助人,翡翠赞助人……再找名声乐家费明仪帮我(编按:其父费穆为金父之好友,执导民华影业公司的《孔夫子》)。我坚持大音乐厅上下层都开,两千三百个位置要满堂红。于是上层后面的位子开放给学生,半价优待。最贵的票直接找各界名流。我那时刚参加双语法例咨询委员会,于是向每个委员去推销这些票,请人来赞助。演奏会的每个环节我都要管,海报上的字是请林风眠题的。林风眠是傅雷多年老友,我就打电话跟他的干女儿说明这件事,请他题字,那应该是林风眠最后的题字了,不久他就过世了。我老爸八十几岁了,还顶着大太阳替我到处张罗、贴海报,甚至送一张海报到北角他都会帮我!萧芳芳家从前在上海与傅家是邻居,傅雷鼓励过她。我就找她跟我去开记者招待会,让香港所有的传媒广为宣传,总之所有能想到的办法都试了。我就像看股票涨跌那种心情,每天都要跑到票务那里去看行情。我们的义务秘书、总务两个年轻人非常热心,我们几个人拼了命去推。到最后一天,我爸爸自己一个人去问票务,票卖得怎么样?他们说:"很棒很棒,只剩下一张。"我爸说:"好,我买。"他买了以后就送人,因为他知道我一定要卖个满堂红。所以那天是百分之百。整个过程很辛苦,但做完那件事之后我什么都不怕了。后来我推广华文文学奖就以同样的态度去做这事。

**单**:你在翻译方面扮演多重角色。黄国彬在赞词中提到你兼具做翻译、教翻译、推动翻译三种才华,但我觉得其实是"六译并进":做翻译、论翻译、评翻译、教翻译、改翻译、推广翻译。所以你于一九九四年获得香港翻译学会荣誉会士。特别的是,你还于一九九七年获得英国官佐勋章(O. B. E.),表彰你对香港翻译工作的贡献。

金:较为人知的 OBE 得主有足球金童贝克汉姆(David Beckham)和《哈利波特》(*Harry Potter*)的作者罗琳(J. K. Rowling)。我获颁的勋衔上写的是"在香港推动翻译贡献良多"。我在双语法例咨询委员会做了十年应该是很大的因素,另外我也推动香港的翻译工作,像是政府邀我去演讲跟研究。翻译界得到 OBE 这个勋衔很难得,可说是对翻译的肯定。

单:这是对你个人和翻译的高度肯定。你对未来的翻译或译者有什么期许?

金:我觉得一般人对翻译的认知还不够,需要教育世人对翻译严肃以待。很多人把翻译看扁了,以为只要会外文、中文就能翻译,其实完全不是那么一回事。还有就是在因特网的时代,要翻译某些东西可能很方便,上网查就可以,可是网上提供的翻译参差不齐,有些更是乱七八糟。以严肃的文学翻译来说,没有什么机器是可以取代人脑的。另外,必须提高译者的待遇,目前译者的付出与收入完全不相称。大陆有很多演艺界的真人秀,以不可思议的天价请人上场做游戏,而许多译者穷毕生的能力、功力、精力、学养,回馈却是微乎其微,这公平吗?

单:依你之见,要如何看待译者的职责和译者的地位?

金:据我所知你写过,以往台湾在学术升等时不把翻译当回事,后来总算有点改进,如果译得很好,又加了很多注释,可以当作参考著作。近年有许多认真严肃的经典译著,像是黄国彬译注的《神曲》。但也有很马虎的译者,良莠不齐,这是内部的问题。另外就是市场的问题。谁用一两年时间慢吞吞去翻译一部著作,光是出版社就等不及了。大陆有些很糟糕的情况,一部畅销小说的版权拿到后,分成几部分,找几个人分头翻译,再凑在一起,用词也不统一就出版了,对翻译是种打击。最近大陆还有一些新趋向,有人主张为了让中国文化"走出去",要迎合外国人的口味,中译外时不必那么忠实，可以改译，不必完全忠于原文。像莫言的译者连原作都改，而莫言也同意，后来得了诺贝尔奖！但我觉得翻译中人一方面要有尊严，不能把自己看扁，另一方面也该严肃对待翻译，要保持作品的原貌，不可以改头换面。你可以把它移植到异乡异土，但不能把本来的玫瑰变成茉莉。我常跟中国译者说，出书时译者的名字一定要在封面上，因为他花了那么多心血。反过来说，愈看不起译者，译者就愈不负责——那关我什么事？反正我是隐形的嘛！

单：你刚提到的情况类似改译。我这里引到另一个问题，也就是他译与自译。余光中把自己的一些诗翻成英文时，因为自己就是作者，所以有较大的挥洒空间。以《双人床》为例，他自己翻译时就有相当大的自由。叶维廉也是诗人，也英译过《双人床》，对照原文就会发现他的翻译比作者本人的翻译还忠实。

金：这是一定的现象，因为自译的话，意念的表达有各种不同的方式，譬如我要表示我很高兴，可以用唱歌、跳舞或微笑。但他译者是外人，某人很高兴的时候是跳舞，就不能用唱歌的方式，所以需要注重形式。也就说是一个是神，一个是形，自译著重在神的方面比较多，他译除了尽量去掌握神之外，要兼顾形。

## 访谈的性质和作用

单：你做了很多的访谈，包括翻译名家，像是高克毅、杨宪益、余光中、林文月、罗新璋等人。为了写荣誉博士学位的赞词，也访问了不少名人，包括季羡林、费孝通、饶宗颐、李嘉诚等人。

金：我写的赞词多达六十篇。

单：你还访问过傅聪和傅敏兄弟，请他们谈心目中的父亲傅雷。以你丰富的访谈经验，会如何看待访谈的性质和作用？

金：访谈最要紧的就是像你一样，在访谈之前要做功课。过程中最要紧的是交流与互动，而这来自准备是否充分，彼此是否诚心诚意交流，共同完成一件事。像我去访问李嘉诚,一见面就问他:"今天有多少时间给我?"他就说:"四十分钟吧!"我跟他谈了四十分钟之后,他说,"再谈谈,再谈谈",结果一谈谈了一小时四十五分钟,在他来说是不可思议的事。他很喜欢我为他写的赞词,其实香港各大院校的荣誉博士学位他都拿了,却特地拿了几十份我写的赞词去送人,他很赞赏我们访谈过程中的共鸣、交流和互动,这是访谈中很重要的,也决定了访谈的性质。访谈的作用则视人而定,比如我访谈可能是为了写赞词。有的人觉得上网摘录一些资料就可以了,但我觉得那是不够的。透过访谈才能真正从对方的言谈了解一个人,有很多字里行间看不到的东西,在交谈中经由互动、交流而流露出来。因此访谈是非常重要的,是一个了解的过程。

单:一般访谈大都是一来一往的对话,或是描述访谈过程并摘述内容,很少像你这样访谈之后去写很正式的赞词,再写一篇侧写,那是很特殊的转化过程。

金:白先勇的赞词是我的洗手之作。我写余光中、季羡林、饶宗颐等人的赞词时写得很长,差不多四五千字,但到白先勇时只有两千字,因为新校长说:"不要写这么长! 一千多字就好了。"我说不能那么短,于是写了大约两千字,像白先勇这种人要写短反而难,但我尽量把他的方方面面都写进去。我很高兴的就是,白先勇告诉我,他太喜欢这篇了,还说以后人家问起,他就用这个短版。

单:虽然你做的那么多事情都很花心力,也很劳累,却对翻译的不同面向贡献良多,在华文世界发挥了重大的影响,我个人也身受其惠。谢谢你接受访问,分享多年的经验与心得。

(原载《中国现代文学》2016 年 6 月第 29 期)

**图书在版编目(CIP)数据**

译道无疆 / 金圣华著. —杭州:浙江大学出版社,
2020.1
(中华翻译研究文库)
ISBN 978-7-308-19821-9

Ⅰ.①译… Ⅱ.①金… Ⅲ.①翻译-研究 Ⅳ.
①H059

中国版本图书馆 CIP 数据核字(2019)第 273612 号

中华译学馆 美言题

**译道无疆**

金圣华 著

| | |
|---|---|
| 出 品 人 | 鲁东明 |
| 总 编 辑 | 袁亚春 |
| 丛书策划 | 张 琛 包灵灵 |
| 责任编辑 | 陆雅娟 |
| 责任校对 | 郑成业 董齐琪 |
| 封面设计 | 程 晨 |
| 出版发行 | 浙江大学出版社 |
| | (杭州市天目山路 148 号 邮政编码 310007) |
| | (网址:http://www.zjupress.com) |
| 排 版 | 浙江时代出版服务有限公司 |
| 印 刷 | 浙江印刷集团有限公司 |
| 开 本 | 710mm×1000mm 1/16 |
| 印 张 | 21.25 |
| 字 数 | 276 千 |
| 版 印 次 | 2020 年 1 月第 1 版 2020 年 1 月第 1 次印刷 |
| 书 号 | ISBN 978-7-308-19821-9 |
| 定 价 | 68.00 元 |